DER ERSTE WURF

gemeinsame schwanger

ein wochenbuch

*Umstands Verlag
Jäger/Weiner GbR
Sabrina Jäger & Stephan Weiner
www.umstandsverlag.com*

*Originalausgabe
Februar 2020*

Alle Rechte vorbehalten.

*Illustrationen & Layout: Sabrina Jäger
Text: Sabrina Jäger & Stephan Weiner
Cover gesetzt in "Hello Anissta Handwritten"*

*Bibliografische Informationen der Deutschen National-
bibliothek:*

*Die Deutsche Nationalbibliothek verzeichnet diese
Publikation in der Deutschen Nationalbibliografie.
Detaillierte bibliografische Daten sind im Internet
über www.dnb.de abrufbar.*

ISBN 978-3-00-064731-4

*Herstellung
BoD - Books on Demand, Norderstedt*

5. Woche

Alles stinkt. Der Teppich im Wohnzimmer. Das Obst in der Küche. Die Küche insgesamt. Das Badezimmer sowieso. Selbst die Seife, klar, beherbergt eine faulende Bakterienkolonie oder ähnliches. Und wenn Seife stinkt, wird's bizarr. Hat sich die Wohnung, die Straße, die Stadt, also eigentlich die ganze Welt verändert.

Nur bekomme ich davon nichts mit. Ich rieche da nix. Für sie stinkt alles. Bei mir ist eigentlich alles normal. Zumindest fast. Denn in letzter Zeit werde ich öfter aufgefordert, die Küche zu putzen; Tee zu kochen; das Fenster zu öffnen; das Fenster zu schließen; die Heizung aufzudrehen; dafür zu sorgen, dass es nicht so warm ist; nicht so kalt; eben angenehm und jeder Stimmung entsprechend. Früher wurde ich auch schon mal um was gebeten. Klar. Aber irgendwie anders.

Irgendwas ist anders. Ich fühle es. Die Veränderung. Momentan hauptsächlich aber in meiner Nase. Mir ist schon klar, dass da ein riesen Zinken in meinem Gesicht hängt. Nicht wirklich niedlich. Eher unangenehm groß. Ich kann sie sogar sehen, wenn ich schiele. Sehe die schwarzen Pünktchen. Die Hautunreinheiten. Doch noch nie war sie mir so als Riechorgan präsent. Hündisch. So komme ich mir nun vor. Und nehme automatisch Abstand. Vor allem zum Müll. Mit seinen vielen Bakterien. Ekelhafte Bakterien. Ich kann sie sehen, durch meine Nase. Und ich sehe, wie schädlich sie sein müssen. Bestimmt krass schädlich. Also lieber weg. Aber warum stinkt plötzlich die Seife? Und das Spülmittel? Tötet doch eigentlich Bakterien. Ist doch also eigentlich gut.

Aber, ja, klar, ich muss mich halt schonen. Die Beine hochlegen. Besinnung ist angesagt. Außerdem eine gute Ausrede, um ihm nun den Abwasch zu überlassen. Macht er eh zu selten. Nun sind wir zwei gegen einen. Denn ich glaube, ich bin nicht mehr allein. In meinem Körper. Um sicher zu gehen, pinkel ich über den Stab.

Wir wissen selbstverständlich ganz genau, was los ist. Sagen aber lieber nichts. Könnte ja sein, dass nicht ... – dass alles schief geht; dass „die Kugel" im „Lauf" stecken bleibt und wir, noch einmal beginnen, auf den Kalendertag achten, um die richtige Stunde der Fruchtbarkeit zu erwischen, um dann ... nun ja ... diese Fruchtbarkeit entsprechend effizient auszunutzen.

Die Zeichen stehen auf Erfolg. Geht man davon aus, dass Verwirrung, Launenhaftigkeit und emotionale Instabilität Erfolg bedeuten. Klischee? Ja, vielleicht. Aber woher soll ich das schon wissen. Gab es in meinem bisherigen Leben doch kaum Berührungspunkte mit „echten" Schwangeren. Man hat das nur so halb mitgekriegt, wie die Freundin der Freundin schwanger war und immer dicker wurde. So Partygerede. Und auf Partys, da gehen die, die schwanger sind, ja sowieso immer schon voll früh. Keine Ahnung warum. Hab' aber das Gefühl, dass ich das bald rausfinden werde. Was bleibt uns also, als das Klischee? Beziehungsweise: Wir sagen erstmal, dass es Klischee ist, um dann alles anders zu machen. Denn so läuft es doch, oder? Am Ende immer anders. Und wenn wir schon dabei sind: Auf jeden Fall auch besser. Schon allein, weil wir uns so freuen.

Zwei blaue Streifen. Aber Moment. Einen Gang zurück. Lieber den Ball flach halten. Kann man diesen Tests denn zu 100 Prozent glauben? Diese Striche lassen da ja schon viel Raum zur Interpretation. Ist das jetzt eigentlich echt blau? Oder muss das eher so ein Azurblau sein? Oder Enzianblau? Es ist Freitagnachmittag. Bis Montag muss ich mich noch gedulden. Dann lass' ich mal den Arzt drüber schauen. Aber da war doch was. Auf irgendwas sollte man doch achten. Am Ende hält es bis Montag nicht durch, weil ich zu viel Salami gegessen habe, oder so. Aber war das überhaupt Salami? Was durfte meine Schwägerin nochmal nicht essen? Ich muss recherchieren.

Also wir hoffen, wissen aber nicht genau. Deswegen: Kopf frei kriegen, so gut es geht, spazieren gehen, oder so. Und ganz normal zur Arbeit gehen. Einer neuen Arbeit. Neu, weil gerade erst eingestellt. Angestellt, das schon, aber immer noch in der Probezeit. Könnte also entsprechend schnell vorbei sein. Doch die Arbeit ist wichtig. Soll wichtig sein. Soll schließlich nicht bloß Mittel zum Zweck, Mittel zum Geldverdienen. Sondern soll

Leben sein. Abenteuer. Oder Vergleichbares. Zumindest war das früher so. Vor den zwei blauen Streifen, vor diesem neuen Gefühl. Das schafft neue Verhältnisse. Die Arbeit tritt ein wenig in den Hintergrund. Wobei sie gleichzeitig eine neue Funktion einnimmt. Ist jetzt essentiell. Muss Es ernähren können - im konventionellen Sinn.

Es – sehr abstrakt. Es gibt eine Menge wissenschaftlcher Ausdrücke für Es. Fötus, Nasciturus, allesamt unbrauchbar. Sie klingen nicht nach der Veränderung, die von Woche zu Woche um einen Zentimeter wächst. Beschreiben nicht annähernd, was allein der Gedanke an Es für ein Gefühlschaos anrichtet. Geben dem Ganzen einen theoretischen, mich eigentlich nicht betreffenden Wert. Ich habe damit ja nichts am Hut. Ich gab, was ich geben konnte und kann mich nun entspannt zurücklehnen, in dem Bewusstsein, den Ofen vernünftig auf Temperatur gebracht zu haben. Der Braten schmort vor sich hin und normalerweise würde ich mir jetzt ein Buch nehmen, es mir im Sessel gemütlich machen und auf das „Ping!" des Weckers warten. Mit schützenden Handschuhen die Auflaufform schließlich hervorholen und servieren. Doch mein Ofen und ich leben nicht in den Fünfzigern. Heißt, hier lehnt sich niemand zurück und lässt den Dingen seinen Lauf. Hier wird reagiert, wenn sie sich beschwert. Wenn sie sich über die stinkende Wohnung beschwert, über die Temperatur. Wenn sie vielleicht ein Ziehen spürt. Vielleicht auch nicht. Sie holt mich hinter der schützenden Wand abstrakt wissenschaftlicher Begriffe hervor und lässt mich teilhaben, an dem was Es mit ihr, mit mir, mit uns gerade veranstaltet.

Autsch! Krampf! Stechende Schmerzen im Unterleib. Ist das normal? Oder habe ich was falsch gemacht? Kann man da überhaupt was falsch machen? Hätte danach vielleicht die Beine hochstrecken müssen. Vielleicht steckt das befruchtete Ei nun in der Mitte fest. Und will sich mit heftigem Hin- und Herkullern nach oben kämpfen. Früher, klar: Erstmal Schmerzmittel. Ne Ibu geht immer. Hauptsache Schmerz weg. Aber jetzt: da brauch' ich gar nicht den Beipackzettel lesen. Wahllos Schmerzmittel sind bestimmt nicht erlaubt. Ein Umstand, der mir etwas Sorgen bereitet. Mit meinen Kopfschmerzen bin ich nämlich Haupteinnahmequelle der schmerzmittelherstellenden Pharmaunternehmen. Schon wieder dieses krampfige Ziehen. Ich muss endlich zum Arzt.

Die Krämpfe, ja, scheiße. Besser gesagt, was mir von den Krämpfen berichtet wird. Sie stechen, in den Unterleib hinein. Sie krümmt sich. Schon krass. Auch ohne positiven Test würden wir jetzt dann wohl mal zum Arzt gehen. Krämpfe sind ja schon kacke. Außerdem soll der Arzt beruhigen. Soll sagen, dass alles in Ordnung ist. Normal. Soll Empfehlungen geben. Tipps. Wie sollen wir uns verhalten? Ist Panik angebracht? Mein Inneres sagt eindeutig: Ja. Äußerlich bin ich um stoische Gelassenheit bemüht. Flucht in die Statistik. Eine von Hundert im Eileiter. Risiko für Spontanaborte in unserer Altersklasse (Anfang/Mitte 30): 17 Prozent. Irgendwie hoch. – Statistik möglicherweise doch keine gute Idee. Google-Suche auf der Arbeit verboten. Stattdessen alle zwei Sekunden der Blick aufs Handy. Wann ruft sie an? Wann ruft sie an? Wann ruft sie an?

In der Mittagspause ruft sie an. Der Test beim Frauenarzt bestätigt den Test zu Hause. Positiv. Zu früh für einen Ultraschall. Blut abgenommen. Werte müssen vom Labor kontrolliert werden. Der Arzt war offenbar mehr als ruhig. Fast schon gelangweilt. Und gleichzeitig gestresst. Patzig. Warf mit den oben angedeuteten Fachbegriffen um sich und verunsicherte mehr als zu beruhigen. Begann, von den Gefahren zu sprechen. Erwähnte auch meine Befürchtung der Eileiterschwangerschaft. Die gilt es auszuschließen. Auf die Frage, was das genau bedeute, sagte er nichts, empfahl nur, nicht danach zu googeln. Ein Tipp aus der Schublade, Ablage „Verantwortungslos". Als ob wir zwei Teenager wären, die nicht wüssten, worauf sie sich eingelassen haben. Doch wissen wir genau, wie und warum das alles passiert. Wir behaupten sogar, diese Entscheidung bewusst getroffen zu haben. Und würden gerne wissen, wie der Plan aussieht. Es muss doch einen geben. Eine schöne Tabelle, wo Woche für Woche Entwicklung, Untersuchung, Befund zu finden ist. Davon sagt der Arzt aber nichts. Vertröstet uns auf nächste Woche, da wüsste man mehr.

Nun weiß ich auch nicht mehr als vorher. Der hat auch nur einen Test gemacht und ein bisschen Blut abgenommen. Vielleicht war der Test etwas teurer als meiner. Ich hab' ja den billigsten genommen. Zeigt aber das gleiche Ergebnis. Der Arzt ist sichtlich gelangweilt. Kennt er. Hat er schon tausendmal erlebt. Ich allerdings nicht. Ein bisschen mehr Freude hätte ich schon erwartet. So als Arzt könnte man sich da doch freuen, oder nicht? Ich würd' mich freuen, mit jeder Schwangeren, die da reinkommt. Hat er aber nicht. Der Arsch. Klar, jetzt beginnt das Kopfkino. Ist ja auch meine Veranlagung. Hat er sich also nicht mitgefreut, weil er Grund zur Sorge hat? Er vertröstet mich auf nächste Woche. Im Ultraschallbild könne man noch nichts sehen. Ich sei zu früh. Normalerweise kämen die Frauen immer erst in den

späteren Schwangerschaftswochen zu ihm. Ist das nun ein Vor-
wurf? Auf jeden Fall könne man im Ultraschall dann auch eine
Eileiterschwangerschaft ausschließen. Ah, ach so, ja danke. Weiß
ich ja nun, woran ich die nächste Woche denken werde. Immer-
hin konnte er mich wegen der Krämpfe beruhigen. Obwohl der
Embryo erst einige Millimeter groß sei, bereitet sich mein Körper
wohl durch Dehnen der Muskeln und Sehnen auf das kommende
zusätzliche Gewicht vor. Früh übt sich. Damit kann ich leben.

Also wir müssen uns noch zusammenreißen. Den Schein wah-
ren. Ist ja noch nichts so richtig druckreif. Und am selben Abend
kommen auch noch Gäste. Freunde halt. Der Besuch war schon
lange geplant. Sie wissen von nichts. Und wir wissen nicht, ob
sie wissen sollen. Letztlich merken sie es aber doch, als das ob-
ligatorische Glas Wein abgelehnt wird. Denn ohne Alkohol an
so 'nem Abend? Geht's euch gut? Ja ja, wir glauben nur, dass
und so weiter. Also erzählen wir doch vom positiven Test und
den blauen Strichen, und dass man aber noch nichts Genaues
wüsste. Es fällt trotzdem leicht, zu scherzen. Skurrile Namens-
vorschläge. Die Abwägung was besser sei, Junge oder Mädchen.
Und zum ersten Mal bekommt „Egal, Hauptsache gesund" eine
greifbare Bedeutung. Denn was wir früher vielleicht lapidar
so dahin gesagt haben, bezieht sich jetzt unmittelbar auf diese kleine ovale Scheibe, zu der sich dieses ein Millimeter große
Wesen gerade entwickelt hat. Da wächst gerade ein komplettes
Nervensystem heran. Fragil zu Anfang, ohne Knochen. Es sind
bisher nur drei Keimblätter genannt Ektoderm, Mesoderm und
Entoderm. Tick, Trick und Track, aus denen alle Organe, Kopf
und Körper entstehen. Bisher schlägt noch kein Herz, aber bereits die erste Zellteilung reicht aus, um ein mulmiges Gefühl

der Verantwortlichkeit in die Bauchregion einzupflanzen. Bei mir. Bei ihr pflanzt sich ein mulmiges im Kopf und ein krampfiges Gefühl im Unterleib ein.

Ich werde Zeuge eines Kampfes zwischen Kopf und Unterleib. Euphorie wechselt mit Wutschmerz, Albernheit mit angsterfüllter Traurigkeit. Ich habe gelesen, dass Frauen aufgrund hormoneller Umstellung das pure Glück empfinden. Wenn das stimmt, dann zumindest nicht zu Beginn. Wir trinken Kaffee und sprechen über alles was kommt, was kommen könnte. Was keiner ahnt: die neue Kaffeekanne macht dabei aufgrund der Hitze einen kreisrunden Fleck auf dem Holztisch. Er verfärbt sich. Lässt sich nicht direkt wegwischen. Scheiße. Ein riesiger, hässlicher weißer Fleck auf unserem braunen antiken Holztisch. Untersetzer wär' wohl angebracht gewesen. Sie bricht in Tränen aus. Ich google nach „Wasserfleck auf Holztisch". 69.900 Ergebnisse. Letztlich muss der Föhn es trocknen. Sie hat sich längst wieder beruhigt. Wird zärtlich. Albern. Hat plötzlich Hunger. Legt sich aber vorher ein wenig hin. Krämpfe. Ich verstehe nichts. Würde gerne laut werden. Verkneife es mir. Muss ja nicht auch noch durchdrehen.

Ich glaube, es ist ein guter Start. Ich rede mir ein, dass alles normal ist. Diese Geschichte muss genau so beginnen. Chaotisch. Gezeichnet von Panik und Furcht und Freude und absoluter Ahnungslosigkeit. Ab sofort zählt mein Kalender nur noch Wochen. Und das ist schrecklich angsteinflößend, wahnsinnig surreal und fürchterlich endgültig. Was es gleichzeitig zu dem Besten und Verrücktesten macht, was überhaupt passieren konnte.

6. Woche

Hypothyreose. Schilddrüsenunterfunktion. So lautet die Diagnose. Der Frauenarzt verkündete sie angeblich mit einem Aufschrei des Entsetzens. Also so wie Mediziner halt vor Entsetzen schreien. So im Stillen, nehm' ich an. Ihre Reaktion darauf ist entsprechend vielschichtig. Ich möchte sagen, durchwachsen. Sie ruft mich auf der Arbeit an. Schnell verstecke ich mich mit dem Handy am Ohr in der Kaffeeküche. Keine Ahnung wie offen ich hier Privates besprechen kann. Bin ja neu.

Der Arzt sagt, es ist schlecht für das Kind. Kann dem Ungeborenen gesundheitlichen Schaden zufügen. Bisschen vage sagt er, dass das Risiko für Fehl- und Totgeburten erhöht sei, wenn keine Behandlung erfolgt. Ich soll jetzt so Tabletten nehmen. L-Thyroxin. Bis sich das einpegelt, muss man aber warten. Wenn es sich denn einpegelt. Er kann es auch erst sechs Wochen später im Blut messen. Ist natürlich scheiße, klar. Braucht kein Mensch. Was, wenn dem Baby nur vier Finger wachsen? Insgesamt. Oder Schlimmeres?

Aber erstmal verdrängen. Denn es gibt Grund zur Freude. Der Beweis, der lebendige Beweis blinkt da vor mir auf dem Bildschirm: Zwei winzige pulsierende Striche auf dem Ultraschallgerät. Der Arzt murmelt irgendwas vor sich hin. Hört sich an wie „Glückwunsch", oder so. Ich darf mich also nun offiziell freuen. Und das tu' ich auch. Klar, auch mit kaputter Schilddrüse. Weiß eh nicht genau, wozu die gut ist.

Neben L-Thyroxin soll Jod ganz gut helfen. Die Liste der einzunehmenden Medikamente wird länger. Um die Stimmung etwas aufzuheitern und um mich besser auf alles, was auch nur kommen könnte vorzubereiten, habe ich zwei Dinge besorgt: eine Medikamentendose für die ganze Woche und ein wissenschaftliches Buch für Medizinstudenten zur Schwangerschaft. Umfassende Informationen zu jeder Woche. Funfacts für werdende Eltern. Geil.

Er ist süß. Will mich wegen der Schilddrüsenunterfunktion aufheitern. Da auf dem Tisch liegen nun zwei Geschenke für mich. Ich packe sie aus. Zuerst das Kleine. Eine Medikamentendose. Oh. Mmh. Vielen Dank, sag ich. Und zwinge mich, kurz zu lächeln. Nun das große Geschenk. Ein Schwangerschaftsratgeber. Sehr ausführlich. Fast 400 Seiten. Ich schlage das Register auf. Steht nichts drin. Mit keinem Wort wird sie erwähnt. Die Schilddrüsenunterfunktion. Die Frau in dem Buch hat die anscheinend nicht. Kommt auch sonst wohl nicht so oft vor. Was uns anscheinend jetzt schon zum Sonderfall macht. Nochmals presse ich meine Lippen zusammen und ziehe die Mundwinkel nach oben. Ich glaube, er merkt, dass sich meine Freude in Grenzen hält.

Fakten beruhigen. Also mich zumindest. Vielleicht, weil es dann nicht alles so wischiwaschi ist. Denn bisher ist die ganze Schwangerschaft irgendwie nur ein pathologischer Fall. Und zwar ein schwer zu definierender. Der Arzt spricht viel im Konjunktiv. Könnte dies sein, könnte das sein. Abwarten. Könnte alles schnell wieder vorbei sein. Schwierig sich seinem natürlichen Gefühl der Freude hinzugeben, wenn alles, was die moderne Medizin macht, erstmal Angst schürt. Und vielleicht hilft da so ein Buch nicht gerade. Aber es beschreibt detailliert, was uns erwartet. Solange es nicht anders ist, gehe ich von einer gesunden Entwicklung aus. Und dann kann ich mich auch freuen. Oder nicht? Bestimmt. Außerdem bekomme ich so meinen ersehnten Plan. Pläne sind gut. Pläne geben Orientierung. Pläne lassen mich spontan sein. Weil das Ziel vorgegeben ist: ein gesunder Mensch. Der Weg dahin kann gerne kurvig sein. Kann gerne mit Schilddrüsenunterfunktionen aufwarten. Der Plan sagt, was passieren muss. Und wenn wir wissen, was uns aufhält, können wir gegensteuern. Wenn ich weiß, wo auf der Strecke Aquaplaning auftritt, kann ich ja auch entsprechend fahren. Wunderbar, wie beruhigend dieser Gedanke ist. Und so kann ich dann das erste Foto auch genießen.

Solche Bilder habe ich schon tausendmal gesehen. Sie sind klein und schwarz-weiß und sehen ein bisschen nach Radar und U-Boot-Kampf aus. Graue Wolken auf schwarzem Grund. Ich dachte nie „Ohh, wie süß!" bei ihnen. Dachte immer „Ping! – Herr Kaleun!" Nun nicht mehr. Ich sehe zwei winzige Striche. Auf dem Bildschirm haben sie geblinkt, sagt sie. Lebendige Striche. Sie leben wegen mir. Unvorstellbar. Schaue ich auf diesen quadratischen Zettel, muss ich unmittelbar an evolutionäre Kausalketten denken. Sie wird greifbar, die Evolution, die Biologie. Oder nicht? Ich habe mich quasi unmittelbar an der Entwicklung unserer Spezies beteiligt. Vielleicht bin ich dafür verantwortlich, einen weiteren Aspekt hinzuzufügen, der die Menschheit an der Spitze der Nahrungskette hält. Die Fähigkeit, Kunststoff zu verdauen beispielsweise. Die Chancen stehen allerdings schlecht, schaue ich auf meine langjährige Karriere als Allergiker. Was mich direkt wieder zum Gesamtziel zurückführt: ein gesunder Mensch. Ach und noch besser: Damit ist eine Eileiterschwangerschaft komplett ausgeschlossen. Ha Ha! Also es kribbelt überall. Das ist sie bestimmt, diese Freude, dieses Gefühl, das nur entsteht, wenn ich weiß, dass ich bald Vater werde. Aber da war ja noch was: Denn wenn ich Vater und sie Mutter wird, gibt es da ja noch vier Leute, die Oma und Opa werden. Außerdem zwei Jungs, die Onkel werden. Also ihr Bruder und mein Bruder. Jetzt könnte man sicherlich ein großes TamTam machen. Könnte irgendeine lustige sketchartige Show auf die Beine stellen, in der sie eloquent-ironisch auf ihr neues Leben als Großeltern beziehungsweise Onkel vorbereitet werden. Oder wir rufen einfach an und sagen Bescheid. Denn für so einen Quatsch fehlt uns jetzt eigentlich auch echt der Nerv. Weil, jetzt ist sie auch noch erkältet. Liegt unter mehreren Decken auf dem Sofa und atmet schwer.

Mein Rat ist in diesem Fall meistens Kräuterschnaps. Becherovka. Wurde früher schließlich nicht umsonst in Apotheken verkauft. Hilft immer. Nur nicht jetzt.

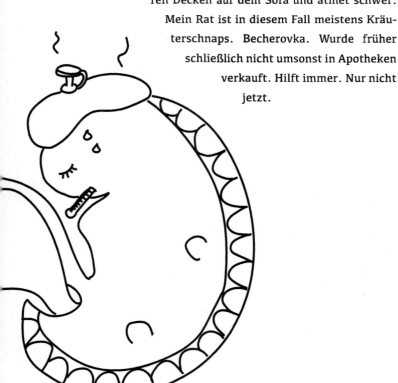

Ihm hilft es. Trinkt gerne mal den Kräuterschnaps. Auch wenn er nicht krank ist. So wie jetzt. Hauptsache einer bleibt gesund, sagt er. Ich muss da jetzt ohne Schnaps durch. Fieber, Hals-und Gliederschmerzen ohne die rettenden Produkte der Pharmaindustrie überstehen. Muss das nun ganz alleine schaffen. Er recherchiert. Nach Hausmittelchen. Liest irgendwas von Zitronen und Ingwer. Geht los. Kauft Zitronen und Ingwer. Reichlich. Kocht mir Zitronen-Ingwer-Tee. Deckt mich mit Decken zu. Legt sich zu mir. Und wärmt mich zusätzlich. Der Schüttelfrost ist schnell vorbei. So ganz alleine muss ich da wohl doch nicht durch.

Also kein Schnaps. Okay. Ich hab' da ja noch was anderes in petto. Jetzt müssen Omas Hausmittelchen her. Sie darf keine Medikamente nehmen. Dafür Zitronen. Alles was irgendwie gesund ist und macht. Vorzugsweise sollte es nicht stinken. Leider stinkt immer noch alles. Und die Übelkeit steigt. Mit Halsschmerzen, verrotzter Nase, Ekel und Gestank ist die Laune ein bisschen im Keller. Hinzu kommt die Sorge, um eine mögliche Beeinträchtigung des Ungeborenen. Kann es da drin erkältet sein? Eher nicht. Es ist auch noch gar nicht fertig. Hoffentlich wird es fertig, auch wenn sie erkältet ist. Was ist, wenn sie hustet und irgendwas verwackelt? Hier hilft das Buch. Mir zumindest. Momentan ist es nur ein Kopf mit schwarzen Punkten. Aus den Punkten bilden sich Augen und Nasenlöcher. Ohren, Arme, Beine lassen sich nur erahnen. Der Rest sieht mehr nach Paddel als nach Hand oder Fuß aus. Nur das Herz ist schon fertig und schlägt 150 Mal pro Minute. Ich denke, wir können uns erst mal beruhigen.

Von gelöster und befreiter Stimmung kann jedoch keine Rede sein. Wieder erreicht mich ein Anruf bei der Arbeit. Das Abendessen sei in Planung. Sie hat Appetit auf eine Nudelsuppe vom Japaner. Dem in der Innenstadt. Ob ich nicht kurz nach der Arbeit dort vorbei fahren könnte. Das bedeutet einen Umweg von fast einer Stunde. Die Innenstadt im Berufsverkehr ist mörderisch. Ich mache es trotzdem, sie ist schließlich krank. Da darf man sowas verlangen. Natürlich regnet es. Natürlich gibt es keinen Parkplatz. Natürlich ist der Laden so voll, dass ich ewig warten muss.

Wie lange braucht der denn?

Latent genervt, treffe ich irgendwann zu Hause ein. Ich verberge meine Laune so gut es geht, stelle die Suppe fein angerichtet auf den Wohnzimmertisch und beginne mit meinem eigenen Essen, einem herzhaften Baguette.

Uaargh. Ich kotz' gleich. Haben die das Rezept geändert? Irgendwas stimmt da nicht. Das kann ich nicht essen! Die Suppe stinkt. Ekelhaft. Außerdem haben die Nudeln eine komische Konsistenz. Viel zu labbrig. Da muss er wohl nochmal los.

Die Suppe bleibt unangerührt. Ob ich nicht noch mal eben zum Bio-Laden um die Ecke gehen könnte, um eine vegetarische Tiefkühlpizza zu holen. Schweigend hole ich meine Schuhe und meine Regenjacke. Es regnet stärker. Wind ist aufgekommen. Der Bio-Laden ist fünf Minuten entfernt. Die Schlange an der Kasse doppelt so lang wie beim Japaner, der Kassierer unerträglich gut gelaunt. Zu Hause schiebe ich die Pizza in den Ofen. Sie isst zwei Stücke. Den Rest werfe ich am nächsten Tag in den Müll.

Ich ignoriere seinen genervten Blick, als er die Pizza in den Müll wirft. Er hätte sie ja selbst noch essen können. Dann wär's immerhin keine Verschwendung. Er wollte mir nur was demonstrieren. Wie unberechenbar ich bin. Einen Streit brauch' ich gerade echt nicht. Stattdessen irgendwas gegen diese verdammte Übelkeit. Ich recherchiere. Vor dem Schlafen Joghurt essen. Nach dem Aufstehen kleine Snacks. Zum Beispiel Salzstangen. Sollen den Blutzuckerspiegel erhöhen. Und so die Übelkeit vertreiben. Viel Trinken soll auch helfen. Und auf trockenen Haferflocken rum kauen. Das bindet die Magensäure. Alternativ hilft auch ein Stück Ingwer im Mund. Ich probiere alles aus. Um das Bett herum stehen Wasserflaschen, leere Joghurtbecher und zerbröselte Salzstangen. Auf die tret' ich, wenn ich wegen des vielen Trinkens in der Nacht nun ständig auf's Klo muss. Ingwer macht es schlimmer. Die Haferflocken binden eher Spucke als Magensäure und verkleben mir den Mund. Der Erfolg lässt auf sich warten. Meine Laune ist eher so semi – nur wenn ich an das kleine schnelle Herzchen in mir drin denke, meistens beim Pinkeln in der Nacht, dann ist alles gut.

Auftritt: Mein Vater, Spaßvogel. Er gibt mir den Rat, die nächsten Monate unterzutauchen. In einem fernen Land, in dem immer die Sonne scheint und kein Internetzugang zur Verfügung steht, um dort das Abklingen der Hormonschübe abzuwarten. - Nun ja. Ich nehme seinen Rat zur Kenntnis. Und ja, Regen und mit Menschen vollgestellte Feinkostläden sind ätzend. Aber es geht doch um mehr, es geht doch darum, Gefühle zu sehen, zu respektieren und nicht einfach jemanden in eine Ecke zu stellen. Und von wegen Hormondosis: Ich bin mir ziemlich sicher, auch vor der Schwangerschaft mindestens mehrmals genauso irrational gewesen zu sein. – Ja ja, sagt er. Und versteht: Gerade war mir nicht zum Lachen zumute.

7. Woche

Ich war bisher der Esser in der Beziehung. Habe gerne gekocht. Schon während des Studiums habe ich überlieferte Familienrezepte ausprobiert und die nun werdende Mutter sogar letztlich mit meiner Variante eines Nudelauflaufs von mir als Partner überzeugen können. Mit der Zeit kristallisierte sich eine gewisse Diskrepanz in unserem Essverhalten heraus. Ihr Fleischkonsum nahm deutlich ab, wohingegen meine Entscheidung eigentlich immer zu Gunsten des Steaks fällt und fiel, wenn ich die Wahl habe. Die Wahl wird mir aufgrund der Schwangerschaft mittlerweile abgenommen.

Es geht eigentlich nur noch um die Gefahr durch Toxoplasmose, Listerien oder Salmonellen. Oder besser gesagt darum, wie die Gefahr durch sie vermieden wird.

Hab' eine Liste vom Frauenarzt bekommen. Schaut mich mit ernster Miene an. Ich soll mich da auch bitte dran halten. Ich lese: „Eine Infektion durch Listerien oder Toxoplasmose kann schwere Schäden am Zentralnervensystem hervorrufen und Früh- oder Totgeburten auslösen." Darunter die Liste der Lebensmittel, die ich meiden soll. Ich will Sie damit nicht beunruhigen, sagt er. Danke. Zu spät. Hab' ja jetzt von dem Kram auch schon was gegessen. Dann achten Sie künftig drauf, sagt er. Wirklich viel bleibt mir nicht. Zuhause gehe ich die Liste weiter durch. Was? Noch nicht mal Camembert und Frischkäse? Jetzt bleibt mir nur noch der langweilige Gouda. Und bei dem wird mir gerade übel. Moment, darf ich eigentlich noch Butter essen? Steht nix drauf. Gegencheck im Internet. Butter ist unbedenklich. Ich rufe meine

Mama an. Nee, sagt die. Davon wussten wir nix. Bei uns ging ja auch alles gut. Ihr habt keine Schäden von ein bisschen rohem Schinken bekommen. Ich soll da jetzt nicht so zimperlich sein. Und was ist denn das eigentlich für ein Arzt? Kann der auch mal ein bisschen was Positives ausstrahlen? Das macht euch ja ganz kirre und hysterisch, sagt sie noch. Ich soll das lieber ignorieren. Würd' ich auch am liebsten. Bin nämlich eigentlich total hibbelig vor Freude und hab' Lust auf Salami. Meine Mutter sagt, das wird schon und so ein bisschen Salami schadet auf keinen Fall. Aber dann wär' ja gegen 'ne kleine Kippe oder n Schnäpschen auch nix einzuwenden, oder? Wie ist denn da das Verhältnis? Ich lass' die Salami lieber doch weg.

Also ja, das mit dem Essen ist echt ne frickelige Angelegenheit. Klar wussten die früher nix davon. Aber da haben die sich dann einfach nur gewundert, warum das Kind irgendwie nicht ganz so gesund auf die Welt kam. Wenn es da jetzt schon eine Liste gibt, kann man sich ja auch ein bisschen dran halten. Außerdem behaupte ich jetzt einfach mal, dass es sowieso nicht unbedingt schadet, wenn wir auf die 1-Euro-Salami von Aldi verzichten. Kann ja eigentlich nicht wirklich gutes Fleisch sein. Und Steak kann man ja auch durchbraten. Wobei die Liste natürlich noch länger ist:

Kein rohes oder nicht ganz durchgebratenes Fleisch, kein geräucherter Schinken oder Fisch, keine verpackten Salate, keine rohen Eier, keine unpasteurisierte Milch (gibt's das überhaupt noch?), keine Rohmilchprodukte, keine Innereien, kein Alkohol, nicht streng vegetarisch leben, keine minderwertigen Kohlenhydrate. Dies in Verbindung mit spontanen Appetitwechseln ist meiner Meinung nach der Hauptgrund, warum der nicht-schwangere Part solidarisch an der Gewichtszunahme teilnimmt. Ständig wird über Essen gesprochen, wird nach den am wenigsten ekelhaften Mahlzeiten gesucht und wie sie so viele „hochwertige" Kohlenhydrate wie möglich zu sich nehmen kann. „Hochwertig" bedeutet in diesem Zusammenhang Kohlenhydrate aus Kartoffeln oder allem was aus Vollkorn gemacht wird.

Darüber hinaus ist sie immer noch erkältet. Ich mache, was ich kann. Hauptsächlich Tee, klar. Aber eine Erkältung, die nicht mit harten Medikamenten bekämpft wird, bleibt gerne ein paar Tage länger. Das hält sie aber nicht davon ab, plötzlich mit vollem Elan Bratkartoffeln mit Speck zu machen, nur um sie, wenn sie fertig sind, gegen einen Vollkorntoast mit Honig zu tauschen. Alle anderthalb Stunden wechselt der Wunsch nach herzhaft oder süß mit einem trockenen Würgen, weil die Übelkeit am Ende eigentlich immer gewinnt. Das sieht nicht nach Spaß aus. Nein. Spaß macht das nicht. Sagen kann ich dazu natürlich nichts. Was soll ich auch sagen? Stattdessen umarme ich sie. Ich glaube, das hilft dann auch ab und zu.

Ihr Frauenarzt reagierte recht schreckhaft auf die Erkältung. Wieder einmal patzig, offenbar sein Normalzustand, diesmal aber sogar beinahe wütend fragte er, warum sie denn nun auch noch erkältet sei. Wir beschließen, dass der Frauenarzt mit so einer Attitüde einfach gar nicht geht und suchen uns jemand anderen. Frauenarzt Nummer Zwei ist ungefähr hundertdreißig Jahre alt, aber sehr viel angenehmer im Ton.

Wobei Frauenarzt Nummer Zwei jetzt auch nicht unbedingt vertrauenswürdig erscheint. Irgendwie haben wir Pech mit Ärzten, glaube ich. Beispiel: Er fand in ihrem Urin Ketone und schloss daher auf eine Blasenentzündung. Kurzerhand verschrieb er ein Antibiotikum. Wir stutzten. Salami geht nicht, aber so ein Antibiotikum dann irgendwie schon? Komisch. Wir stutzten noch mehr, nachdem wir im Internet verschiedene Dinge herausfanden, die uns wiederum an der Kompetenz von Arzt Nummer Zwei insgesamt zweifeln ließen. Erstens: Ketone lassen nicht auf eine Blasenentzündung, sondern vielmehr auf Unterzucker, sprich Diabetes, schließen. Diabetes liegt bei uns beiden in der Familie. Sowohl bei jüngeren als auch bei älteren Familienmitgliedern. Also, ja: Blöd. Zweitens: Die Bakterien einer Blasenentzündung können hinauf wandern und schweren Schaden anrichten. Die 17%-Spontanabort-Rate spukt wieder durch meinen Kopf. Oder noch schlimmer: Es stirbt. Und wenn es zu keinem Abort kommt, muss etwas vorgenommen werden, das sich „Ausschabung" nennt. Ein grauenhaftes Wort für eine noch grauenhaftere Maßnahme. Wir brauchen eine zweite Meinung. Sofort. Und am besten einen neuen Frauenarzt. Schon wieder.

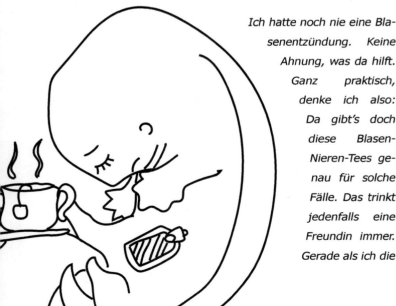

Ich hatte noch nie eine Blasenentzündung. Keine Ahnung, was da hilft. Ganz praktisch, denke ich also: Da gibt's doch diese Blasen-Nieren-Tees genau für solche Fälle. Das trinkt jedenfalls eine Freundin immer. Gerade als ich die

erste Tasse getrunken habe, lese ich auf der Verpackung: „Der Tee sollte während der Schwangerschaft und Stillzeit nicht verzehrt werden." Hä? Wieso denn das? Ich recherchiere mal wieder: „In den meisten Nierentees sind Kräuter wie Birkenblätter, Bärentraubenblätter, Himbeerblätter oder Frauenmantel enthalten. Diese können Wehen fördern, den Muttermund öffnen oder sogar einen Abort hervorrufen." Eine Fehlgeburt durch einen Blasen-Nieren-Tee? Echt jetzt? Gibt's das wirklich? Kann mir irgendwie nicht vorstellen, dass da ne Frau mit Fehlgeburt kommt und der Arzt dann so: Klar, Tee getrunken, selber schuld. Oder so. Ich schaue in dem großen Schwangerschaftsratgeber nach. Da steht auch nichts von irgendwelchen Tees. Bisher konnte das Buch noch nicht wirklich überzeugen.

Früher war das wahrscheinlich einfacher. Als noch drei bis vier Generationen unter einem Dach lebten. Da hatten die Schwangeren in ihrem Umfeld Tanten, Schwestern, Cousinen – alle schwanger. Da wurde das Wissen sozusagen direkt weitergetragen. Oder man konnte es miterleben. Wie die Tante ihrer Tochter die Tasse mit dem Blasen-Nieren-Tee aus der Hand reißt. Einfach ganz natürlich. Und heute ein Handzettel vom Frauenarzt, Kleingedrucktes auf einem Tee. Oder Recherche nach seriösen Quellen im Internetwust. Ziemlich nervend. Also gut. Eines ist sicher: Irgendwie muss diese Blasenentzündung weg. Meine nächste Intuition: Wärmflasche auf den Bauch legen. Wärme hilft bestimmt. Oder doch nicht? Vielleicht bekommt das Baby da drin einen Hitzeschock oder es schmilzt vielleicht sogar. Kann ja offenbar alles sein. Ich recherchiere lieber nicht mehr. Stattdessen lege ich mich ins Bett und ziehe die Decke über den Kopf. Und das fühlt sich gerade einfach am natürlichsten an.

Unser Hausarzt kann uns etwas beruhigen. Ketone sind keine im Urin. Wer weiß, wie der alte Mann darauf gekommen ist. Fettflecken auf der Brille oder so. Stattdessen Leukozyten und Erythrozyten. Was der eigentliche Befund für eine Harnwegsentzündung ist. Diabetes ist damit ausgeschlossen. Die Gefahr jedoch noch nicht gebannt. Ein Antibiotikum will unser Hausarzt nicht geben. Unverantwortlich nennt er die Entscheidung von Frauenarzt Nummer Zwei bei dieser geringen Bakteriendichte. Er empfiehlt „Muttersaft", Cranberrysaft, um genau zu sein. Seit dieser Woche wird der Saft nun flaschenweise getrunken. Er enthält offenbar die nötige Dosis Vitamin C – konnte geschmacklich jedoch nicht überzeugen. Er ist so unerhört sauer, dass mir, als ich aus einem Gefühl der Solidarität heraus daran nippte, fast der Atem stockte. Zum Glück war noch ein ganzer Haufen Waffeln mit Ahornsirup vom Frühstück übrig.

In der siebten Woche beginnt ein rasantes Wachstum. Ist ja schließlich auch noch mega klein. Wie ne Heidelbeere oder so. Trotzdem ist schon alles vorhanden, Herz, Gehirn, Ellbogengelenk. Es wird daher einfach größer, komplexer, fertiger. Alles spielt sich direkt oberhalb der Blase ab. Sie rennt daher praktisch alle zwei Minuten auf die Toilette. Die Nächte sind kurz und wir können beide nicht schlafen. Sie muss ständig pinkeln und ihr ist schlecht. Sorgen machen wir uns eigentlich keine mehr. Eher so unsere Gedanken, klar. Aber so funktioniert unser Kopf ja auch. Kino ist immer.

Bei der Arbeit habe ich noch nichts von den Veränderungen zu Hause verkündet. Zwar ist meine Probezeit so langsam vorbei. Doch bin ich mir nicht sicher, ob das nicht doch ein Kündigungsgrund sein kann. Ich will mich an der Kindererziehung lebhaft und engagiert beteiligen. Unbedingt. Da scheint der Konflikt mit meiner äußerst einnehmenden Arbeitsstelle vorprogrammiert. Könnte mir vorstellen, mich irgendwann äußerst drastisch entscheiden zu müssen. Lange werde ich die Neuigkeiten meinen Arbeitgebern also nicht mehr verheimlichen können. Oder ich muss mir eine gute Ausrede einfallen lassen, warum ich so elendig müde bin.

8. Woche

Natürlich wollen wir nicht vergleichen. Wir gehören nicht zu diesen Menschen, die andere Kinder angucken und sich über eventuell abweichende Entwicklungen kritisch auslassen. Trotzdem ist es nicht unbedingt nachteilig, mal zu gucken, wie das denn die anderen, Freunde von uns, so handhaben.

Also keine direkten Freunde. Eher Freunde von Freunden und wir wurden ein wenig vermittelt, als wir anmerkten, dass wir uns doch ganz gerne mal austauschen würden. Wir haben also vielleicht die Gelegenheit, mal zu gucken, was kommen kann. Und was wir unbedingt vorab wissen sollten. Auch wenn es manchmal leicht übertrieben wirkt. So waren wir in dieser Woche zu Gast bei einem Paar, das gefühlt bereits vor der Befruchtung ein fertig eingerichtetes Kinderzimmer hatte. Natürlich in Blau, da ein Junge. Mit niedlichen kleinen bunten Tieren an der Wand. Kann der das eigentlich schon erkennen?

Oh wie schön, sag' ich. Und bewundere die drei kleinen niedlichen Engelchen, die über dem Babybettchen schweben. Die großen hölzernen Buchstaben seines Namens im Regal, die Kuscheltiere auf seinem Kindersessel. Die Spieluhr an der Wand. Und den Straßenteppich auf dem Boden. Ein geräumiges Zimmer. Kein Staubkörnchen ist zu sehen. Sehr ordentlich für seine sechs Monate, denke ich. Sie betont bei der Kinderzimmerführung noch, dass er bereits mit zwei Monaten in seinem eigenen Zimmer geschlafen hat. Macht ihn das jetzt besonders selbstständig, oder so? Fängt ja gut an. Denn wir hätten noch nicht mal ein extra Zimmer für das Baby in unserer winzigen Wohnung. Unse-

re Wohnung besteht praktisch nur aus einem Raum. Wenn wir die Abstellkammer frei räumen, würde da vielleicht ein Bettchen reinpassen. Ein Straßenteppich aber nicht. Im direkten Vergleich hat unser Kind damit ja praktisch schon alle Chancen zur vollen Potenzialentfaltung eingebüßt. Hat keinen eigenen Raum. Muss bei uns im Zimmer schlafen. Kann sich gar nicht von uns abnabeln. Wie soll es da seine eigene Identität entwickeln? Wird auf ewig an Mamas Rockzipfel hängen. Und sich nicht durchsetzen können. Ich muss mich kurz setzen. Sie fragt, ob alles in Ordnung ist. Und bietet mir einen alkoholfreien Erdbeersekt an. Ein echter Sekt wäre mir jetzt lieber. Ich nehme dennoch dankend an.

Wir sind also ein wenig skeptisch, würd' ich mal sagen. Und das legt sich nicht, als wir die Wohnung betreten. Alles ist hier aufeinander abgestimmt. Bewohner auf Einrichtung und umgekehrt. Scheint irgendwie aufeinander aufzubauen. Alles ist da, wo es hingehört. Kein Handgriff muss, darf hier unnötig sein. Besteck, Stuhl, Lätzchen, alles griffbereit. Genauso erschreckend ordentlich, wie mit dem Geodreieck geplant, entwickelte sich ihre Schwangerschaft. Da hatte keiner Verwirrung, Angst oder Panik. Da wurden die vierzig Wochen Stück für Stück abgearbeitet. Eine Bilderbuch-Schwangerschaft. Werden sie zumindest nicht müde zu betonen. Jetzt ist das Kind da. Ein halbes Jahr alt. Wir sind natürlich neugierig, ob es uns bereits mit Scheitel und perfekt geknotetem Windsor an der Tür den Mantel abnimmt und einen guten Tag wünscht. Während wir, ekelhaft menschlich, insgeheim hoffen, dass diese heile Welt ins Chaos versinkt. Doch von Chaos keine Spur. Der einzige Grund, weswegen sich ein Blick zum Boden lohnt, ist nicht etwa rumliegendes Spielzeug, sondern ein robbender Halbjähriger. Mit hoher Geschwindigkeit auf einem Ellbogen und einer ausgestreckten Hand windet er sich zwischen Stuhlbeinen, Couchtisch und Sofa hin und her. Mit routiniertem Griff wird er väterlicherseits am Hosenbund davon abgehalten, die Treppe runter zu springen. Der Vater ist die Ruhe selbst. Hat sich demnach nicht verrückt machen lassen. Oder er hat die erste Phase der Überforderung schon hinter sich. Wir schauen uns an. Ob sie unser Erstaunen über die Planwirtschaft spüren und sich hinter unserem Rücken köstlich amüsieren? Vielleicht ist es nur ein Witz und gleich geht der Schrank auf und alles verwandelt sich in die erwartete Unordnung. Oder sind wir einfach viel zu verkopft? Viel zu unentspannt für, nun-ja, das Leben als Erwachsener mit Kind und, keine Ahnung, Haus und Karriere insgesamt. Nein, oder? Egal, hier ist es jedenfalls wie im Bilderbuch. Der Schrank bleibt zu. Ist ja auch ordentlich aufgebaut. Da rappelt nix. Und so wird das bei uns nicht laufen, sind wir uns sicher.

Wir reden noch einmal über den Grund unseres Treffens. Unter Vorbehalt. Einen Monat bis wir aus dem Gröbsten raus sind, steht uns schließlich noch bevor. Sie freuen sich, indem sie ihrem eigenen Kind erklären, wie toll es sei, dass wir auch ein kleines Büb-chen oder Mädelein bekommen würden. Wir sind irritiert. Der Halbjährige guckt verständnislos. Müssen Neuigkeiten immer mit Einbindung des Kindes zelebriert werden? Oder ist das nur so eine seltsame Angewohnheit von frischgebackenen Eltern? Und müssen diese Ausdrücke sein? Bübelein, Mädelein, echt jetzt? Die Frauen reden über das Vertrauen zu Ärzten. Und hier bröckelt die Fassade. Ja, auch wenn man alles plant, ist es schwer, jemandem zu finden, der in dieser Zeit eher unterstützt, als Kräfte raubt. Schlechte Erfahrungen hat jede gemacht. Im vorletzten Monat noch den Arzt gewechselt etc.. Hinzu kam der Ärger mit der Hebamme. In ihrem Stadtteil gibt es nur zwei. Die eine ist eine Hexe, die andere grundsätzlich ausgebucht. Und dann die Geburt. Klar, zurecht gezirkelte Schwangerschaft und dann... das Wort „traumatisch" fällt. Auweia, denke ich.

Oh nein. So was will ich jetzt nicht hören. Mit traumatischen Geburten und reißenden Gedärmen kann ich mich noch nicht befassen. Nicht nach den katastrophalen Ärzten und diesem holprigen Start. Ich fange gerade an, mich richtig zu freuen. Also eine ehrliche entspannte Freude zu entwickeln. Ich blinzle ihn an. Ziehe die Augenbraue hoch. Räuspere mich kurz. Hoffe, er sieht mich. Checkt, dass er das Thema wechseln soll. Will ja nicht unsensibel wirken. Ob ich was im Auge hätte, fragt sie. Springt auch gleich auf und holt Augentropfen. Einfach zurücklehnen und entspannen, sagt sie. Und drückt meine Stirn nach hinten. Versucht, mein Auge zu fokussieren. Ich blinzle, verkrampfe. Ihr Mann fragt, ob er schnell ein Glas Wasser holen soll. Am Ende massiert mir das Baby auch noch die Füße. Ich sage, es geht schon wieder. Dann erzählt sie weiter. Und schenkt mir nochmal ein Glas Erdbeersekt ein.

Wir hören beide lieber weg. Beschränken uns auf die Zusammenfassung: Auch sie sorgten sich am Ende vor allem um die Gesundheit des Kindes. Außerdem hat er sich mehr wie Ballast, denn als Unterstützung gefühlt. Runde 20 Stunden lang. Durfte sie nicht berühren. Nur still in der Ecke sitzen. Ich bin mir gar nicht sicher, ob ich etwas Anderes überhaupt möchte. Was kann ich schon tun. Beim Zivildienst als Rettungssanitäter beim Roten Kreuz haben wir einen Crashkurs im Entbinden bekommen. Irgendwie ziehen und drehen. Das ist das Einzige, woran ich mich noch erinnern kann. Nun, er sagt: Wenn es deine Frau ist, die schreit und schreit und mit Hilfe von Arzt und Hebamme einen kleinen Menschen rauspresst, und du nichts machen kannst, als zusehen und hoffen, dass es bald vorbei ist, dann sind die Sorgen, die du dir die Monate vorher gemacht hast, nur noch Kinkerlitzchen. Wer das erlebt, den kann nichts mehr schocken. Hm, keine Ahnung: Soll mich das beruhigen? Wobei das nun vorbei ist und sie sich bereits um Kindergarten, Schule und Berufsaussichten Gedanken machen. Etwas voreilig, denke ich. Sage aber lieber nichts. Habe selbst gerade erst gelernt, dass bei einem Ungeborenen die Fingernägel vor dem Gehirn fertig sind. Eine Erkenntnis, die das Potenzial hat, meinen Blick auf die Menschheit grundlegend zu revidieren. Offenbar ist es wichtiger, zuerst die Fingerspitzen mit einer gehärteten Platte zu versehen, als dem Verstand die nötige Kapazität zu vermitteln. Erst Kratzen dann Denken? Mir fällt dazu kein entsprechendes Steinzeitszenario ein. Die Evolution bleibt eine Erklärung schuldig. Das Baby hat sich zumindest größenmäßig von einer Heidelbeere zu einer etwas größeren Frucht, ich würde sagen, einer Himbeere, entwickelt. Läuft also.

Wir haben genug gehört und wollen lieber gehen. Sie haben bereits eine Papiertüte vorbereitet. Wollen die Umstandskleidung loswerden. Und das ganze Babyzeug. Kind Nummer Eins soll ein Einzelkind bleiben. Wir können uns nicht wehren. Und nehmen es auch gern. Die Hose sieht recht bequem aus. Dieses große eingenähte Stück Stoff, was über den gesamten Bauch gezogen wird, hält warm und passt sich den Gegebenheiten an. Mit Skepsis nehmen wir jedoch ihr Ratgeber-Buch entgegen. Die beiden interessierte während der Schwangerschaft offenbar weniger das faktischbiologische, als der gesellschaftlich-frauliche Teil. Ein schrecklich rosa gehaltenes „Mami-Buch" soll erklären, wie sich die Frau nun fühlt. Die Cosmopolitan-Variante meines Buches mit Rat von Woche zu Woche. Mit einem glitzernden Krönchen drauf.

Im Auto blättere ich im Buch. Die Farben hellrosa und hellblau dominieren. Ich suche nach Schilddrüsenunterfunktion. Und nach Blasenentzündung. Nix. Auch im Index nix. Dafür die wichtigen Themen: Darf ich meine Haare blondieren? (Das Buch sagt, Vorsicht! Chemikalien können die Muttermilch und in Babys Fettgewebe vordringen. Also lieber zu Pflanzenhaarfarben greifen.) Darf ich Absätze tragen? (Das Buch gibt Entwarnung.) Wie ka-

schiere ich meinen Po? (Der Tipp: Einfach die große Brust mehr in Szene setzen. Das lenkt ab.) Muss ich mich vor der Geburt rasieren? Ist schminken für die Geburt erlaubt? Und so weiter. Also ganz Frau das Buch. Themen, die bewegen. Nur mich halt irgendwie nicht. Trage eher Rollkragenpullover. Ich klappe das Buch zu. Schwer das Ding. Dann werfe ich es auf die Rückbank.

9. Woche

Das Baby hat's gut. Muss sich nicht mit quälenden Fragen zu irgendwelchen Mahlzeiten rumschlagen. Hat ja seinen Dottersack. Der Dottersack übernimmt die Ernährung. Ein erneutes Ultraschallbild bestätigt seine Existenz. Eine Sorge weniger. Es bleibt die Blasenentzündung. Der Muttersaft hat bisher noch nicht die gewünschte Wirkung gezeigt. Sollten wir doch auf ein Antibiotikum zurückgreifen müssen? Das Baby ist noch immer sehr ungeschützt. Der Dottersack ist neben der Ernährung zwar auch für den Stoffwechsel zuständig bis die Leber soweit ist, aber eine wirkliche Abwehrkraft gibt es nicht. Schlaflose Nächte mit zahlreichen Toilettengängen, in der Hoffnung, endlich alles irgendwie rauszuspülen. Ich kann nichts machen, als Tee kochen. Immer wieder Tee kochen. Und an weitere organisatorische Dinge denken. Das nimmt manchmal überhand, so sehr, dass ich einfach stehen bleibe und gar nichts mehr tue. Wie die Sache mit dem Auto. Wir fahren einen Polo. Bisher vollkommen ausreichend. Und das Baby passt theoretisch auch noch rein. Aber ein Kinderwagen nicht. Zumindest nicht, ohne die Sitze umzuklappen. Ein viel zu großer Aufwand.

Ein Kombi muss her. Eine Familienkutsche. Ein Volvo vielleicht. Mein Leben lang träume ich von einem alten VW-Bulli als Camper. Dieser Vorschlag stößt allerdings auf Ablehnung.Ein Campingbus als Auto für die Stadt sei unpraktisch, heißt es. Zugegeben. Aber wann, wenn nicht jetzt, würde sich die Anschaffung eines Bullis lohnen? Kinder in Bullis sehen erstaunlich fröhlich und lebendig aus. Doch je größer das Auto, umso mehr muss gereinigt werden. Hinzu kommt das Alter des Fahrzeugs. Denn es sollte ja schon ein Bulli aus den Siebzigern sein. Aber, ja, nun, ich glaube, ich mache einen Fehler, den die meisten werdenden Väter machen: Schwangerschaft als Projekt sehen. Als ein nostalgisches noch dazu. Dabei sollte ich lieber einen viel praktischeren Fokus legen. Beispielsweise wie ich alles, von Kinderwagen über Proviant bis Kind an sich, so einfach wie möglich in ein Kraftfahrzeug hinein und wieder hinaus bekomme. Punkt. Und deswegen weniger Bulli und mehr Skoda Fabia aus zweiter Hand mit 70 Tausend Kilometern für unter achttausend Euro. Ein solides Auto.

Eine Freundin fährt auch Skoda. Fabia. Und die hat auch Kinder. Zwei sogar. Dann ist das bestimmt auch was für uns. Der Kontakt zu ihr ist recht selten. Sie wohnt 300 km weit weg. Ist aber gerade auf Durchreise. Passt also, um sich mal einen Eindruck von dem Auto zu machen. Und natürlich, die zwei- und vierjährigen Kinder zu begutachten. Ich sehe sie das erste Mal seit der Schwangerschaft. Wir wollen eine Spritztour mit dem Auto machen. Zum Spielplatz. Bis wir loskommen vergehen 20 Minuten. Sie will die Kinder anschnallen. Die haben dazu wenig Lust. Turnen im Auto rum. Schalten die Warnblinkanlage an. Drücken auf der Hupe rum. Dann wollen sie was trinken. Verschütten den klebrigen Apfelsaft auf dem Fahrersitz. Sie wischt und motzt. Nun endlich sind sie angeschnallt. Dann noch Kinderwagen zusammenklappen. Klemmt. Rütteln. Ab damit in den Kofferraum. Kurz noch checken, ob alles in der Wickel/Verpflegungstasche ist. Los geht's. Es ist warm. Die Kinder in ihren gepanzerten Kindersitzen schwitzen. Und schreien nach Keksen. Der Große bekommt einen Keks mehr als der Kleine. Der Kleine schreit. Wie am Spieß. Will auch noch einen Keks. Ich halte mir die Ohren zu. Sie wird nervös. Kann ja jetzt nicht viel machen. Die Packung ist leer. Ich kram' in ihrer Tasche rum. Nee. Echt nix mehr da. Eine Banane vielleicht? Er schreit noch lauter. Alle Beschwichtigungsversuche scheitern. Sie beginnt, laut zu singen. Und gestikuliert dabei. „Meine Nase ist verschwunden, ich habe keine Nase mehr" (dabei versteckt sie ihre Nase unter der Hand). Dann nimmt das Lied eine Wendung: „Ei! Da ist die Nase wieder (dann zeigt sie auf ihre Nase), trallalalallaalala Hurra!". Dabei schreit der Kleine weiter. Und lauter. Offenbar gefällt ihm das Lied nicht. Sie fährt mit allen Körperteilen fort, die so verschwinden können. Als dann zum Schluss ihre Füße verschwinden, schläft er. Endlich. Doch da sind wir auch schon am Spielplatz angekommen. Kaum die Handbremse gezogen, wird der Kleine wieder wach. Nun schreit der Große. Er will schaukeln. SOFORT! Vielleicht wachsen die Stressnerven proportional zum Bauch. Ich hoffe es. Jetzt brauch' ich erstmal 'ne Pause. Von Autos. Und Kindern.

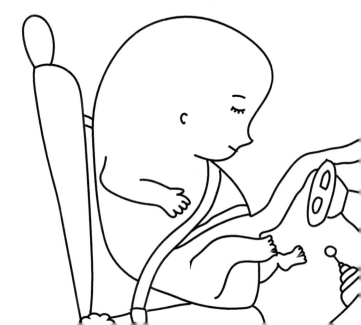

Von ihrer Horrorfahrt nichts ahnend, recherchiere ich indessen nach entsprechenden Modellen. Meine Kauflaune hält sich allerdings noch in Grenzen. Ich zögere. Es dauert noch drei Wochen, bis wir sicher sein können; bis wir wissen, dass wir es nicht verlieren werden. Und so lange wir nicht sicher sind, versuche ich im Kopf eine Art Schutz aufzubauen; versuche, mich nicht allzu sehr von der Aussicht auf die kommende Vaterschaft einnehmen zu lassen. Schwer genug. Als wir vor ein paar Tagen die Treppen vor dem Haus runter gingen, krümmte sie sich plötzlich nach vorne. Ein Krampf, so heftig, dass es ihr den Atem verschlug. Ich konnte nichts machen. Grauenhaft.

Andererseits sind drei Wochen schneller rum, als man denkt. Genau wie die letzten zwei Monate. Ein wenig Ausschau nach einer geeigneten Fuhrpark-Erweiterung schadet daher nicht. Auch wenn der Kopf vollgepackt ist. Ganz eindeutig habe ich die aufkommenden Sorgen viel zu sehr unterschätzt. Es gibt Momente, in denen denke ich an konkrete Erziehungssituationen. Geschrei an der Supermarktkasse. Erste Erfahrungen mit Alkohol und möglicherweise Marihuana. Ich sollte froh sein, dass das Baby einen eigenen Dottersack hat. Das Bedürfnis nach Rebellion oder Genuss von Drogen jeglicher Art scheint vorerst nicht vorhanden zu sein. Schließlich ist das Baby gerade mal so groß wie eine Kirsche.

Währenddessen mehren sich die Muttersaft-Flaschen. Zur Kontrolle hat uns der Arzt vorgeschlagen, Teststreifen in der Apotheke zu besorgen. In Morgenurin gehalten, kann man so auf eigene Faust feststellen, ob sich noch Bakterien im Organismus tummeln. Es kommt dabei auf die entsprechende Gelbfacette des Streifens an. Ist da jetzt noch was, oder nicht? Wenn ich lange genug auf den Streifen schaue und nur an Gelb denke, sehe ich auch nur noch Gelb. Versuche ich entsprechend gar nicht mehr an Gelb zu denken, verliert der Streifen sein gesamtes Farbspektrum. Und ich bekomme Kopfschmerzen. Genug mit Gelb! Regelmäßig halte ich meine Hand auf ihren Bauch, um zu spüren, ob alles in Ordnung ist. Natürlich spüre ich nichts, bilde mir aber ein, sehr viel Wärme festzustellen. Was Sinn macht, da ihr Körper ungefähr ein Drittel mehr Blut produziert und in die entsprechende Region pumpt. Und das würde er ja nicht machen, wenn alles zerstört wäre. Oder genau andersherum? Gerade weil etwas nicht stimmt, pumpt er mehr rein als gewünscht, um mit viel Blut alles sauber zu spülen. Oder, oder. Das Muttersaft/Blasenentzündung/Auto-Thema schafft mich.

10. Woche

Alpine Landschaften in meinem Gesicht. Wie mit vierzehn. Zum Kotzen. Berge und Täler. Die Berge rot mit gelben eitrigen Gipfeln. Sie sind überall. Meist am Kinn, um den Mund rum und an den Wangen. Da lässt sich nun auch nix kaschieren - mit 'nem Pony oder Stirnband. Eine Sturmmaske vielleicht. Er steht vor der Badezimmertür. Klopft. Ich kann jetzt nicht, ruf' ich. Ich muss auf's Klo, sagt er. Ich auch, sag' ich. Ich drücke meine Nase gegen den Spiegel. Ein Taschentuch zwischen den Fingern. Und versuche, alles gelb-eitrige rauszudrücken. Übrig bleibt eine weniger eklige, aber dafür blutende runde Wunde in meinem Gesicht. Ich tupfe das Blut ab. Was mach' ich da jetzt drauf? In meiner Jugend gab's Clerasil. Gibt's das heute auch noch? Aber wenn die Seife schon stinkt, wird das nicht besser sein. Vielleicht Zahnpasta? Oder kaschieren? Mit viel Makeup? Darf ich das? Nicht, dass das durch die Blutbahn zu meinem Kind vordringt. Steht bestimmt im rosa Mami-Buch. Oder einfach mit Würde tragen? Sowas nennt sich schließlich Schwangerschafts-Akne. Hatte davon gelesen. Dachte, ich bliebe verschont. Ist vielleicht aber ein gutes Zeichen. Dass die Hormone ihre Arbeit tun. Dass es dem Baby da drin gut geht. Er klopft. Ich muss echt dringend, sagt er. Hab' schon zwei Kaffee getrunken, sagt er lauter. Ich zieh' die Kapuze vom Pullover tief in mein Gesicht. Öffne die Tür. Rausche schnell an ihm vorbei und leg' mich ins Bett. Mir ist schlecht, ruf' ich noch. Das kennt er ja, dann lässt er mich meist erstmal in Ruhe.

Ob es anderen Schwangeren auch so geht? Ich schau kurz bei Facebook vorbei. In meiner Timeline immer wieder Posts und Bilder von ehemaligen Klassenkameradinnen. Natürlich *ein paar davon schwanger. Ich klick' drauf. #pregnantbeauty #wonderoflife #proudmama. Hochglanzbilder. Perfekt gestylte Haare. Ein strahlendes Lächeln. Und perfekte Haut. Ich zoome ran. Kein einziger Pickel zu sehen. Und bestimmt haben die keine Schilddrüsenunterfunktion. Oder eine Blasenentzündung. Oder Erkältung. Oder Übelkeit. Oder schlechte Laune. Bei denen läuft alles tacobello. Bin ich nun schon eine schlechte Mutter? Oder fehlt mir einfach der richtige Insta-Filter?*

Gefühlt haben wir bisher noch keinen Moment genossen. Voll anstrengend, sich immer nur einen Kopf zu machen. Vielleicht lieber mal abschalten. Einfach mal akzeptieren, irgendwie überhaupt nicht vorbereitet zu sein; sich gar nicht ausmalen zu können, wie es wirklich ist, als Vater, als Eltern, als Paar mit Kind. Wer kann das schon? Und wenn ich ehrlich bin, weiß ich ja auch selbst, dass da viel irrationales Kopfkino dabei ist. Ich neige zu Übertreibungen. Vor allem, wenn es um Dinge geht, die möglicherweise gesundheitsbeeinträchtigend sind. Aber wir haben zum Glück einen neuen Frauenarzt gefunden. Der alte Mann mit der falschen Diagnose wurde ersetzt durch einen jüngeren Mediziner, der seine Praxis direkt an eine Geburtsklinik angeschlossen hat. Was gut ist, falls das Baby beschließt, spontan auf die Welt zu kommen. Größere Strecken möchten wir dann lieber vermeiden. Ein Taxifahrer sagte mir, so romantisch eine Geburt auf der Autobahn auch klingt, die Inneneinrichtung könne man danach vergessen. Die Reinigung koste tausende Euro. Und meistens will das niemand zahlen. Wie oft das überhaupt vorkommt, wollte er nicht sagen. Egal, ich habe mich auf jeden Fall dazu entschlossen, entspannter zu werden. Es ist die zehnte Woche, echt jetzt. Wir sind doch eigentlich wirklich aus dem Gröbsten raus. Oder nicht? Ja, oder? Klar. In der nächsten Woche ist der erste Termin beim neuen Arzt. Natürlich hoffen wir auf eine gute Behandlung mit fantastischen Neuigkeiten zur Blasenentzündung und dem allgemeinen Zustand. Vielleicht können wir dann sogar aufhören, einfach nur „Baby" zu sagen, weil alles okay ist. Weil es ein echter Mensch ist, der einen echten Namen verdient hat. Vielleicht verschwinden Krämpfe, Übelkeit und alle anderen unerfreulichen Begleiterscheinungen. Vielleicht aber kommt es doch zum Allerschlimmsten, zur Ausschabung.

Kürettage ist der offizielle medizinische Begriff, auch Abrasio uteri genannt. Man bedient sich dabei einer sogenannten Kürette. Sie ist stumpf, an der Innenwölbung zwar scharfkantig, jedoch nicht scharf geschliffen. Die gängige Kürette ist circa 25 Zentimeter lang, hat an der unteren Seite einen Griff und oben eine Schlaufe. Sie ist aus medizinischem Stahl gefertigt. Die Öse hat eine maximale Weite von elf Millimetern. Mit ihr wird die Gebärmutterschleimhaut ausgekratzt. Was die wörtliche Übersetzung von Kürettage ist – Auskratzung. So mein Medizinbuch. Aber wie war das noch? Was habe ich da oben geschrieben? Entspannung? Nun, so hilfreich medizinische Fakten sein können, um bei vorteilhaften Diagnosen jegliche Fehlinterpretation auszuschließen. So fatal klingen sie im Ohr des Laien, wenn es sich um weniger gute Befunde handelt. Sie erzählte mir, dass selbst ein Abstrich, eine regelmäßige Prozedur bei Frauenarztbesuchen, ein unangenehmes bis schmerzhaftes Gefühl ist. Und dabei wird „nur" mit einem kleinen Metallschaber eine Probe genommen. Nichts im Vergleich zu einer kompletten Ausschabung der Gebärmutterschleimhaut. Doch bis wir Gewissheit haben, vergehen noch ein paar Tage. Wir wollen uns ablenken. Gehen Essen. Natürlich mit Einschränkungen. Für sie.

Hab' Lust auf was Deftiges. Döner. Ach nee. Geht nicht. Vielleicht ist der Salat da drin nicht gründlich gewaschen. Listerien. Dann Gutbürgerliches. Irgendwas mit Kartoffeln wär' gut. Frikadelle dazu? Natürlich ohne Salat. Dafür vielleicht mit gekochtem Gemüse. Ah nee. Was ist, wenn die Frikadelle innen nicht ganz durch ist? Und Rinderfilet durchgebraten schmeckt auch nicht. Dann eben wieder asiatisch. Aber keine Nudelsuppe. Da sitzen wir also. Für einen kurzen Moment vergessen wir alles. Keine Übelkeit. Nichts zwickt. Keine Sorgen. Es geht uns gut. Wir genießen die Zeit zu zweit. Und sehen natürlich überall nur noch Eltern. Und Babys. Und Kinder. Und alles hat irgendwie mit dem zu tun, was uns bald erwartet. Hinter uns hat eine Familie mit drei Kindern Platz genommen. Die letzten beiden sind Zwillinge. Keine Ahnung wie alt. Irgendwie klein. Die große Schwester irgendwie älter. Vielleicht lernt man das Alter von Kindern einzuschätzen, wenn man selbst welche hat. Die Kleinen fangen an, durch die Gegend zu laufen.

Der nervöse Vater immer griffbereit hinterher. Hat vermutlich Angst, sie könnten die Treppe runtersegeln. Zu Recht, schätze ich. Die Große will nichts essen. Nein, das nicht. Das auch nicht. Ekelhaft. Lieber 'ne Pizza. Gibt's hier aber nicht. Also dann lieber schreien. Ja. So richtig laut. Voll in mein Ohr. Ich drehe mich kurz um. Lächle. Die Mutter lächelt zurück. Es ist dieses erleichterte Lächeln, das man macht, wenn man auf Verständnis statt auf Ablehnung und Verachtung trifft. Denn: Ich verstehe. Glaube, zu verstehen. Fühle Verständnis. Wir werden das auch irgendwann mal sein. Und dann würde ich mich auch über ein Lächeln freuen. Also lächle ich noch einmal. Und das Lächeln bleibt. Bleibt einfach in meinem Gesicht kleben.

Sie lächelt. Wir entspannen. Und wir beginnen zu reden. Darüber, was wir machen wollen, was nicht. Wir überstehen alles im Team. Schließlich sind wir zu zweit. Niemand muss allein sein mit seinen Gedanken. Wir teilen die Ängste, was sie nicht verschwinden lassen, doch erträglicher machen. Wir sprechen darüber, wie es sich anfühlt, wie es sich für uns anfühlt, neues Leben erschafft zu haben. Was ja allein schon krass klingt. Aber ich weiß grad' echt nicht, wie ich es anders ausdrücken soll. Und ich weiß nicht warum, aber ich hatte nie den Gedanken, ich könnte einfach mal eben so ein neues Leben zeugen. Also klar, dass das schon geht, weiß ich. Aber letztlich liegt es nicht in meiner Hand. Eine meiner Ex-Freundinnen hat mal die „Pille-danach" genommen. Ich weiß noch, wie sie mich anrief und vor den Nebenwirkungen zurückschreckte und sie deshalb nicht nehmen wollte. Wir waren irgendwie zwanzig oder so und ich hatte keine Ahnung, was ich dazu sagen sollte. Ich hab' die Nebenwirkungen ergoogelt und ja, die können heftig sein. Aber letztlich ist es ja dann doch ihre Entscheidung, was sie mit ihrem Körper macht, oder nicht? Ist doch am Ende genau wie bei Abtreibungen. Jede Frau sollte für sich entscheiden dürfen, was das Beste für sie ist. Dennoch will ich natürlich niemanden in eine solche Lage bringen. Verhütung war immer wichtig. Nicht nur wegen Krankheiten. Aber wenn es passiert, obwohl es nicht passieren sollte. Nun, dann hilft wohl nur darüber sprechen. Die Entscheidung liegt aber letztlich immer bei ihr. Oder nicht? Es ist ein gutes Gespräch beim Essen und wir beschließen, gemeinsam einen Film über die Geburt anzuschauen. Der Dokumentarfilm „In die Welt" von Constantin Wolff porträtiert eine Geburtsklinik in Wien. Ein Blick in das Drama, den Schmerz und die Schönheit des In-die-Welt-Kommens. So heißt es auf der Film-Webseite. Kommentarlos zeigt er, wie es ist, in einem modernen Krankenhaus ein Kind zur Welt zu bringen.

Eine junge Frau sitzt heftig atmend auf einem Krankenhausbett. Die Haare wild, das Nachthemd bis über die angewinkelten Knie hochgezogen. Auf der einen Seite eine Hebamme, auf der anderen eine Ärztin. Sie sind ruhig, sprechen der Frau Mut zu. Beruhigen. Die Frau ist erschöpft. Sie schreit nach Schmerzmitteln. Nicht besonders laut. Aber intensiv. Mit Eindringlichkeit. Niemand macht Anstalten, ihr welche zu geben. Eine PDA, also Periduralanästhesie zur Betäubung des Rückenmarks, ist entweder zu spät – oder nicht nötig. Als Zuschauer ist es nicht zu erkennen. Eine Wehe. Pressen! Die Hebamme hat alles genau im Blick. Sie ruft: Weiter, weiter, weiter. Die Wehe endet, die Frau sackt auf die Seite. Schmerzmittel! Die Ärztin schüttelt leicht den Kopf. Nein. Keine Schmerzmittel. Gleich kommt die nächste Wehe. Dann wird wieder gepresst. Im Hintergrund, kaum wahrnehmbar: der Mann. Zusammengesunken sitzt er auf einem kleinen Hocker. Er fährt sich immer wieder mit den

Händen durchs Gesicht. Rollt auf dem Hocker vor und zurück. Ist sichtlich verängstigt. Schockiert, von dem was gerade passiert. Er will seine Frau trösten, flüstert ihr leise Mut zu. Sie scheint es gar nicht zu hören. Er will sie berühren. Sie stößt ihn weg. Er rollt wieder zurück. Bis an die hintere Wand. Ein Regal stoppt seine Fahrt. Er dreht sich weg. Die Hände vor dem Gesicht. Die nächste Wehe. Die Frau schreit. Presst. Weiter, weiter, weiter. Der Kopf ist zur Hälfte draußen. Die Wehe endet. Die Ärztin sagt, dass es gut ist. Jetzt dehnt sich das Gewebe. Noch einmal. Dann ist es soweit. Doch die nächste Wehe lässt auf sich warten. Wann kommt die Wehe? Wann kommt die Wehe? Die Frau fleht. Der Mann ist nur ein kleiner verzweifelter Punkt im Hintergrund. – Jetzt kommt die Wehe. Sie presst. Jetzt ist es da. Die Frau ruft: Baby! Baby! --

Die Szene hinterlässt einen intensiven Eindruck. Faszinierend, wie reflexartig die Frau nach ihrem Kind ruft. Baby! Baby! Ich kann mich nicht erinnern, jemals zuvor einen solch reflexartigen Ruf gehört zu haben. Abgesehen von „Aua!" natürlich. Wobei ich mir nicht sicher bin, ob das ein richtiges Wort ist. Es bezeichnet schließlich kein Ding an sich. Eine konkrete Bezeichnung reflexartig auszurufen, ist für meine Begriffe daher extrem surreal. Noch spannender: Der Mann im Hintergrund. Die Verzweiflung in seiner gesamten Körpersprache. Ich stelle mir vor, an seiner Stelle zu sein und glaube genauso hilflos auszusehen, wenn es bei uns soweit ist. Mehr noch, ich werde wohl eher am Boden liegen, nach Atem ringen, oder direkt mein Bewusstsein verlieren. Das Stadtleben mit all seinen technischen Erleichterungen hat mich verweichlicht. Das einzige Blut, das ich sehe, kommt aus meiner Nase bei zu trockener Heizungsluft. Und dabei erschrecke ich schon fast zu Tode.

Die nächste Geburt im Film ist ein Kaiserschnitt. Die Bauchdecke wird mit zwei Klammern aufgehalten. Das Kind zur Öffnung gedrückt und am Kopf herausgezogen. Es ist lila und verschmiert. Das war das andere auch. Aber diesmal sieht es recht brutal aus. Eigentlich will ich nicht, dass unser Kind so auf die Welt kommt. Bin aber selbst ein Kaiserschnittkind. Bei mir lief alles gut. Und das Kind wird sich nicht erinnern. Oder? Kann ich mich erinnern? Nein, vielleicht unterbewusst, aber nein. Doch ob ich jemals das Bild und diesen Moment vergessen kann? Vermutlich nicht. Früher standen die Männer Zigarre rauchend vor dem Kreißsaal und schüttelten Hände – meist von anderen Männern. Keine Option. Obwohl ich Menschen kenne, die das genauso machen wollen. Die haben aber auch keine Kinder, noch nicht mal schwangere Frauen. Wie gesagt: Schwangerschaft, das nostalgische Projekt. Abends erzählt sie mir, wie neugierig sie auf die Schmerzen ist. Sie kann es kaum glauben, dass es bald soweit ist. Sie erwartet genau diese Schmerzen, seitdem sie ihr Frausein erkannt hat. Das muss schon eine ganze Weile her sein. Sie vergleicht sie mit den momentan aufkommenden Krämpfen. Nur viel intensiver. Ich kann mir nicht einmal annähernd vorstellen, wie sich das anfühlt. Der Tritt in die Hoden wird nicht vergleichbar sein. Das einzige was mich erwartet, ist ein kleiner Hocker, mit dem ich durch das Zimmer rollen kann. Diese Vorstellung ist schon bedrohlich genug. Da bin ich echt froh, dass noch ein bisschen Zeit ist. Hat sich das Baby ja gerade mal zu einer Erdbeere entwickelt. Also von der Größe her.

Das Geschrei sieht nicht nach Spaß aus. Beeindruckt mich aber. Da steckt ganz schön viel Kraft dahinter. Bei jeder dieser Frauen. Der Körper macht das schon irgendwie. Und meiner wahrscheinlich auch. Denn schließlich bereitet er sich seit der Pubertät auf diesen Moment vor. Produziert Eier. Löst den Eisprung aus. In der Hoffnung auf eine Befruchtung. Und das alles jeden Monat immer wieder von vorn. Schon 17 Jahre. Geht man davon aus, dass ich jedes Mal ein Ei verbraten hab', dann sind das bis jetzt 204 Eier. Das wären 204 Leute. Zwar weniger, als ich Facebookfreunde habe. Aber trotzdem noch ganz schön viele. Die würden bestimmt nicht alle in unsere Abstellkammer passen.

11. Woche

Ich liege da. Beine gespreizt. Und warte. Mein Herz klopft. Jedes Mal. Die Aufregung lässt meinen Darm arbeiten. War schon immer so. Ungünstig, die Zeit vor Prüfungen auf der Toilette zu verbringen. Auch jetzt ziemlich ungünstig. Mit dem Po direkt vor dem Gesicht des Arztes. Also presse ich meinen Schließmuskel zusammen. Und atme durch. Alles hängt von diesem Gerät ab. Zeigt mir, dass es noch da ist. Ich erinnere mich an die Erzählung meiner Mutter. Bei uns gab's nur einen Ultraschalltermin am Anfang und am Ende der Schwangerschaft, hat sie gesagt. Dazwischen ging man auch mal zum Hausarzt. Wir wussten nicht mal das Geschlecht. Ob sie sich nicht gefragt hat, ob alles in Ordnung ist? Man hat sich da einfach weniger Gedanken gemacht, sagt sie immer. Insgesamt.

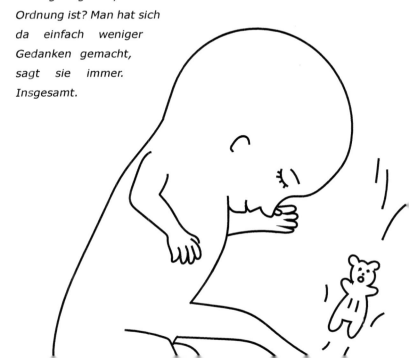

Eine Fähigkeit, die mir vollkommen fremd ist. Wie kann ich meinen Kopf abschalten? Wie geht das? Weniger Gedanken machen? Dümmer waren die ja bestimmt nicht. Vielleicht hatten sie keine Zeit, sich darüber Gedanken zu machen. Mussten sich um andere Dinge kümmern. Wie Geld verdienen. Oder Blumengestecke machen, oder so. Oder man hatte einfach mehr Vertrauen. In sich. In seinen Körper. In den wohl natürlichsten Vorgang der Welt. Klingt irgendwie besser. Weniger stressig.

Nun erscheint endlich der weiße Nebel auf dem Bildschirm. Schwarz dazwischen. Und da! Ich glaub' es kaum. Ein kleines Gummibärchen, das fröhlich im Fruchtwasser springt. Ich erkenne es. Kann Kopf, Arme, Beine, Finger, Zehen, Bauch erkennen. Es ist alles dran. Tränen laufen über mein Gesicht. Das ist mein Kind. Ich glaube, jetzt sind wir langsam auf der sicheren Seite, sagt der Arzt. Mein Körper entspannt sich. Vor Erleichterung lasse ich einen leisen Furz fahren. Zum Glück geruchlos.

Unser Baby ist ein Genie. Das ist ihre Schlussfolgerung. Recht plausibel, glaubt man ihrem Bericht. Sie hatte den ersten Termin beim neuen Frauenarzt. Ein netter Mann Ende fünfzig. Auf dem Bild im Internet macht er den Eindruck eines strengen Mediziners. In der Behandlung ist er aber offenbar kompetent und gleichzeitig einfühlsam. Zum Teil. Zwar keine besondere Leistung nach den Erfahrungen davor. Aber immerhin. Sie hat sich wohl gefühlt. Noch besser: Dem Baby geht's gut. Mehr als gut. Mittlerweile vier Zentimeter groß, also mehr oder weniger ein Rosenkohlröschen, konnte man auf dem Ultraschall alles erkennen. Beide Gehirnhälften sind fertig. Das macht es aber natürlich noch nicht zu einem Genie. Vielmehr ist es sein Gehüpfe. Es stößt sich mit seinen winzigen Beinchen ab, springt hoch und segelt durch das Fruchtwasser langsam zurück. Das ist deswegen so phänomenal, weil es das Klügste ist, was es machen kann. Man stelle sich nur einmal vor, man befindet sich in einem geschlossenen Raum voller Flüssigkeit. Die Nahrung erhält man durch einen kleinen Schlauch, der an einen nicht-enden-wollenden Quell lebenserhaltender Stoffe angeschlossen ist. Und eigentlich gibt es nichts zu tun, außer zu wachsen. Die Langeweile muss unendlich sein. Nun macht das Baby aber das Einzige, was ihm überhaupt möglich ist, um die Zeit totzuschlagen. Es springt hoch und segelt zurück. Genial. Somit nutzt es den Raum in vollendeter Perfektion. Ich bin schwer begeistert.

Der neue Arzt ist also zufrieden. Wir sind zufrieden. Doch nicht erlöst. Wie könnte es auch anders sein. Denn uns wurde bereits angekündigt, welche Entscheidung in zwei Wochen ansteht. Nackenfaltenmessung. Es geht um die Transparenz. Je transparenter, das heißt, je mehr Flüssigkeit sich im Nackengewebe vom Baby angesammelt hat, desto größer die Gefahr möglicher Fehlbildungen. Und die Lite ist lang. Vier Arten Trisomie, Edwards-, Noona-, Turner-, Corneila-de-Lange- und natürlich das Down-Syndrom. Andere Befunde wie Herzfehler, Fehlbildungen der Nieren oder Bauchwand sowie im Skelett können vorkommen. Das Problem an der Messung ist jedoch seine Ungenauigkeit. Es lässt sich unter Vorbehalt ein Problem feststellen, also es könnte sein, dass da was nicht stimmt. Weder Ausmaß noch genaue Details zum eventuell aufkommenden Syndrom sind feststellbar. Wir würden also nur wissen, dass etwas nicht stimmt, jedoch nicht, was. Sollten wir die Messung daher überhaupt durchführen lassen? Machen wir uns nicht sowieso schon verrückt genug?

Ich denke an meine Freundin. Beim ersten Kind wurde etwas Auffälliges an der Nackenfalte festgestellt. Könnte Down-Syndrom sein. Oder schlimmer. Sie entschieden sich gegen weitere Untersuchungen. Und waren verunsichert. Bis zum Schluss. Weitere Routine-Ultraschalluntersuchungen zeigten allerdings keine Auffälligkeiten. Nach der Geburt dann Erleichterung: alles in Ordnung. Will ich das? Nein. Ich will mir nicht die ganze Zeit Sorgen machen. Und ich möchte auch nicht, dass mein Baby da drin das Gefühl bekommt, nur unter bestimmten Bedingungen gewollt zu sein. Und was heißt schon „alles in Ordnung"? oder „alles normal"? Kann ja auch mit irgendeinem von den Syndromen normal sein. Gerade das Down-Syndrom. Jetzt ist die Chance da, ein wenig Vertrauen zu entwickeln. Einfach mal auf mein Bauchgefühl hören. Und es so machen, wie meine Mutter. Kopf aus. Vielleicht auch mal wieder eine Scheibe Salami essen. So im Ofen gebacken auf der Pizza bestimmt weniger gefährlich. Die kritische Phase ist fast geschafft. Die zwölf Wochen sind bald um. Es wird bleiben. Und es wird gesund sein. Und wenn nicht? Dann werde ich es trotzdem beschützen. Und es lieben.

Die Messung, sagt der Arzt, findet vollkommen unproblematisch während einer Ultraschalluntersuchung statt. Falls etwas nicht stimmt, könnte man danach noch eine Fruchtwasseruntersuchung vornehmen lassen. So lässt sich die Interpretation des Ultraschallbildes einigermaßen bestätigen. Oder relativieren.

Bei der sogenannten Amniozentese wird eine Nadel durch die Bauchdecke bis in die Gebärmutter geführt, um etwa 10 bis 20 ml Fruchtwasser zu entnehmen. Wie schmerzhaft diese Punktion ist, wird unterschiedlich wahrgenommen. Manche sagen, es ist vergleichbar mit einer Blutentnahme, andere sagen, es sei viel unangenehmer. Wer lieber keine Nadel durch die Bauchdecke gestochen haben möchte, kann seit ein paar Jahren auch sein Blut oder seinen Speichel untersuchen lassen. Das Ergebnis ist dasselbe. Der Unterschied liegt in den Kosten. Und genau da liegen auch unsere Bedenken. Wir bezahlen mehr als tausend Euro für eine Untersuchung, wissen am Ende aber wahrscheinlich nicht mehr, als nach der Nackenfaltenmessung. Während ich gleichzeitig einfach weiß, schlichtweg spüre, dass es vollkommen egal ist. Wir werden dieses Kind bekommen. Mit oder ohne Syndrom. Womöglich wird es schwieriger, oder stressiger, oder die Leute reagieren blöder, oder was weiß ich. Aber da es ja sowieso unser erstes Kind ist, kann ich ja dann auch gar nicht sagen, ob es anders oder anstrengender wäre mit einem gesunden Kind. Außerdem gibt es Menschen mit Down-Syndrom, die vollkommen „normal", wenn denn der Ausdruck unbedingt benutzt werden soll, aufwachsen. Inklusive Uni-Karriere. Also keine Frage. Der neue Arzt überlässt uns die Entscheidung. Bei der nächsten Untersuchung in zwei Wochen sollen wir einfach Bescheid geben. Wenn wir uns dagegen entscheiden, wird bei dieser Untersuchung vermutlich überhaupt kein Ultraschall gemacht. Was okay ist. Denn momentan bin ich nur froh, dass es ihr besser geht. Der neue Arzt ist gut. Die Erkältung und die Blasenentzündung sind weg. Also einfach nur noch warten bis es losgeht. Oder so.

Wir entspannen also gerade. Und woanders gehen Beziehungen dem Ende entgegen. Freunde von Freunden: Fast acht Jahre zusammen, verheiratet, zwei Kinder und im Begriff sich zu trennen. Er liebt sie nicht mehr. Warum? Die Belastung zu groß? Der Familienstress als Beziehungskiller? Vielleicht, unter anderem. Die Gründe sind unklar. Sie kennen sich seit dem Studium. Feiern, Lernen, das WG-Leben hat sie zusammengeschweißt. Ein ideales Paar. Gleichzeitig nicht unbedingt einer Meinung was die Zukunft angeht. Ihr Plan schon immer: das erste Kind mit 28. Er war sich nicht sicher, ob er überhaupt Vater sein möchte. Am Ende kam es zu einem Kompromiss: Entweder Kinder kriegen und heiraten oder Trennung. Er wollte sich nicht trennen, nahm eine Familie dafür in Kauf. Das allein hätte vermutlich schon gereicht, um irgendwann alles zerplatzen zu lassen. Nur haben sie offenbar die Veränderung unterschätzt, die so ein Kind und vor allem zwei, mit sich bringen. Abenteuer und spontane Urlaube waren vorbei. Er musste arbeiten. Bekam keinen schlechten Job. Studium und internationale Erfahrungen bescherten ihm einen Posten im Management eines großen Automobilherstellers. Jetzt hieß es, arbeiten und Kinder erziehen. Sie ging im Leben mit den Kindern auf, er fühlte sich überfordert und vermisste sein altes Leben. Hatte das Gefühl, etwas verpasst zu haben. Er ging daher immer mal wieder mit Kollegen was trinken. Wollte seine Gefühle irgendwie kompensieren. Zu Hause wartete aber nicht mehr seine coole Freundin aus dem Studium, sondern eine Mutti. Jetzt trennen sie sich.

Er wird mich bestimmt auch verlassen. Streitet alles ab. Klar, will mich auch beruhigen. Aber woher will er das denn wissen? Ist wieder nur so eine Floskel. Kann sich ja noch nicht mal vorstellen, wie ich mit kürzeren Haaren aussehen würde. Oder wenn ich ausnahmsweise mal auf der linken Bettseite schlafen würde. Wär' zu krass für ihn. Und letztlich können wir uns beide nicht vorstellen, was sich so alles verändern wird. Wie viel Raum so ein neuer Mensch einnehmen wird. Der kann ja erstmal nix. Muss alles lernen. Krabbeln, Drehen, Greifen... Er wird ja schon ungeduldig, wenn ich Hilfe beim Fahrradreifen aufpumpen brauche. Das nervt ihn schon. Vor allem, wenn ich ihn dann dabei noch beim Buch lesen störe. Ein Buch wird er dann erstmal 'ne Weile nicht mehr lesen können. Zumindest nicht 30 Seiten am Stück. Vielleicht ein, zwei Seiten auf dem Klo. Während das Baby vor ihm rumkrabbelt und nach der Klobürste greifen will. Mehr wird nicht drin sein. Und das wird ihn schon sehr aus dem Gleichgewicht bringen. Ist doch so essentiell für ihn. Viel von seinen Bedürfnissen wird also nicht übrig bleiben. Geschweige denn von unserem Paarsein. Am Ende fühlt er sich vielleicht zurückgesetzt. Ist verletzt. Oder frustriert. Lässt uns allein, stürzt sich in die Arbeit. Obwohl: Vermutlich eher auf die Couch. Arbeit ist eigentlich nicht so seins. Aber auf der Couch lieg' ich ja dann schon. Klar. Bin ja auch ein Couchmensch. Und ich werd' bestimmt auch die Schnauze voll haben. Und will dann nur rumliegen. Dann liegen wir da eben gemeinsam. Wie jetzt auch. – Also Nein. Ich glaube nicht, dass er mich verlässt.

Nee, ich glaube nicht, dass wir uns unterschätzen. Also das, was uns zusammenhält unterschätzen. Wir sind eher die Menschen, die reden. Die vor allem über so etwas reden. Gerade dann, wenn wir von einer solchen Katastrophe hören. Dennoch wird es unglaublich schwierig werden. Vor allem zu Beginn, denke ich. Irgendwie müssen wir die Kurve kriegen, von der alles verändernden Anfangszeit über die Einführung verlässlicher Rituale bis zu der Weiterentwicklung unserer Beziehung und unseres Lebens allgemein. Zu zweit klappt das bisher wahnsinnig gut. Wir haben jeder auf unsere Weise nach genau dem gesucht, was wir seit vielen Jahren nun gemeinsam leben. Etwas Besseres gibt es nicht. Und bald kommt noch jemand dazu. Ein eigenständiger Mensch, der noch gar keine Vorstellung vom Leben hat. Unsere Aufgabe ist es, diesem Menschen zu helfen, ein Verständnis davon zu bekommen, was für ihn Leben bedeuten kann. Nicht unsere Lebensweise aufdrängen. Hoffentlich kommt am Ende keiner zu kurz. Keiner von uns dreien.

12. Woche

Drei Monate sind geschafft. Das Risiko eines Spontanaborts ist um einiges minimiert. Wie viel genau? Schwer zu sagen. Statistiken variieren je nach Quelle. Es dürfte aber wohl nicht mehr im zweistelligen Bereich sein. Erleichterung? Voll! Viel weniger Druck. Natürlich kann immer noch alles Mögliche passieren. Schließlich haben wir keine Nackenfaltenmessung gemacht. Egal. Denn außerdem: Der Schilddrüsenwert hat sich eingependelt. Sie soll lediglich die Tabletten weiterhin in dieser Dosis nehmen. Und regelmäßig kontrollieren lassen. Alle vier Wochen. Passt also. Wir fühlen uns ruhig und ausgeglichen. So nach dem ersten Trimester kann man das dann auch mal, find' ich. Zeit, um sich noch ein wenig zu informieren. Schadet ja nie. Wir lesen also alles Mögliche, was mit Schwangerschaft zu tun hat. Relativ ungefiltert. Dass das auch für neue Unruhe sorgen kann, merken wir recht schnell. Wie das mit dem Mundwasser zum Beispiel.

Irgendwo, keine Ahnung wo, hat sie gelesen, dass schwangere Frauen unbedingt eine erhöhte Zahnpflege an den Tag legen sollten. Ein mit der Schwangerschaft auftretender Calcium-Mangel führt angeblich unmittelbar zu sensibleren Zähnen. Oder so. Daher mussten wir aufrüsten: Zahnseide, spezielle Zahnpasta und eben Mundwasser. Sie fing an, ihren Mund zu spülen. Oft und gründlich. Ich nutzte die Gelegenheit, selbst ein wenig mehr Zeit für die Zahnpflege zu investieren. Natürlich dauerte es nicht unbedingt lange, bis sie bemerkte, dass sich eine nicht geringe Menge Alkohol im Mundwasser befindet. Sie hat es jedes Mal ausgespuckt. Aber nur der Gedanke daran, wie schädlich Alkohol in der Schwangerschaft sein kann, beziehungsweise wie aggressiv er sich auf das Baby auswirken könnte, drückt ihre Stimmung. Ich beschwichtigte. So gut es geht. Habe mit dem Ausspucken argumentiert, mit der Verdünnung durch Spucke, von Körpersäften, die den Alkohol von sich aus unschädlich machen. Schließlich besitzt der Körper entsprechende Abwehrkräfte.

Er stammelt. Versucht, mir irgendwas von Verdünnung zu erzählen. Er hat im Grunde selbst keine Ahnung. So stammelt er immer, wenn ihm nichts einfällt. Ich google. Er sagt, ich soll's einfach lassen und die Flasche in den Müll schmeißen. Tu' ich auch. Also die Flasche in den Müll schmeißen. Danach tippe ich auf dem Handy. Verschiedene Foren. Als erstes die Sprechstunde von Frauenarzt Dr. med. Vincenzo Bluni. Krasser Name. Aber der beruhigt die panische Schwangere Maggi80, die sich als Trottel beschimpft, weil sie genau wie ich zu viel Mundwasser verwendet hat:

Die geringe Menge, die über die Mundschleimhaut aufgenommen wird, sei marginal. Sie solle zukünftig doch aber bitte lieber eines ohne Alkohol wählen. Also vielleicht doch nicht so marginal? Sonst hätte er den Mundwasserwechsel ja nicht vorgeschlagen. Ich recherchiere weiter. Prof. Dr. med. Serban-Dan Costa, noch krasserer Name, versucht julchen89 in der 28. Woche zu beruhigen. Die hat erst kürzlich mit Mundwasser angefangen. Die kritische Phase sei ja die ersten drei Monate, schreibt er. Und da ja über die Mundschleimhäute doch was ins Blut gelange, wenn auch geringe Mengen, sei sie in ihrem zweiten Trimester relativ sicher. Aber auch er rät davon ab. Auch Dr. Gumbert findet klare Worte auf seiner Seite: Generell sind Mundwasser in der Schwangerschaft erlaubt, es sollte allerdings darauf geachtet werden, dass sie keinen Alkohol beinhalten, da Spuren davon das ungeborene Kind im Bauch erreichen könnten.

Ich schalte das Handy aus. Ich könnte jetzt meinen Frauenarzt anrufen und nachfragen. Der lacht mich bestimmt aus. Mir fällt ein Gespräch mit meiner Mutter ein. Hat vor ein paar Tagen einen Bericht im Fernsehen gesehen. Wie schädlich selbst der kleinste Tropfen Alkohol in der Schwangerschaft sei, hat sie mich ermahnt. Hab' jetzt die Wahl, in Panik zu verfallen. Oder mich irgendwie zu beruhigen. Ich entscheide mich für letzteres. Er nimmt mich in den Arm. Wir liegen im Bett. Er erzählt irgendwas von einem Autogenen Training. Das hatte er vor vierzehn Jahren am Strand gemacht. Quatscht irgendwas von „Wellental und Wellenberg". Ja, denke ich. Auf und ab. Genau so fühlt es sich an.

Ich glaube, es ist auch weniger die Angst vor einer Alkohol-vergiftung des Kindes, als vielmehr der ganze Mist, worauf sie achten muss. Klar. Alkohol ist tabu. So viel wussten wir auch schon vorher. Aber was noch alles dazu kommt, was wichtig ist, was nicht, ist beinahe unmöglich zu beachten. Es ist wie eine sehr umfangreiche und immer wieder neu gedeutete Religion. Eine Glaubensgemeinschaft unter der steten Beobachtung der gesamten Gesellschaft, wobei versucht wird, das Schicksal, den Tod und letztlich jede Krankheit so gut es geht auszuschließen. Generationen über Generationen lang wurde das und das gemacht, wieder verworfen, neue Theorien entwickelt, ausprobiert, das Gegenteil bewiesen, immer mit dem Ergebnis, dass irgendwo auf der Welt eine junge Mutter verzweifelt in Tränen ausbricht, weil ihr alles zu viel wird, alles nicht zu schaffen ist, die ganze Idee doch eigentlich vollkommen absurd ist. Schon mehrere Kinoabende mussten kurzfristig abgesagt werden, weil ihr alles plötzlich wieder bewusst wurde. Manchmal höre ich sie im Bad schluchzen. Leises Klopfen und nach dem Rechten fragen, ruft erbarmungslosen Zorn hervor. Aber gegen den ganzen Mist hab ich ja was. So zur Entspannung. Ich habe vor vierzehn Jahren mal ein Autogenes Training am Strand mitgemacht. Ich kann mich vage an „Wellental und Wellenberg" erinnern. Ein Mantra, das, stetig wiederholt, zu einschläfernder Entspannung führt. Manchmal klappt's. Und wir können uns wieder auf das Wesentliche, auf unser Baby konzentrieren.

Es ist mittlerweile so groß wie ein Apfel und robust. Die Augen sind vorn, die Ohren seitlich und insgesamt sieht es relativ menschlich aus. Ich hatte ja leider immer noch keine Gelegenheit, ein Live-Ultraschall zu sehen. Ist für den nächsten Termin eigentlich auch nicht vorgesehen, da wir uns ja, wie gesagt, gegen eine Nackenfaltenmessung entschieden haben. Aber ich denke, wir werden trotzdem einen machen. Ich will mit meinem Handy ein Video machen, um es meiner Mutter zu zeigen, die kaum die Füße still halten kann.

Eigentlich müsste auf dem nächsten Ultraschall auch das Geschlecht sichtbar sein. So steht es jedenfalls in dem Medizinbuch. Die Entwicklung der Genitalien beginnt. Das Baby hat eine eigene Schilddrüse, die auch schon eigene Hormone produziert. Die Entwicklung schreitet zügig voran. Alle Gelenke sind fertig, der Herzschlag ist konstant bei irgendwas zwischen 120 und 160 Schlägen pro Minute und erste Atemübungen sowie Schluckauf können auftreten. Wir hier draußen kriegen davon kaum was mit. Doch zu wissen, wie das Baby das erste Mal einen von Mutter Natur quälendsten Zuständen erleiden muss, also Schluckauf, kann schon überwältigend sein.

Und in dieser Woche steht darüber hinaus ein Kennenlerntermin mit einer Hebamme an. Es hieß, wir seien sehr verantwortungsbewusst, dass wir uns jetzt schon darum kümmern. Ahh, ja das geht doch runter wie Öl. Auch mal was richtig gemacht. Und sogar intuitiv. Geht doch.

Und unsere Hebamme hat es drauf, uns so richtig schön runter zu kriegen, von all dem selbst gemachten Stress. Dem Baby geht es gut. Alles andere ist selbst gemachter Psychomist. Wenn auf einem Beipackzettel von Blasen- und Nierentee steht, „für Schwangere ungeeignet", dann steht das da, weil die Firma keine Lust hat, bei jedem quer sitzenden Furz verklagt zu werden. Wenn es ihr gut geht, dann geht es dem Kind gut. Und, wie ich mir schon gedacht hatte, der Körper ist auf das Baby eingestellt. Er ist schließlich dafür konzipiert. Vergisst man in dieser verkopften Welt viel zu leicht.

Zum ersten Mal jemand mit Mitgefühl. Vom Fach. Die Hebamme beruhigt. Hat Verständnis. Die Frauen haben es verlernt, Vertrauen in ihren Körper zu haben, sagt sie. In einer Zeit in der gefühlt jede Zweite den Stempel „Risikoschwangerschaft" hat. Frauen werden von Vorsorgeuntersuchungen zum Ultraschall, zur Blutabnahme, zum Urintest, zum Glukosetoleranztest geschickt. Alles wird gemessen, kontrolliert. Abweichungen und Abnormales notiert. Viele haben Angst, sich zu freuen. Viele sind verunsichert. Haben mehr Vertrauen in die Technik und die Medizin als in sich. Dass es diesen Fortschritt gibt, ist nichts Schlechtes. Denn die Müttersterblichkeit ist so gering wie noch nie. Doch alles hat seinen Preis. Die ständigen Kontrollen sollen Sicherheit suggerieren. Sie vermitteln den Frauen aber unbewusst, dass es ohne nicht geht. Dass eine ständige Überwachung von außen nötig ist, um ein gesundes Kind zu bekommen. Hat sie natürlich recht. Und weil sie recht hat, entspanne ich. Was gut ist. Entspannung ist gut. Tut gut. Und so zurückgelehnt, kann ich die Ultraschallflatrate beim Frauenarzt auch getrost ablehnen.

Jede zweite Untersuchung läuft ab jetzt über die Hebamme. Nur den Ultraschall und die zwei, drei Hauptuntersuchungen macht noch der Arzt. Aus versicherungstechnischen Gründen. Die Versicherung bezahlt nämlich nur ungern irgendwas und wenn eine Untersuchung von Arzt und Hebamme doppelt gemacht werden soll, zieren sie sich erst recht.

Organisatorisch haben wir also eigentlich alles geregelt. Ein Krankenhaus, ein Arzt, eine Hebamme. Nur unsere Wohnung sieht noch mehr oder weniger nach Studentenwohnheim aus. Unsere Minibar ist ein offenes Regal unter dem Couchtisch direkt auf Kleinkind-Greifhöhe. Da muss was getan werden. Irgendwann demnächst.

13. Woche

Sie fühlt sich fremd. Fremdbestimmt. Alles, was sie von sich kannte, sei nicht mehr da, sagt sie. Was durchaus an den zwei Topthemen liegen könnte, die seit fast dreizehn Wochen alles beherrschen: Laune und Essen. Sie weiß nie, was sie essen möchte. Immer noch ist sie sehr empfindlich was Gerüche angeht, die ihr von jetzt auf gleich Appetit und Laune versauen können. Streiten ist auch komisch geworden. Nicht mehr so laut, mit Knall und Täterätätä. Sondern so komisch gedämpft. Als ob wir dem Kind das nicht zumuten könnten, oder so. Spaziergänge werden zu Schweigemärschen, Fernsehabende zu Umschaltmarathons. Wir sind uns weniger einig, was wir machen wollen, wenn ich nach Hause komme. Leben ein wenig aneinander vorbei. Sie ist mit ihren Gedanken beim Kind. Das spüre ich. Könnte ja aber auch mal sagen, was sie denn da so denkt.

Ich stehe vor dem Spiegel. Nackt. Betrachte mich von der Seite. So flach wird der Bauch nach der Schwangerschaft wohl nicht mehr sein. Vielleicht hat er dann Risse. Oder es hängen einfach Hautfetzen runter. Wirklich eitel bin ich ja nicht. Aber das fänd' ich ja schon blöd. Ich hole das große Schwangerschaftsbuch von ihm. Da ist für jeden Monat ein Bild von einer Schwangeren drin. Ich blättere nach hinten. Natürlich hat die Frau keine Dehnungsstreifen. Auch nicht nach der Geburt. Hat wohl gute Gene. Wie ist das bei meiner Mutter? Da hängt die Haut. Egal wie viel Sport sie macht. Wahrscheinlich wegen mir. Ob sie mir wohl böse ist? Ich blättere im Buch auf die dreizehnte Woche. Und stell' mich genauso vor den Spiegel wie die Frau im Buch. Bei ihr ist schon was zu erkennen. Und bei mir? Eine kleine Beule vielleicht. Vielleicht aber auch das viele Müsli von heute morgen. Vielleicht ist mein Baby aber auch viel kleiner als bei der Frau. Vier statt sechs Zentimeter. Ich könnte auch mal ein Foto machen. Vorher nachher sozusagen. Besser noch: Am besten ich mach' ab jetzt jeden Tag eins. Und schneid' das dann als Film zusammen. Hab' ich auf Pinterest oder Instagram gesehen. Macht frau anscheinend heut' so. Ich mach' aber lieber doch kein Foto. Versuche stattdessen in meinen Bauch zu fühlen. Vielleicht kann ich ja was spüren. Schon komisch. Es ist so nah. Näher kann mir niemand sein. Und trotzdem. Ich kann es nicht sehen und nicht berühren. Das ist ein sehr seltsames Gefühl. Ob er auch so fühlt? Kann er nicht. Denn ich habe es im Bauch. Er kann nur diese bescheuerten Fakten aufzählen. Nervt manchmal echt. Und immer diese Vergleiche mit Lebensmitteln.

Wir befinden uns im vierten Monat, Kind 1 ist sechs Zentimeter groß, 14 Gramm schwer, praktisch eine pralle Avocado, entwickelt einen eigenen Tastsinn, spielt mit der Nabelschnur und die inneren Organe sowie die Stimmbänder reifen heran. Mit dieser Hürde sinkt das Risiko für eine Fehlgeburt um 65 Prozent. Das klingt nach viel.

Wie hoch das Risiko genau ist, habe ich nicht gegoogelt. Ich begnüge mich mit dieser Zahl, lasse es bleiben, entspanne. Das erste Mal so richtig in echt. Viel mehr beschäftigt mich gerade ein anderes Thema: Blut. Ihre Blutgruppe ist A Rhesus Negativ. Meine Blutgruppe kenne ich nicht. Sollte ich aber herausfinden. Denn je nachdem welche Blutgruppe ich habe, kann festgestellt werden, ob eine Rhesusfaktorunverträglichkeit besteht. Das ist jetzt nicht unmittelbar beunruhigend und betrifft letztlich vor allem das nächste Kind. Doch ein sehr faszinierendes Phänomen. Die Rhesusfaktorunverträglichkeit kommt nur dann zustande, wenn ihr Blut Rhesus Negativ und meines Rhesus Positiv ist. Sollte sich bei der Geburt aus irgendeinem Grund ihr Blut mit dem Blut des Babys vermischen, vielleicht durch eine kleine Wunde oder so, dann entwickeln sich bei ihr Antikörper gegen ein gemeinsames Kind von mir und ihr. Das erste Baby ist aus dem Schneider, weil geboren. Das Zweite hingegen hat ein extremes Problem. Denn ihr Abwehrsystem wird alles unternehmen, das Kind entweder zu töten oder rauszuwerfen. Dagegen hilft glücklicherweise eine sogenannte Anti-D-Spritze. Abgesehen von einem mulmigen Gefühl, bin ich jedoch hauptsächlich fasziniert, dass die moderne Medizin so was weiß. Man stellt sie mit dem sogenannten Coombs-Test fest. Nach einem britischen Pathologen und Immunologen. Eigentlich Tierarzt. Wie genau der Test abläuft, kann ich nicht sagen. Nur, dass es zuerst bei Kaninchen festgestellt wurde. Man stelle sich das überwältigende Aha-Erlebnis vor, das Robert Coombs gehabt haben muss, als er endlich eine Reihe von unerklärlichen Fehlgeburten mit dieser ungewöhnlichen Diagnose erklären konnte. Voll abgefahren. Was übrigens gar nicht so selten ist. Jede zehnte Schwangerschaft hat die Konstellation Mutter Rhesus Negativ und Vater Rhesus Positiv.

Aber offenbar bin ich der einzige in der Familie, den das so fasziniert. Sie will lieber wissen, warum sie sich momentan so schlapp fühlt. Und darüber hinaus ständig die Geduld verliert. Ich hab' da schon so meine Theorie und würde das einfach mal auf die äußeren Umstände schieben. Also Schwangeschaft klar. Aber vor allem die überaus begeisterte Verwandtschaft. Für die ist nämlich alles super toll. Alle freuen sich, alle sind glücklich, alle wollen nur das Beste. Grob geschätzt übertrifft die Zahl der gut gemeinten Ratschläge die Zahl der Atome im Universum um den Faktor vier. Sollte sie jedoch einmal Zweifel äußern, sei es über die Gesundheit des Kindes oder die Herausforderung der Erziehung, wird ihr über den Mund gefahren, sie solle doch nicht immer so negativ sein, andere hätten ja auch schon Kinder bekommen und da verlief alles tutti paletti. Besonders schlau sind dabei übrigens ledige Männer oder kinderlose Frauen. Das nervt verständlicherweise. Denn letztlich kann ja nur sie wissen, wie es sich gerade anfühlt. Nur sie weiß, welche Sorgen durch ihren Kopf spuken und ihr das Leben schwer machen. Auch ich habe keine Ahnung; kann mir aber durchaus vorstellen, wie belastend so etwas sein kann.

Ein Wellenberg kommt mal wieder. Von Entspannung weit entfernt. Fühl' mich eher so angespannt, wie ein gespanntes Gummi. Kurz vorm Reißen. Und wenn es reißt, titscht es zurück in die Richtung aus der es gespannt wurde. Zu denen, die meine Sorgen einfach abtun. Oder besser. Auf die Hormone schieben. Und titscht das Gummi dann wirklich zurück, stockt der Atem. Wird ein Stück zurückgegangen. Und mit den Augen gerollt. Irgendwas gemurmelt. Warum ich so empfindlich sei. Aber ich kann noch mehr. Die Hormonarmee macht sich bereit. Mit Drohnen und Hormonbomben. Denn die sind kurz vorm Explodieren.

Alle machen auf supercool. So als ob schwanger sein und Kind kriegen wie Bus fahren wäre, oder so. Halt irgendwas total ödes, was sowieso jeder drauf hat. Schräg eigentlich, so ne Meinung. Denn die müssten das doch auch total krass finden. Also Kinder kriegen. Denn jeder hat sich wohl mal gefragt, wie aus einem Eigelb ein Küken werden kann. Jedoch mitzuerleben, wie aus Körperflüssigkeiten, irgendwo in den Tiefen des Uterus ein menschliches Wesen heranwächst, das irgendwann mal unsere Regierung wählen darf, ist doch wirklich absoluter Wahnsinn. Da darf man sich doch mal kurz ein paar Sorgen machen, ob's auch klappt. Ist ja jetzt nicht so, dass wir total ausflippen und alles vor lauter Panik kurz und klein hauen. Wir denken halt einfach ein bisschen drüber nach. Auch wenn uns das Rosa-Krönchen-Mutti-Info-Buch beruhigen möchte. Denn eigentlich ist alles in Wölkchen-Watte gepackt und mit Glitzerkronen versehen. Bevor die Mütter irgendwelche Horrorszenarien ausbrüten, sollten sie eher darauf achten, wie sie ihren fetten Hintern am besten kaschieren können.

Aber sind diese Gedanken so unnatürlich? Ohne richtig darüber nachzudenken, lässt es sich vielleicht leichter leben. Aber wenn neun Monate Zeit bleiben, gerate ich ins Grübeln. Und da will ich nicht hören, dass meine Befürchtungen, meine Gedanken, meine Gefühle nicht allzu ernst genommen werden müssen.

14. Woche

Von weitem sieht es aus wie eine Liste empfohlener Lebensmittel, nach der Art „Was darf während der Schwangerschaft gegessen werden". Ein genauerer Blick verrät jedoch die eigentliche Intention des Posters: Aufklärung. Und letztlich ist es eigentlich auch nicht verwunderlich, dass in einer gynäkologischen Praxis ein Poster verschiedener Verhütungsmittel hängt. Ein Poster mit der ansprechenden Überschrift: Finde das Mittel, das zu dir passt. – Die Liste ist erstaunlich lang. Ich bin offenbar nicht ganz so aufgeklärt, wie ich dachte. Kondome, klar; Pille, ja, die davor, die danach; Diaphragma, hm ja; Hormonring, okay; chemisches Verhütungsmittel für Scheide und Penis; Nebenwirkung: Ziehen und Brennen beiderseits. Offenbar nicht zu empfehlen. Für einen sehr kurzen aber intensiven Augenblick freue ich mich, diese Entscheidung vorerst nicht mehr nötig zu haben. Verhütung spielt bei uns nun wirklich keine Rolle mehr. Also les' ich lieber ein paar der ausliegenden Comic-Hefte während ich warte. Sie gibt gerade eine Urin- und Blutprobe ab. Danach ist der Ultraschall dran. Heute darf ich das Baby live erleben.

Das Behandlungszimmer sieht fast genauso aus, wie ich es mir vorgestellt habe. Ein kleiner Stuhl rechts neben der Tür. Offenbar bin ich nicht der erste Besucher, sehr wahrscheinlich auch nicht der erste Mann in diesem Raum während einer Behandlung. Der Arzt bittet sie, sich „untenrum" frei zu machen. Dazu ist eine Ecke mit einem Vorhang abgetrennt. Frag' mich warum. Als ob der Akt des Ausziehens irgendwie intimer wäre und daher verborgen werden muss, als nackt und breitbeinig auf dem Stuhl zu sitzen. Schräg. Noch schräger: Zu sehen, wie sie „untenrum frei" auf dem Stuhl Platz nimmt. Die sterile Arzt-zimmer-Atmosphäre bringt das ganze Geschehen jedoch auf eine sehr professionelle Basis. Sie ist offiziell und rein medi-zinisch „untenrum frei". Die Arzthelferin beobachtet mich aus dem Augenwinkel. Ich habe das Gefühl, sie würde mich lieber entfernen, als zusehen zu lassen wie der Doktor mit Metallkel-le, Handschuh und Gleitgel ihren Uterus abtastet. Mit meinem professionell interessierten Blick kann ich sie allerdingsstill-schweigend davon überzeugen, kein Störenfried zu sein.

Er streicht sich mit den Händen über seine Oberschenkel. Als ob er Dreck von den Händen abwischen müsste. Das macht er immer, wenn er sich unwohl fühlt. Vermutlich schwitzt er. Und will den Schweiß abwischen. Oder er schwitzt durch das ganze Reiben. Hoffentlich reißt er sich zusammen. Solche Untersuchungen kennt er nicht. Noch nicht mal an sich selbst. War noch nie beim Hoden-doktor. Und das macht die Sache nicht unbedingt leichter für mich. Ich bin nie scharf darauf, so auf einem Stuhl zu liegen. Verletzlich bin ich dabei auch noch. Vor allem, wenn der Arzt die Klammer einsetzt. Den Wagenheber ansetzt. An dem Rädchen dreht. Sich das Tor öffnet. Und es dann mit einer

Mienenarbeiterlampe begutachtet. Und sich dabei ein Andenken mitnimmt. Vorzugsweise mit einem riesigen Wattestäbchen von den Wänden kratzt. Nur zu meinem Besten natürlich.

Ich werde jetzt nicht aufstehen und dem Arzt eins in die Fresse hauen. Wie gesagt: Steril und medizinisch. Schließlich scheint alles in Ordnung zu sein, der Arzt drückt einen Stab auf ihren Bauch und zum ersten Mal höre ich das Baby. Es brummt und pocht sehr rhythmisch. Es klingt wie unter Wasser; was es ja auch ist. Und immer wieder ein klackendes Geräusch. Das sind Bewegungen, sagt der Arzt. Mehr werden wir gleich beim Ultraschall sehen.

Jetzt hätte das kommen sollen, was ich kenne. Aus Filmen. Der Bauch wird eingeschmiert, das Ding draufgehalten usw. Heute holt der Arzt den Ultraschall-Stab. Doch bevor ich genau mitkriege, wie er den Stab „untenrum" einführt, höre ich wieder das Pochen. Diesmal mit Bild. Die Knochen erscheinen weiß, Flüssigkeit im Dunkeln. Das Baby bewegt sich hin und her, mal ruckartig, mal ganz sacht. Das Profil ist deutlich zu sehen. Es bewegt seinen kleinen Mund, die Hände gehen zum Kopf. Die Füße sind verschränkt. Ein Geschlecht ist nicht zu erkennen, sagt der Arzt. Wäre auch noch zu früh. Beim großen Ultraschall in der zwanzigsten Woche könnte man eher etwas sehen. Acht Zentimeter ist es groß, wie ne Nektarine, und es ist wirklich alles dran, was dran sein soll. Der Arzt ist sehr zufrieden. Ich bin es auch. Mehr noch: Ich bin begeistert. Meine Schöpfung. Wenn ich das ganz unbescheiden mal so ausdrücken darf. Es verarbeitet alle drei Stunden die komplette Fruchtwassermenge. Rund 100 Milliliter. Nicht viel. Das Baby wiegt aber auch nur 40 Gramm. Direkt daneben ist die Blase. Kein Wunder, dass sie ständig auf die Toilette rennt. Das Baby stößt sich mit den Füßen ab und drückt dabei die Blase zusammen. Es kann blinzeln, greifen, die Stirn runzeln und Grimassen schneiden. Es hat Haare, Augenbrauen und ist wirklich komplett fertig. Im Buch steht, die meisten Frauen fangen erst jetzt an, wirklich zu begreifen, was da in ihnen heranwächst. Sie beschäftigen sich erst jetzt mit ihrem Kind. Entwickeln eine Bindung dazu. Offenbar braucht der Mensch den visuellen Beweis. Sonst würde er den wachsenden Bauch und das Grummeln nur für eine Magenverstimmung bei gleichzeitig adipöser Tendenz halten. Oder so ähnlich. Schon seltsam. Was hatte dieser amerikanische Kabarettist noch festgestellt? Ein religiöser Glaube wird oftmals vollkommen unreflektiert einfach angenommen. Erzählt man den Menschen aber, eine Parkbank sei frisch gestrichen, müssen sie mit dem Finger testen, ob es stimmt. In diesem Sinne wäre eine Schwangerschaft die frisch gestrichene Bank. Außer die Frau ist mit dem Heiland schwanger. Dann vermutlich nicht.

Er hält meine Hand. Seine Augen werden feucht. Gibt mir einen Kuss. Es ist fast wie im Film. Genauso kitschig. Und so fühle ich mich auch. Eigentlich nicht unser Ding. Das mit dem Kitsch. Und der Romantik. Schon im zweiten Jahr haben wir beide unseren Hochzeitstag vergessen. Die Hochzeit selbst war auch nur im Standesamt. Kein großes Tamtam. War immer mehr dafür, die Verlässlichkeit im Alltag zu spüren. Geschenke am Valentinstag sind für mich überflüssig. Aber jetzt. Jetzt ist es was anderes. Nun genieße ich diese aufkommende Nähe. Das Verliebtsein. Seine Freude. Er sieht, was da gerade alles in mir passiert. Erkennt, dass er Vater wird. Das fühlt sich nach Nestbauen an. Also fast, denn ich hab' ja auch noch den Ultraschallstab unten drin. Also oben ist alles kitschige Verliebtseinsfreude und unten eher so neutrale Medizingeschichte.

Nachdem ich ein Handy-Video an meine Mutter geschickt habe, die mit einer Flut von Emoticons antwortet, fahren wir in ein Möbelhaus. Mit unserem neuen Auto. Denn wir haben uns tatsächlich für den schwarzen Kombi entschieden. Und mit dem Eindruck des neuen Ultraschalls und der Reaktion der näheren Verwandtschaft festigt sich unser Entschluss, endlich wenigstens ein bisschen unsere Zwei-Zimmer-Wohnung auf das Baby vorzubereiten. Momentan ist alles nur auf uns ausgelegt. Und das ist schon fast zu eng. Wir besitzen zu viel Mist. Also muss erstens ein neues Regal her und zweitens müssen die alten radikal auf ihren Inhalt geprüft werden. So schwer es auch fällt, wir müssen uns von Dingen trennen.

Es ist Donnerstagvormittag und somit aushaltbar in den Gängen des Möbelhauses. Wir laufen zielgerichtet auf die Regale zu und holen im Vorbeigehen noch die ein oder andere Verstau-Möglichkeit. Natürlich werden wir auch durch den umfangreichen Kinderbereich geleitet. Aber schon jetzt einen Stuhl mit Tablett zu kaufen oder gar Lätzchen, wäre übertrieben. Wir brauchen Platz, um aus unserem Arbeits-/Schlafzimmer ein Kinder-/ Schlafzimmer zu machen. Und gleichzeitig unser Wohnzimmer zu einem Arbeits-/Wohnzimmer umzufunktionieren. Nur die Küche bleibt Küche. Allerdings wird die Brotschneide-Ablage zu einer Brotschneide-/Kinderbrei-Rühr-Ablage. Alles eine Sache der Organisation. Wir müssen nur wissen, wo wir die entsprechenden Schrägstriche setzen können. Letztlich kann ja alles mit Schrägstrich versehen und einer Omnifunktionalität zugeführt werden. Und es beginnt damit, dass wir alle Einkäufe ohne Probleme in den Kombi bekommen, was ja die Abkürzung für Kombinationskraftwagen ist. Eine sehr treffende Bezeichnung. Auch ohne Schrägstrich. Ich fühle mich sehr familiär und väterlich in diesem Augenblick.

Als das Regal schließlich steht, alle Bücher neu eingereiht, altes Papier im Müll und die übrigen Fächer leer sind, fühle ich mich noch viel bereiter. Nachdem nun der erste Bereich für das Baby vorbereitet ist und ich auf meinem Handy immer wieder sein Profil sehen kann, bin ich mehr als neugierig, was für ein Mensch da demnächst bei uns einzieht. Muss ich mich ja überraschen lassen. WG-Casting ist ja nicht drin.

15. Woche

Der Fokus verschiebt sich. Andere Dinge werden wichtig. Andere unwichtig. So unwichtig, dass sie schlichtweg in Vergessenheit geraten. Darunter die Suppe auf dem Herd, die laufende Dusche im Bad, das offene Fenster in unserem Erdgeschoss-Schlafzimmer. Sie vergisst. Ich vergesse. Wir vergessen. Alles und ständig. Vermutlich weil wir unsere Gehirne vor allem für alle möglichen Gedanken rund um das Baby verwenden. Statt es mit Alltäglichkeiten, nun, zu belästigen, würde ich sagen. Die Suppe ist nun mal unendlich unwichtig im Gegensatz zu neu entstehendem Leben. Oder so.

Mein Buch, also der Medizinwälzer, hat dafür sogar eine Erklärung. Offenbar existiert irgendein Stoff im Gehirn, der Selbiges in seiner Größe variieren lässt. Und mit kleinerem Gehirn ist Denken offenbar schlecht. Dieser Stoff ist vermutlich ein Hormon. Ein Wort, das wir oft aber mittlerweile unter uns verboten haben. Mit Hormonen das Verhalten zu erklären, ist zu einfach. Ist so ein bisschen wie eine Gotteserklärung. Ja ja, die Frau weiß nix mehr, klar: is'n Hormon. Ach, Bus hat Verspätung? Bestimmt ein Hormon. Es regnet? Klar: Hormone! Was sonst. Sie hat da natürlich auch ihre Meinung zu.

„Liegt an den Hormonen". Mein Puls steigt. Und meine Hand ballt sich zur Faust. Jetzt sagt das auch noch die supernette Arzthelferin mit einem überfreundlichen Ton beim Hausarzt. Und lächelt mich mit ihrer makellosen Haut an. Als ob sie genau wüsste, was hier mit mir passiert. Dabei ist die ja selbst vielleicht, keine Ahnung, siebzehn, oder so. Hat man mit siebzehn nicht eigentlich

auch noch Pickel? Und nur weil ich die Uhrzeit meines Termins verpeilt hab'. Und mein Kärtchen nicht dabei hab'. Und vergessen habe, dass ich vorm Blutabnehmen nichts essen sollte. Ist Beweis genug für mein Hormonchaos? Als ob proportional zum wachsenden Bauch mein Hirn schrumpft. Ja manchmal vergesse ich sogar, mir eine Unterhose anzuziehen. Oder nach dem großen Geschäft abzuspülen. Dafür gibt's ja nun wirklich auch andere Erklärungen. Der Schlafmangel zum Beispiel. Aber vermutlich ist der Hauptgrund, dass ich einfach ständig und gerne an mein Baby denke.

Ich sitze also im Wartezimmer. Schau' mir die Leute an. Auf ihren Stühlen. Die da vor sich hin niesen. Ins Prospekt rein. Die Zeitschrift werd' ich bestimmt nicht lesen. Das Wartezimmer ist klein. Ich versuche, mich in die Ecke mit den wenigsten Bakterien zu drehen. Ich schließe die Augen und denke an den Wellenberg und das Wellental. Mein Puls wird ruhiger. Ich könnt' das mit den Hormonen ja auch für mich nutzen. Ich müsste mir nur ein Schild um den Hals hängen, auf dem „schwanger" steht. Und alles würde mir verziehen werden. Ich könnte meiner Wut freien Lauf lassen. Könnte der Arzthelferin die Brille von der Nase schlagen. Oder alle Prospekte in Unordnung bringen. So unordentlich, dass die noch heute Abend die Probeheftchen für die Gesichtscreme wieder in die Auslage steckt. Oder ich sag' einfach mal meine Meinung. Also so richtig. Und zwar allen. Den Leuten, die immer in den Bus stürmen, bevor die Fahrgäste im Bus aussteigen können. Zum Beispiel. Oder ich werd' nie wieder ein Parkticket ziehen. Klar bin ja schwanger. Hormone. Sie verstehen Frau Ordnungsamt. Da passiert sowas. Hm, ja, lassen'se mal das Knöllchen stecken. Hab' hier ne Ausrede. Die beste Ausrede der Welt.

Aber, oh Wunder: Warum das Gehirn angeblich schrumpft oder seine Größe verändert, konnte bisher sowieso nicht herausgefunden werden. Insgesamt alles sehr fragwürdig. Auch weil ich einfach nicht herausfinden kann, was das denn überhaupt sein soll. Ein Hormon. Das Internet zeigt nur wabenförmige Verbindungen. Ich erinnere mich dunkel an meinen Chemieunterricht. Damals haben wir mit bunten Plastikröhrchen die Verbindungen zusammengesteckt. Und fertig ist das Hormon. Aber was genau ist das? Ein Stoff? Ist im Gehirn oder in den Drüsen eine kleine Tube Epinephrin oder so und pumpt das Zeug wie eine Droge in unsere Adern? Aber wie verhält es sich dann mit den Hormonen, die laut Beschreibung sehr praktische Funktionen haben? Es gibt beispielsweise zwei Hormone, die für den Stillvorgang besonders wichtig sind. Das eine lässt die Milch überhaupt erst entstehen und das andere öffnet die Milchdrüse in der Brust. Das sind doch mal klare Ansagen. Und das glaube ich auch. Nur glaube ich nicht, dass sich das direkt auf ihr Verhalten auswirkt. Aber: Wenn ich früher dachte, dass Hormone farblose Flüssigkeiten sind, stelle ich sie mir jetzt wie kleine muskulöse Männer vor, die eine überdimensionale Milchdrüse mit vereinten Kräften aufstemmen. Klar, auch Quatsch und hört sich mehr nach Zeichentrickfilm à la „Es war einmal das Leben" an, als nach fundierter medizinischer Erkenntnis. Ein Trost: Dieselben amerikanischen Forscher haben angeblich herausgefunden, dass weibliche Ratten nach ihrem Wurf schneller lernen und Probleme besser lösen. Im Vergleich zu jungfräulichen Ratten. Auf lange Sicht besteht hier dann wohl der Vorteil. Auf kurze Sicht bemerken wir unsere Vergesslichkeit natürlich selbst und reagieren genervt bis gestresst, da andauernd irgendetwas gesucht oder doppelte Wege gegangen werden müssen. Denn ja, das steht bei den Amerikanern und ihrer Studien nämlich nicht drin: Dass ich auch andauernd irgendwas vergesse.

Beispiel: Nach drei Minuten gibt unsere Zahnbürste ein kurzes Brummen von sich. Auf diese Weise lassen sich relativ leicht die vom Zahnarzt propagierten drei Minuten Putzen einhalten. Brauch' ich, vergess' ich sonst. Und Zähne putzen ist ja sowieso immens wichtig geworden. Hab' ich ja schon erwähnt. Umso schlimmer ist es, wenn sie bereits im Bett liegt, schön eingewickelt mit der neuen Daunendecke, den Blick auf den Laptop gerichtet, auf dessen Bildschirm ein Film auf das Betätigen der „Play"-Taste wartet, und feststellt, dass sie komplett vergas, ihre Zähne zu putzen. So fährt sie hoch, stampft mit erstaunlicher Lautstärke ihre Füße haben lediglich Größe 36, zu mir ins Bad, wo ich mit stoischer Gelassenheit auf das Brummen der Zahnbürste warte. Jetzt könnte sie warten. Doch von der eigenen Vergesslichkeit derart genervt, hält sie es keine Sekunde länger aus und reißt mir die elektrische Zahnbürste mit einem kräftigen Ruck aus dem Mund. Die Kraft, mit der sie dies tut, ist erstaunlich, da sie nur einssechzig groß ist. Ich vermute, sie hat sich einfach mit Schwung an den Griff gehangen. Ich stehe in der Zwischenzeit erst unschlüssig rum, habe dann keine Lust auf das letzte Brummen zu warten. Gehe ins Bett und vergesse daraufhin vollkommen, dass ich ja eigentlich noch gar nicht fertig war, meine Zähne zu putzen. Stattdessen gucken wir unseren Film und pennen weg. Und zwar ganz ohne Hormone, dafür sehr harmonisch.

Was das Baby angeht, dürfte es schon bald alles, inklusive Brummen, akustisch mitbekommen. Stolze acht Zentimeter und fette 50 Gramm. Also so groß wie eine Pampelmuse würde ich sagen. Damit kann es den Kopf heben und drehen. Kann also alles machen, was man so können muss. Auch die Organe nehmen so langsam ihre Tätigkeit auf. Bis auf die Lunge, da das Baby seinen Sauerstoff immer noch über die Plazenta erhält. Viel interessanter ist jedoch, was denn nun aus dem letzten Chromosomenpaar geworden ist. Sprich, welches Geschlecht das Baby hat.

Wir konnten ja leider nicht erkennen, was denn nun aus der Verschmelzung von Eizelle und Spermium bei der Befruchtung geworden ist. Auf jeden Fall haben sich die 23 Chromosomenpaare miteinander verbunden und haben am Ende entweder ein XX-Paar oder ein XY-Paar geschaffen. Also zumindest rein biologisch.

16. Woche

Jetzt ist es fast schon Alltag. Der Bauch wächst vor sich hin. Die Wohnung verwandelt sich immer mehr in eine Aufzuchtstation. Und ich bin die Ruhe selbst. Es ist sogar schon normal geworden, dass ich ihr morgens und abends über den Bauch streichle. Einfach mal „Hallo" sagen. Ab dieser Woche ist das Baby offenbar in der Lage, Geräusche wahrzunehmen. Ich spreche daher extra tief, damit sich meine Stimme von ihrer definitiv unterscheidet. Wobei sie mir verboten hat, einfach nur ein tiefes Geräusch zu machen. Ich solle doch eine Geschichte erzählen. Im Regal steht die Sammlung von Grimms Märchen. Im Original. Nur seien die zu gruselig. Jetzt soll ich mir eine fröhliche und kindgerechte Geschichte suchen oder ausdenken, die auch mit tiefer Stimme funktioniert. Gar nicht so leicht. Die Raupe Nimmersatt wird zum alles erlegenden Urvieh und selbst Tiger und Bärs Reise nach Panama ist plötzlich ein Horrortrip in Übersee. Vielleicht lese ich auf fröhliche Weise einen Stephen King-Roman. Das nimmt vielleicht den Grusel – oder verstärkt ihn. Hm.

Ich weiß es ja selbst nicht so genau, was ich dem Baby erzählen soll. In dem Schwangerschaftsratgeber steht, dass man ab jetzt mit dem Kind sprechen sollte. Hirntechnisch ist es ja wohl noch nicht in der Lage, zu verstehen, was genau ich da erzähle. Also geht's nur um meine Stimme. Da ich ja von zuhause arbeite, also auch keine Kollegen zum Quatschen habe, muss ich wohl mit den Selbstgesprächen anfangen. Eigentlich genieße ich die Ruhe. Deswegen arbeite ich ja allein. Und finde die Leute, die mit sich selbst sprechen, auch igendwie merkwürdig. Er macht das manchmal. Das macht mich ganz kirre. Steht in der Küche und redet irgendwas. Warum? Fühl' mich dann schon doof dabei. Denk' immer, er spricht mit mir. Sag', er soll lauter sprechen. Ich red' nicht mit dir, kommt dann immer. Nun seh'n wir uns eigentlich nur abends. Statt dann mit mir zu sprechen, spricht er lieber mit sich selbst. Fühlt er sich dann nicht so allein in der Küche, wenn er das macht? Werden seine Gedanken dann realer? Kann er sich Dinge dann besser merken? Ich sollte mal lauschen. Vom Experten lernen. Dann fällt mir vielleicht auch was ein. Oder soll ich dem Baby einfach nur erzählen, was ich den lieben langen Tag so mache? Wie ein Sportkommentator? Vielleicht mit weniger Spannung. So, jetzt drück' ich auf den Knopf vom Computer. Und warte. Ah. Da, der Bildschirm ist an. So. Jetzt muss ich da das Passwort eintippen. BlaBlaBla. Das ist anstrengender, als mit echten Menschen zu sprechen. Ich glaub', ich vertag' das erstmal mit den Selbstgesprächen. Der kleine Zwerg wird mich da drin eh nicht richtig hören. Bei dem ganzen Knattern. Mein Darm erzeugt seit der Schwangerschaft nämlich vermehrt Luft. Da wirkt zusätzliches Stimmengewirr bestimmt nicht entspannend. Und so ein wenig Ruhe schadet keinem. Kann man vielleicht auch besser schlafen. Wenn es ruhig ist. Und in Ruhe wachsen.

Jedenfalls sollte das Baby so wenig Schreck wie möglich erfahren. Denn Schrecken haben wir als Erzeuger schon genug. Denn auch wenn wir uns so langsam an die Schwangerschaft gewöhnen, eines bleibt: Die Erkenntnis, dass da bald jemand komplett abhängig ist von uns. Ein Mensch, der nichts kann. Und von uns den Grundstein für ein gutes Leben erwartet. Dabei bin ich mir nicht sicher, ob wir im Allgemeinen bzw. ich im Speziellen dafür die beste Referenz bin. Viel zu unsicher, viel zu chaotisch, viel zu wankelmütig. Das könnte allerdings nur eine Empfindung sein, schaue ich mir meine Vergangenheit an. Schule, Uni, Beruf. Alles hat irgendwie geklappt. Vielleicht ist es dieses „irgendwie", das mich stört. Ich habe nicht das Gefühl, jeden Schritt bewusst gesteuert zu haben. Es kam einfach so. Und jetzt besteht natürlich die begründete Angst, dass das mit dem „Kind kriegen" auch einfach nur so kam und meine „Glückssträhne" reißt. Und dann liegt da das Baby in seinem Bettchen und erwartet einen vorbildlichen Erziehungsberechtigten, der genau weiß, was er tut und warum er es tut. Weiß er aber nicht. Wusste er vielleicht noch nie. Bei ihr hingegen spüre ich sehr deutlich, dass sie perfekt dafür geeignet ist. Ich sehe einfach ihre Fürsorglichkeit, wie sie jetzt schon mit Dingen umgeht, die unserem Kind oder unserem Familienleben schaden könnten. Sie will sich kümmern.

Klar will ich mich kümmern. Macht ja jede Mutter. Also fast. Wird auch irgendwie erwartet. Aber offenbar nur so ungefähr ein Jahr. Weil, klar: danach ist der Job wieder Prio Eins. Und drei Jahre nur Mutter sein, zählt nicht als Job. Da biste nämlich eher ne Glucke. Die hat dann auch keine Interessen mehr. Daher der Job. Zur Selbstverwirklichung. Weil, weiß ja jede: Nur mit Kind kann Frau nicht glücklich werden. Sonst wären die Kitas und Krippen nicht so voll.

Aber das kann ich ja zum Glück alles auf mich zukommen lassen. Selbst entscheiden. Meine selbstgewählte Selbstständigkeit lässt mir da erstmal alle Freiheiten. Muss mich nicht rechtfertigen, worin ich glücklich bin. Könnte theoretisch den ganzen Tag im Schlafanzug rumlaufen. Und beim Arbeiten stillen.

Und während ich über meine väterliche Kompetenz noch im Unklaren bin, wird's bei der Arbeit so richtig schön komisch. Denn jetzt wissen die Chefs Bescheid. Pflichtbewusst marschiere ich in ihr Büro und verkünde die Neuigkeit bei uns zu Hause. Also macht man doch so, oder? Hab' ich mir jedenfalls so gedacht. Es folgt: Stille. Ich verharre einen Moment. Vielleicht brauchen sie ja ein, zwei Sekunden, um zu realisieren, was ich gerade gesagt habe. Doch die Stille hält weiter an. Ich betone, nur Bescheid geben zu wollen, da ja nun wichtige private Anrufe während der Arbeitszeit vorkommen könnten. Der eine Chef verkrampft sein Gesicht. Der andere grinst für einen Moment und kann sich dann doch entschließen, zu gratulieren. Ich nicke noch einmal und gehe wieder an meinen Platz. Wirklich zuordnen kann ich die Reaktion nicht. Vielleicht glauben sie, ich hätte einen Witz gemacht. Weil ich zu albern in der Mittagspause bin, kann ich ja unmöglich in der Lage sein, ein Kind in die Welt zu setzen. Oder so. Vielleicht haben sie auch Angst, ich würde jetzt doppeltes Gehalt verlangen? Vielleicht glauben sie, ab sofort würde meine Arbeit leiden und ich kann nicht mehr volle Leistung bringen? Vielleicht. Es ist ihre Firma, ihre Agentur. Sie leben für ihren Traum der Selbstständigkeit. Und haben eine Gruppe junger Menschen um sich geschart bzw. in Abhängigkeit untergeordnet und auf diesen Traum eingeschworen. Bestimmt würden sie am liebsten jedes aus-der-Reihe-tanzen verbieten.Ihr Traum wäre ja in Gefahr. Aber wie können sie das, ohne despotisch zu sein? Verkünden sie doch immer wieder beharrlich, wie flach hier die Hierarchien sind. Sie müssen sich zur Akzeptanz zwingen. Das verursacht verkrampfte Gesichtszüge. Das kann ich verstehen. Aber ihr Traum ist nicht mein Traum. Ich arbeite zwar für sie. Hab' aber meinen eigenen Lebenssinn. Darin spielt das Baby eine erhebliche Rolle. Keine Ahnung, ob meinen Chefs das klar ist. Der Reaktion nach zu urteilen aber wohl eher nicht. Letztlich spielt das keine Rolle, denn arbeiten muss ich definitiv. Und ich muss wenigstens so tun, als ob ich mich hundertprozentig mit dem Traum meiner Arbeitgeber identifizieren kann. Schließlich bezahlen sie mich dafür. Diese letzten Zeilen noch einmal sacken gelassen, ist es ja eigentlich der totale Horror. Wie kann ich so tun, als ob, für Geld? Wie kann ich mich guten Gewissens so verkaufen? Und was hat dann eigentlich das Baby für einen Eindruck von mir? Will ich, dass es mich so sieht? Wohl kaum.

Die Entscheidung für das Baby hat alles verändert. Auch und vielleicht sogar vor allem, wie ich jede weitere Entscheidung treffen werde. Also nicht mehr einfach so aus der Hüfte. Im besten Fall. Die Frage ist nur, ob das insgesamt und in jeder Hinsicht genauso hinhaut. Im Moment kann ich nur die Wohnung vorbereiten, mein Umfeld auf kommende Veränderungen aufmerksam machen. Mittlerweile knapp zehn Zentimeter groß und rund 80 Gramm schwer, also so groß wie eine Mango, entwickelt sich da gerade eine richtige kleine Persönlichkeit heran. Knöcherne Verbindungen bilden sich. Es streckt sich. Übt den aufrechten Gang. Der Fingerabdruck ist fertig. Es ist ein Mensch. Auch wenn es noch nichts kann, außer rumhüpfen, Grimassen schneiden und uns wach halten.

Die Nächte sind kurz. Fünfmal jede Nacht höre ich die Toilettenspülung. Der Bauch wächst zusehends. Die Brüste auch. Sie bereiten sich auf den Milcheinschuss vor. Es entwickelt sich die Vormilch. Eine hochkonzentrierte, gelbliche Flüssigkeit. Angeblich kann sie auch schon austreten. Davon haben wir aber noch nichts bemerkt. Diese Vormilch wird das Baby in den ersten Tagen ernähren. Erst später entsteht die „richtige" Muttermilch mit einer ganz anderen Konsistenz und Zusammensetzung. Die

Vormilch ist für den Aufbau des Immunsystems zuständig. Sie enthält viele Abwehrstoffe. Das Baby ist also bestens versorgt. Ich auch, falls ich mich dazu entschließen sollte, einen Schluck zu probieren. Sie will auf jeden Fall mal einen Schluck nehmen. Ich bin da zurückhaltender. Wenn, dann nur die „richtige" Muttermilch. Die Vormilch klingt wenig appetitlich. Doch der Gedanke, Milch zu probieren, die von einem menschlichen Körper produziert wurde, ist nicht unbedingt verlockend.

Ich habe letztens einen Artikel über eine New Yorker Mutter gelesen, die aus ihrer Milch Hartkäse herstellt und verkauft. Soll wesentlich bekömmlicher und nahrhafter sein als Kuhmilchkäse. Aber bei aller Liebe. Ich glaube, ich versuche meine Abwehrstoffe auf andere Weise aufrecht zu halten.

17. Woche

Schön, wenn die Welt sich kümmert: Das kurpfälzische Internat schlägt mir vor, doch einmal beim Tag der offenen Tür vorbeizukommen. Mit einer Postkarte im Briefkasten wirbt es bei mir für die Anmeldung meines Ungeborenen. Woher haben sie meine Daten? Oder haben sie einfach mal blind ein paar Flyer rausgejagt? So nach dem Motto: Der sieht aus, als ob der bald Vater wird. Und schließlich will ich doch bestimmt nur das Beste für mein Kind. Damit es später allen anderen voraus ist. Damit es gewinnt. Die Faust zum Himmel gestreckt, triumphierend über all die anderen Versager, die versäumt haben, noch vor der Geburt ihr Kind im Internat angemeldet zu haben. Ja, das fühlt sich gut an. Da ist er nämlich, der moderne Mensch. Der Druck aufbaut, der gewinnen will. Der dafür alles in Kauf nimmt. Früh beginnt, um ja der Erste zu sein. Irgendwie typisch. Beginnen die Vergleiche doch bereits vor dem Kappen der Nabelschnur, bevor das Baby einen Namen, bevor wir wissen, welches Geschlecht es hat. Denn: So schön und praktisch mein Medizinwälzer Woche für Woche erklärt, was nun passiert, was das Baby kann und wie groß es mittlerweile ist, so ärgerlich ist es, wenn dadurch der Wettbewerb beginnt.

Los geht es ja schon mit der Kita. Das Paar mit dem perfekt eingerichteten Kinderzimmer spukt wieder in meinem Kopf rum. Hatten sich damals schon damit beschäftigt. Wissen also bereits um die Situation des Platzmangels. Haben uns damals schon ermahnt. Wir sollten unser Kind am besten jetzt schon für einen Platz anmelden. Wer zuerst kommt, mahlt zuerst. Denn schließ-

lich wolle ich ja bestimmt nach einem Jahr wieder arbeiten. Und die Wartelisten sind ewig. Mitunter 12 bis 24 Monate. Das heißt, würde ich mein Kind mit einem Jahr betreut haben wollen, müsste ich es bereits ein Jahr vor der Schwangerschaft anmelden. Wie absurd. Ich recherchiere. Ist die Situation wirklich so schlimm? Eine Reportage im Tagesspiegel mit der Überschrift „Wie Berlins Eltern um Kitaplätze kämpfen" sticht mir ins Auge. Darin wird der Betreuungsmangel geschildert. Und wie Eltern dadurch von der Arbeitslosigkeit bedroht sind. Mehr noch: Wie die ganze Partnerschaft plötzlich auf der Kippe steht. Frauen befürchten, wegen des Kindes nicht arbeiten gehen zu können. Vielleicht sogar beruflich zurückstecken müssen. Und dann kommt der große Streit. Weil die Kinderbetreuung an ihnen hängen bleibt. Weil sie weniger verdienen als ihr Partner. Ich klicke irritiert weiter. „Die Welt" beschreibt in ihrer Reportage mit dem Titel „Der verzweifelte Kampf um einen Kita-Platz" wie Mütter mit frischer Kaiserschnittnarbe von Kita zu Kita ziehen und Väter saftige „Spenden" anbieten, um eine baldige Betreuung für ihr Kind zu garantieren. Freundschaften gingen auseinander, weil sich Mütter die Kitaplätze gegenseitig nicht gönnen. Im verzweifelten Kampf um die Kitaplätze übertreffen sich die Eltern gegenseitig. Mit großzügigen Spenden und kreativen Bewerbungen mit Fotos und Zeichnungen. Was würden wir denn da rein packen? Fotos vom Ultraschall? Vielleicht sollten wir eine Fotografin arrangieren. Ein perfektes Foto von uns, Kleidchen, Haare geflochten, Prada-Tasche, Krawatte, Anzug. Wird halt schwierig, dem Kind in der Fruchtblase anständig die Haare zu kämmen. Die Existenz eines eigenen Kinderzimmers müssten wir natürlich auch beweisen. Also doch die Speisekammer ausmisten. Oder bei Ikea ein Kinderzimmer fotografieren. Und nach welchen Kriterien suchen sich die Erzieher*innen dann letztlich die Bewerber aus? Wirklich

nach Liste? Oder doch eher nach Aussehen und Berufsstand der
Eltern? Vielleicht eher nach dem Scheinchen, der bei der Bewer-
bung bei liegt. Das klingt mir sehr nach Zweiklassengesellschaft.
Ich weiß noch nicht mal, welches Geschlecht es wird. Oder sei-
nen Namen. Und ob es gesund zur Welt kommt. Da fällt es mir
schwer, an die Aufbewahrungsinstitutionen zu denken.

Aber ohne Kita-Platz kein Ankommen im System. Ist ja klar.
Da lernen die Kinder schon mal, was dann so in Schule und
Beruf auf sie zukommt. Sich durchsetzen und so. Und wie gut
unser Kind dafür geeignet ist, kann so manch eine kinderlose
Freundin sogar schon durch die Bauchdecke erkennen. So geschehen, als sie eine Freundin besucht. Eine kinderlose Freundin mit schwangerer Schwester. Die Freundin selbst kennt alles
nur vom Hören-Sagen. Aber wenn sie mal so vergleicht, dann
scheint doch bei uns irgendwas nicht in Ordnung zu sein. Ihre
Schwester ist eine Woche weiter. Das Kind aber mindestens
sechs Zentimeter größer als bei uns.

Für einen kleinen Moment lasse ich mich verunsichern. Denke an
den letzten Frauenarzttermin. Da war noch alles in Ordnung. Da
hat er nichts Auffälliges erwähnt. Vielleicht sollte ich meine Heb-
amme anrufen. Nee. Vielleicht hysterisch. Krame den Schwan-
gerschaftsratgeber raus. Sind in der Norm. Mein Puls geht runter.
Wegen sechs Zentimetern auf dem Wellenberg. Was sind schon
sechs Zentimeter. Insgesamt überwiegt das Wellental. Aber ab
und zu, verliere ich kurz die Fassung. Ob das Baby das spürt?
Wird durch den erhöhten Puls heftig hin- und hergeschaukelt.
Kann es darin eigentlich kotzen? Oder es wird am Ende noch ein

Choleriker. Der sechs Zentimeter zu klein ist. Ich erkläre dem kleinen Menschen in mir, dass das alles nichts mit ihm zu tun hat. Zumindest nicht direkt. Und ich verspreche, an mir zu arbeiten.

Die Freundin merkt natürlich nicht, was so ein vermeintlich harmloser Kommentar anrichten kann. Davon abgesehen, dass mit so einer pauschalen Feststellung überhaupt nichts Konkretes über die Entwicklung gesagt ist. Es geht hier und jetzt offenbar nur um den Größenunterschied, um so alles, den ganzen Rest, entsprechend beurteilen zu können. Schließlich ist Größe gleich Kraft. Durchsetzungsvermögen. Am Ende sogar Intelligenz und rationale Willenskraft. Alles hinreichend bis notwendig in unserer Leistungsgesellschaft. Da machen sechs Zentimeter den Unterschied. Bestimmt. Das merken wir unterschwellig auch bei unserer Familie. Wir sind schließlich nicht die ersten in der Familie, die sich fortpflanzen. Da gibt es Cousins und Cousinen, Schwägerinnen und Schwager mit Kindern, manchmal eins, manchmal zwei. Seit Jahren nicht persönlich getroffen. Trotzdem wird immer verglichen. Die eine war ja viel ruhiger als die andere. Im Kindergarten überragt der Junge bereits alle um einen Kopf, pinkelt aber immer noch in die Ecke anstatt ins Pissoir. Lebhaftigkeit ist sofort gesteigerte Intelligenz bei gleichzeitig vorkommender Langeweile, was selbstverständlich auf Hochbegabung schließen lässt. Genau wie in sich gekehrte Ruhe, was zwar sozial nicht unbedingt förderlich, jedoch in akademischen Kreisen höchst vorteilhaft ist, da dort allerhöchste Konzentration gefordert ist. Sobald wir neue Daten und Fakten zu unserem Baby bekommen, heißt es: Das ist ja wie bei dem und dem, oder der und der. Sie wollen beruhigen. Bestimmt. Gleichzeitig klingt es wie ein Befehl, es letztlich genauso zu machen, wie alle anderen, bei denen es so war. Denn als das Baby bei dem und dem zwölf Zentimeter groß war, haben sie immer in den Bauch gesungen und kreisende Massagebewegungen gemacht. Und heute ist der Junge Ingenieur und arbeitet bei der NASA. Besser geht's ja gar nicht.

Was beunruhigende Veränderungen angeht, sind ihre Nippel momentan Top-Thema Nummer eins. Damit später vernünftig gesaugt werden kann, müssen sie sich entsprechend verformen. Das Baby muss in der Lage sein, anzudocken und loszutrinken. Das geht mit „normalen" Nippeln nicht. Da müssen schon die schnullerartigen Saugnapfnippel her.

Die werden ja immer größer. Sind schon so groß wie ein Pringles-Dosen-Deckel. Und so dunkel. Dunkelbraun. Anscheinend, damit sie das Baby besser findet. Aber Babys sehen doch am Anfang eh nichts. Und dann ist dunkel ja eigentlich nicht so schlau. Leuchtend wär' da ja sinniger. Wie bei den Glühwürmchen. Also so ein Leuchten. Biologische Energieumwandlungen heißt das, glaube ich. Biolumineszenz. Aber

nein, bei uns Menschen leuchtet nichts. Da entstehen nur schoko-
ladenbraune abstehende Monsternippel. Aber vielleicht sehen die
auch nur von oben, also aus meiner Perspektive, so aus. Ich mache
ein Foto. Und google nach Brustwarzen in der Schwangerschaft.
Bildersuche. Keine dunklen Brustwarzen zu sehen. Nur Bilder von
Bäuchen mit dunklen Dehnungsstreifen. Fotografiert anscheinend
niemand seine dunklen Brustwarzen und stellt sie ins Netz. Viel-
leicht weil die anderen Frauen gar nicht solche Brustwarzen haben.
Und ich bin die Einzige.

Jetzt macht sie sich natürlich Sorgen, dass die Nippel dann
für immer so aussehen. Angewachsen ist alles sowieso schon.
Sie vergleicht ihre Nippel gerne mit dem Model aus meinem
Schwangerschaftsbuch. Wobei meiner Meinung nach die Nippel der Frau aus dem Buch von vorneherein schon seltsam groß
und hervorstehend waren. Vollkommen egal. Meine Argumen-
te zählen nicht, weil ich ja sowieso keine Ahnung von Nippeln
habe. Heißt es. Hab' ich auch nicht. Gebe ich zu. Ich könnte
nicht mit letzter Zuversicht behaupten, dass Brüste und Nippel sich wieder komplett zurückbilden. Werden sie vermutlich
auch nicht. Vollkommen ausgesaugte Quarktaschen, was ihre
Befürchtung ist, werden sie aber wohl auch nicht werden. Hier
hilft mit Sicherheit der Austausch. Ich bin froh, wenn in der
nächsten Woche die Hebamme wieder vorbeikommt. Die kann
beruhigen. In der Zwischenzeit schauen wir uns nach entsprechenden BHs um. Sogenannte Still-BHs. Nicht gerade günstig,
für ein Stück Stoff mit Nippel-Loch. Sollen aber quarktaschen-
vorbeugend sein.
Was die allgemeinen Ratgeber betrifft, kommen jetzt über abon-
nierte Newsletter von Eltern.de und anderen ähnlich struktu-

rierten Webseiten immer mal wieder Tipps für den Mann mit schwangerer Partnerin. Meist beruhigender Natur. Wird schon. Auch das mit dem Geld. Jeder Vater befürchtet angeblich, nicht genug verdienen zu können. Auch hier ohne Ende Vergleiche. Der Druck steigt. Mit jedem weiteren beruhigenden Tipp. Versicherungen, Wohnung, Sex. Alles ist auf einmal kompliziert. Was wir in den letzten Jahren einfach so beschlossen haben, wird jetzt akribisch studiert und vorbereitet. Rechtlich sind wir mittlerweile abgesichert. Das Baby kann alles kaputt schmeißen, was es möchte. Die Wohnung ist bereits einigermaßen auf Vordermann gebracht. Unsere Minibar haben wir jedenfalls schon außer Reichweite gebracht. Und sextechnisch wissen wir mittlerweile auch, wie wild es sein darf. Schließlich gab eine Broschüre lehrreiche Tipps zu Stellungen und was dabei zu beachten ist.

Alles in allem habe ich beschlossen, dass mir alle Arten von Vergleichen künftig noch mehr am Arsch vorbeigehen werden. Wir haben früher nichts darauf gegeben, was andere dachten oder taten oder so. Und so halten wir es weiterhin. Da können noch so viele Internate ihre fortschrittlichen Erziehungsmethoden anpreisen, noch so viele fette Kinder auf die Welt kommen, noch so viele Bemerkungen von Freunden und Verwandten, wir sollten es doch so und so machen, auf uns einprasseln. Wir versuchen wegzuhören, mit den Schultern zu zucken und unser Ding zu machen. Was schwer genug sein wird. Klar.

18. Woche

Angeblich fühlt es sich an wie ein leichtes Flattern. Bei ihr tut sich jedoch nichts. Sodbrennen, ja. Aber Kindsbewegung? Fehlanzeige. Könnte sie jedoch ab dieser Woche spüren, heißt es. Muss aber nicht, auch okay. Sagt mein Buch. Vor allem beim ersten Kind spürt die Mutter meist erst später was. Erst wenn es einen halben Meter groß und sowieso schon auf dem Weg nach draußen ist. Bei Kind 2 beginnt es früher. Da weiß man, was kommt und kann entweichende Luft von winzigen Tritten unterscheiden. Im Moment ist sie aber vor allem froh, wenn die Luft nur auf ihren Befehl hin entweicht. Der Körper macht, was er will. Und nimmt dabei sehr wenig Rücksicht, ob wir uns gerade in einer angemessenen Umgebung befinden. Die Hüfte hat sich schon um einiges ausgedehnt. Das schmerzt, ist aber zugleich der Grund für diesen watschelnden Gang. Wenn sie also im Supermarkt neben mir her watschelt und ab und zu furzt, ernten wir meistens nur ein wissendes Lächeln von älteren Frauen. Hier schämt sich niemand. Humor ist angesagt. Anders geht's nicht.

Das ist mir jetzt auch egal. Ich kann das jetzt einfach nicht mehr zurückhalten. Sonst verkrampft sich alles. Zieht sich am Ende noch die Gebärmutter zusammen und zerquetscht es da drin. Zum Glück stinkt's nicht so. Vielleicht hilft Singen. Um das Knattern zu übertönen. Und wieso läuft er jetzt so weit hinten? Tut so, als suche er was bei den Linsen. Dabei mag er keine Linsen. Ist ihm wohl peinlich. Ich gehe zu ihm. Stelle mich neben ihn. Hinter uns ein Pärchen, das Nudeln in den Einkaufswagen legt. Ich lasse einen extra lauten Furz fahren.

Wir reden ja hier nur von Fürzen. Und so richtig peinlich ist mir das nicht. Sie ist ja diejenige, die angeguckt wird. Ich schlendere halt gern. Und sie kann ruhig so viele Gase lassen, wie sie will. Oder besser: Wie es ihr Körper so will.

Aber wir hatten ja schon festgestellt, dass das Baby ab jetzt hören kann. Also auch die Fürze. Aus diesem Grund wollen wir uns eine Spieluhr in Kuscheltierform holen. Sind dafür extra in einen riesigen Spielzeugladen gefahren. Leider voller Ramsch. Viel Plastikmüll. Was die Spieluhren angeht, gibt es eine riesige Auswahl an Formen, wie Sterne, Pferde, Bären oder Hasen und Liedern über LaLeLu, Schlaf Kindlein Schlaf bis hin zu Brahms Wiegenlied. Die Entscheidung fällt schwer, müssen wir dieses Lied ja schließlich auch jedes Mal hören. Jedes Mal. Als jemand, der jede Woche seinen Weckerton ändert, weil er einfach nervt, muss die Auswahl entsprechend sorgfältig getroffen werden. Wir hören alles durch und lernen: Neben Brahms haben auch Mozart und Schubert ein Wiegenlied komponiert. LaLeLu geht gar nicht. Und Schlaf Kindlein Schlaf ist schmerzhaft öde.

Ich hör' hier keine Lieder. Nur Gedudel. Es riecht nach Plastik. Und alles ist bunt. Glitzert. Oder blinkt. Aber muss vielleicht so sein. Die Spielzeug-Fachverkäuferin wird sich ihre Gedanken gemacht haben, als sie die Babyabteilung wie ne Großraumdisko dekoriert hat. Ich stehe ja eher auf Unauffällig. Schlichte Farben. Wenig Muster. Babys anscheinend nicht. Je mehr Reize, desto besser. Die werden es hier wohl wissen. Die verkaufen es schließlich. Oder die sind vielleicht auch schon völlig abgestumpft durch die ganzen Eindrücke. Absolute Reizüberflutung. Den ganzen Tag lang Gedudel, Klimbim. Die kommen doch gar nicht mehr runter. Wie wohl deren Wohnung aussieht? Bestimmt sind alle Stühle mit demselben Muster bezogen. Wie in Linienbussen oder der S-Bahn. So lila und pink. Schon auch ein bisschen 90er vielleicht. Hauptsache grell und billig. Auf 90er stand ich noch nie.

Sie gibt ziemlich schnell auf. Muss sogar an die frische Luft. Der ganze Plastikmüll stinkt, sagt sie. Ja, denke ich. Stinkt halt irgendwie immer noch alles. Es bleibt dann also letztlich an mir hängen. Die Qual der Wahl. Das einzige, was einigermaßen erträglich ist, ist ein mir völlig unbekanntes Lied namens „Rock Baby Rock". Es hat eine eingängige Melodie mit überraschender Variation. Aber: Es wiederholt sich und schließt an einer nicht so guten Stelle ab, so dass wir kurz vor dem Einschlafen auf den letzten Ton der Melodie warten werden, der

aber nicht kommt, weil die Schnur durchgelaufen ist. Die reine Folter. Ich kann das Ding nicht kaufen. Dann doch lieber ohne. Es wird bei uns also nicht jeden Abend um 19 Uhr der Bauch bespielt. Die Wahrscheinlichkeit, bei dem Baby mit irgendeiner Melodie, zur selben Uhrzeit ein entsprechendes Einschlafritual zu etablieren, halte ich eh für gering. Die Idee haben wir aus meinem Medizinbuch. Je früher wir mit Ritualen und Gewohnheiten beginnen, desto weniger Stress haben wir, wenn es dann wirklich heißt: Schlafenszeit! Höchst theoretisch. Praktisch richtet sich am Ende vermutlich eh alles nach Hunger oder Windel voll. Wir können wohl noch so sehr mit billigen Tricks versuchen, die Oberhand zu behalten. Am Ende kommt es sowieso anders.

Um es ihr in den kommenden schlaflosen Nächten allerdings etwas komfortabler zu machen, haben wir uns im Spielzeugladen auch schon nach sogenannten Stillkissen umgesehen. Relativ lange Stoffwürste mit sehr weicher Füllung. Kosten um die 30 Euro und sind grundsätzlich mit kleinen Monden, Sternen oder Einhörnern bedruckt. Sehr niedlich. Doch wage ich zu bezweifeln, dass das Baby mitkriegt, welche Fabelwesen auf dem Kissen abgedruckt sind. Es wacht schließlich vor Hunger auf und ist eher auf die Brust als auf die Umgebung fixiert. Somit sind wir die einzigen, die das Muster genießen dürfen. Und weder ich noch sie stehen auf rosa Einhörner. Zumindest nicht die ganze Zeit. Einen einfarbigen Kissenbezug gibt es aber scheinbar nicht. Zumindest nicht im Spielzeugladen. Sehr ärgerlich. Darüber hinaus haben wir hier das Gefühl, eine Allergie gleich mit zu kaufen. Also lassen wir es erst mal. Vielleicht finden wir woanders etwas Besseres.

Die Hebamme beruhigt mal wieder. Wir haben ja wirklich noch etwas Zeit. Vorerst gilt es, das Kind auf die Welt zu bringen. Allergien bekommt es dann schon von allein. – Schockmoment bei der letzten Untersuchung zuhause. Die Hebamme hört kein Herzklopfen mit dem Stethoskop. Mit dem elektrischen Abhörding klappt es dann und es ist das mittlerweile schon gewohnte rauschhafte Hämmern zu hören. Bei so was bleibt einem schnell mal die Luftweg. Es wäre schön, könnte sie endlich die Bewegungen vom Baby spüren. Am besten so deutlich wie ein Tritt in den Unterleib. Unangenehm, sicherlich. Doch macht es bestimmt Spaß, die Lebendigkeit mitzuerleben. Praktisch live. Geht ja sonst nur via Ultraschall beim Arzt. Ich hatte die Überlegung, ein gebrauchtes Ultraschallgerät zu besorgen und selbstständig nachzugucken. Gibt es für 320 Euro bei Ebay. Doch wer weiß, wie oft wir das Ding noch brauchen. Und ob alter Ultraschall nicht sogar schädlich ist. Am Ende setze ich dem Baby verbrauchtem Schall aus und es kommt taub auf die Welt. Ist natürlich Quatsch. Weiß ja jeder, dass verbrauchter Schall nicht taub macht. Verbrauchter Schall ist Stille, und Stille kann nicht taub machen.

Alles andere ist jedoch völlig normal. Nachdem die Herztöne laut und deutlich zu hören waren und auch beim Rumdrücken nichts Ungewöhnliches zu Tage trat, sind wir wieder einmal beruhigt. Circa 150 Gramm bei 12,5 Zentimetern Größe. Praktisch eine Gurke. Das Baby wächst und gedeiht und entwickelt seine Brustwarzen. Das Geschlecht müsste jetzt auch schon deutlich zu erkennen sein. Das erfahren wir aber erst übernächste Woche. Dann ist Halbzeit.

19. Woche

Der bedingungslos perfekte Kinderwagen ist ein Mythos. Ein Fabelwesen. Wie das Einhorn. Oder Drachen. Irrtum ausgeschlossen. Manch einer wird behaupten, er wäre nur selten. Schwer zu finden. Wie der Kiwi. Nur nachts aktiv, im Unterholz, immer auf dem Sprung, falls ein allzu habgieriger Jäger zuschlagen möchte. Insgesamt muss ich aber feststellen, das Thema Kinderwagen mehr als unterschätzt zu haben.

Ich war der Meinung, wenn es soweit ist, gehen wir in einen Kinderwagenladen. Dort erwartet uns ein hilfsbereiter junger Mensch, dem wir unseren Wunsch, einen Kinderwagen zu erwerben, mitteilen. Wir nennen eine Preiskategorie. Ein Modell wird präsentiert. Und weil wir so nett sind, gibt's eine Wickeltasche gratis dazu. Wir falten den Wagen zusammen, auf Anhieb und ohne uns die Finger zu klemmen, legen das nun winzige Gerät in den Kofferraum, fahren nach Hause und freuen uns. Dieser Gedanke klingt immer noch wunderbar. Wie der Ritt auf einem Einhorn nach der erfolgreichen Drachenjagd. – Wie ein Mythos eben.

30 Minuten Internetrecherche und ich bin platt: Es gibt anscheinend Kinderwagen, Buggy und Kombiwagen oder auch Doppelkinderwagen. Aber soweit sind wir noch nicht. Ich versuche, durchzublicken: Die Babys liegen in dem Ding mit der Schale. Und wenn die größer sind, sitzen die in dieser Buggyvariante. Nach vorne oder hinten gerichtet, geht wohl beides. Soweit verstanden. Dann gibt es noch Kinderwagen, wo man direkt den Autositz drauf stecken kann. So hat man wohl den Hand-

griff gespart, das Kind vom Autositz in den Kinderwagen zu tragen. Und für all diese Wunschaufsätze, gibt's noch Adapter zur Befestigung auf dem Gestell. Das scheinen die Basics zu sein. Nun gibt es das Ganze nicht nur von einer Firma. Über 30 Firmen. Davon mehrere Modelle. Ergibt etwa 500.000 Treffer. Wie soll man da durchblicken? Was mich aber noch viel mehr erschreckt: das Zubehör. Fußsack – klar, wenn's kalt ist. Ach nee. Da gibt's auch einen für die Tage, wenn's nicht so kalt ist. Die Frühlings- und Herbstvariante. Und das jeweils für die Schale und für den Buggy. Das heißt, ich hätte dann vier Fußsäcke zuhause. Für sonnige Tage gibt's Sonnenschirm und Sonnensegel. Seh' ich ein. Das Baby hat bestimmt keine Lust auf eine Sonnenbrille. Aber was ist nun besser? Sonnensegel oder Schirm oder beides gleichzeitig? Vielleicht täte es aber auch nur ein altes Tuch von mir. Bei Regenwetter ist das Kind im Wagen sowie Buggy dann jeweils durch einen Plastiksack gegen Regen geschützt. Nun kommen die diversen Taschen: Eine Einkaufstasche bzw. Netz für den Kinderwagen. Praktisch und wahrscheinlich auch unbedingt nötig: ein Kinderwagenorganizer. So eine kleine Tasche, die direkt am Griff hängt. Die kann man aber nicht zumachen. Und was ist wenn's regnet? Dann wird die ja nass. Nee. Find' hier keinen Regenschutz für den Kinderwagenorganizer. Marktlücke. Ach, und nicht zu vergessen: Die Tasche aller Taschen, die zum Kinderwagen passende Wickeltasche. Darin befindet sich eine Wickelunterlage. Das Innenleben der Wickeltasche besteht aus weiteren Taschen. Ungefähr 20 kleine Abteile, in die man Dinge stecken kann. Natürlich alles fürs Baby. Ein Fach für die Windeln, Feuchttücher, Ersatzkleider, Spielzeug, Babygläschen, Löffel, Flasche, Thermoskanne, eine Schnullerhalterung und ein Fach für die Behälter mit vorportionierten Milchpulverfüllungen. Das sind mir definitiv zu viele

Taschen. *Da kippt mir doch der Wagen um, inklusive Kind.*
Und dann wird es irgendwie immer absurder: Für die kalten
Tage gibt es dann noch extra Handwärmer für den Lenker, in die
frau direkt reinschlupfen kann, ohne dass sie sich noch Hand-
schuhe überziehen muss. Befestigungsriemen, um noch mehr
Taschen dranzuhängen. Ein Insektenschutz, um lästiges, ste-
chendes Ungeziefer fernzuhalten. Ein Kinderwagenschloss. Ein
Softbilderbuch, falls es dem Kind bei all den vielen Straßenein-
drücken langweilig wird. Natürlich braucht man noch den Be-
cherhalter, falls dringender Wasserbedarf besteht und man nicht
in dem Organizer oder der Wickeltasche danach suchen möchte.
Reflektoren für das Gestänge und/oder eine Kinderwagensicher-
heitsbeleuchtung. Wer wird denn bei der Sicherheit im Straßen-
verkehr geizen wollen? Eine Handyhalterung für den Wagen. Ist
wahrscheinlich für mich, zum einfacheren Telefonieren während
des Spaziergangs. Bestimmt aber auch, um das schreiende Neu-
geborene mit lustigen Kindermusikvideos zu bespaßen. Praktisch
und auch wirklich sinnig. Klar. Also alles. Irgendwie fühlt sich das
alles wie ein schlechter Witz an. Aber bestimmt liegen in diesen
voll ausgestatteten Kinderwagen die glücklicheren Babys. Mein
Kopf brummt. Keinen Nerv mehr für so was. Ich überlass' das
lieber ihm.

Meine Recherche beginnt beim Preis. Die Spanne umfasst zwei-
stellige bis vierstellige Beträge. Die erste Entscheidung ist also
eine Budget-Entscheidung. Eine erste Kalkulation beläuft sich
auf fünfhundert Euro. – Weil meine Großmutter, vor Freude
bald Ur-Oma zu werden, sich entsprechend viel von ihrer Rente
abgespart hat. – Also durchforste ich mit den fünfhundert Euro
in der Hand die Online-Händler. Schon bald merke ich jedoch,

dass es nicht allein ums Geld, sondern gleichermaßen um Handhabung, kindgerechte Gestaltung, Haltbarkeit, Sicherheit und Schadstoffbelastung geht. Wobei jeder Punkt unterschiedlich auf die endgültige Bewertung einwirkt. Um es uns leichter zu machen, recherchiere ich eine aktuelle Stiftung-Warentest-Studie. Vierzehn Kinderwagen mussten der kritischen Bewertung der Experten standhalten. Testsieger wurde Britax Go aus dem Hause Römer. Damit war uns die Entscheidung jedoch nicht abgenommen. Mit 950 Euro schlägt er zu sehr ins Budget. Also nehmen wir ihn als Maßstab und sehen uns nach einem vergleichbaren Modell zu einem günstigeren Preis um. Dazu holen wir uns Erfahrungswerte von befreundeten Pärchen ein. Britax Go besitzt niemand. Dafür den Bergsteiger Capri für 350 Euro und den Bugaboo Cameleon 3 Base für sage und schreibe 1300 Euro. Der Bugaboo fällt bei Stiftung Warentest durch, ausreichend. Der Bergsteiger wurde gar nicht getestet. Blöd.

Von allen Online-Filmchen und Warentests abgesehen, will ich so ein Ding letztlich einfach mal anfassen. Will es eigenhändig zusammenklappen. Will es schieben und die Babywanne gegen den Sportwagenaufsatz tauschen, um ein Gefühl zu bekommen. Dabei interessiert mich vor allem Britax Go. Ist er doch der Testsieger.

Gemeinsam mit meinen Eltern fahren wir daher an einem Samstag in das nächstgelegene Babycenter. Kinderwagen en Masse. Eine ganze Abteilung voller Wagen, Reisesäcken, Sportaufsätzen, Babytragen und entsprechendem Zubehör. Und direkt an der Tür: Bugaboo. In jeder Variation. Auf den ersten Blick recht elegant, fällt uns sofort ein neues Ausschlusskriterium auf: eine nicht verstellbare Fußstütze. Wenn das Baby irgendwann wachsen sollte, was unvermeidlich ist, schlackern seine Beine wild durch die Gegend.

Britax Go ist jedoch unauffindbar. Stattdessen ein anderes Britax Modell. Affinity. Gleich fünfhundert Euro günstiger. Doch unmöglich in der Handhabung. Vielleicht bin ich einfach nicht geschickt genug, doch Britax Affinity krieg' ich einfach nicht zusammengeklappt. Wir lassen es liegen und bekommen von der Verkäuferin einen anderen Wagen gezeigt: Joolz Day Earth. 999,99 Euro. Ziemlich stylish. Ein bisschen zu viel Coolness-Faktor für unseren Geschmack.

Die gesamte Kinderwagendebatte scheint weniger mit dem Kind als mit den Eltern zu tun zu haben. Hier geht es um's Prestige. Wer fährt wen. Teuer sind sie alle. Aber Boogaboo ist der Trendsetter schlechthin und kostet entsprechend mehr. Das will man natürlich zeigen. Und eigentlich haben wir uns aus solchen Debatten immer rausgehalten. Wir waren nie Modeopfer oder von einem Trend abhängig. Ich glaube nicht, dass ich mich eindeutig einem modischen Stil zuordnen lassen kann. Weshalb wir uns vermutlich, nein ganz sicher, vielleicht sogar für keinen Kinderwagen, sondern für eine komfortable Tragelösung entscheiden. Denn

Rucksäcke habe ich schon immer getragen und es gibt sicherlich welche, in die ich locker ein Kind, auch ein kleines, reinhängen kann. Und gibt's nicht so Tücher? Könnten doch das Kind um uns rumbinden. Und so bleibt auch der Kofferraum frei. Für, keine Ahnung, Ersatzwindeln oder so. Oder einen Kasten Bier. Ich halte meine Hand an ihren Bauch, um eine mögliche Genehmigung vom Baby zu erhalten – und spüre ein Grummeln.

Damit ist der Nicht-Kauf beschlossene Sache. Womöglich will das Baby sowieso schon direkt laufen. Wir kaufen jetzt auf jeden Fall erstmal nichts. Irgendwas Gebrauchtes mit praktischer Anleitung tut es später sicherlich genauso gut.

20. Woche

Halbzeit. Wir fühlen uns gut. Alle Probleme sind reine Äußerlichkeiten. Die Befürchtung, für immer ihren Körper ruiniert zu haben, beispielsweise. Dafür wurden jedoch entsprechende Öle und ein Massagehandschuh angeschafft. Unter der Dusche kann sie so ihre Haut auf die immer weiter steigende Ausdehnung vorbereiten.

Ich bin eigentlich acht Wochen zu spät dran. Das stand in dem Schwangerschaftswälzer. Hoffentlich nicht zu spät. „Ab der 12. Woche sollten Sie Maßnahmen ergreifen, um Dehnungsstreifen vorzubeugen." Hab' das ignoriert. Vielleicht weil die Freude über die überstandenen zwölf Wochen überwog. Vielleicht aber auch, weil ich nicht die Notwendigkeit gesehen habe. Wirklich viel dehnte sich da noch nicht. Seit ein, zwei Wochen juckt die Haut an Bauch und Oberschenkeln aber extrem. Wusste erst nicht, was das sein soll. Vielleicht irgendein komischer Ausschlag. Aber nein: Das sind schon die Vorboten der Dehnungsstreifen, sagt die Hebamme. Trockene, juckende Haut. Mist.

Sind aber erst mal diese rot bis violetten Narben im Gewebe entstanden, ist es zu spät, heißt es. Es ist angeblich unmöglich, die wieder zu entfernen. Können, klar, an Bauch, aber auch an Oberschenkeln, Po und Brüsten auftreten. Bestimmte Hormone lockern die Kollagen- und Elastinfasern im Stützgewebe auf. Damit die Haut sich überhaupt dehnen kann. Am Bauch macht das Sinn. Aber anscheinend kriegt der Körper es nicht auf die Reihe, die Dehnung regionsweise zu steuern. Nee. Dann lieber gleich den ganzen Körper verunstalten. Sodass auch kein anderer Mann

mehr ran will. So ist die Familienbande direkt durch die Natur ge-
sichert. Frau haut bestimmt nicht ab. Die will keiner mehr.

Aber puh, bei mir ist auf den ersten Blick noch nichts zu sehen.
Nur zu spüren. Halt die juckende Haut. Und außerdem lässt sich
das alles anscheinend überlisten. Ein bestimmtes Massagepro-
gram soll vorbeugend schützen. Wie das genau funktioniert, recherchiere ich natürlich im Internet. Auch wenn das auf den ersten Blick keine Hilfe ist: Denn laut dem allwissenden Netz hätte
ich da schon ab der Pubertät regelmäßig massieren können/müs-
sen. Dann ist das Risiko um 50 Prozent gringer. Großartig. Hätte
ich mir statt mit Pickelcreme das Gesicht doch lieber die Wampe
massiert. Pickel vergehen, ekelhafte Risse in der Haut nicht.

Aber ist ja alles ganz einfach. Ich muss nur die letzten 20 Jahre
irgendwie wieder wett wachen. Ich mach' dieses Massagepro-
gramm einfach doppelt so oft und doppelt so lange am Tag, wie
empfohlen. Dazu brauch' ich aber noch ein bisschen Equipment.
Und da lass' ich mich nun aber nicht lumpen. Bei gerissener Haut
hört der Geiz dann auf. Ich recherchiere also nach den perfekten
Massagenhandschuhen und Bürsten. Es heißt entweder, oder. Ich
nehm' lieber beides. Und natürlich die teuersten. Auch das Massageöl ist biologisch und hochwertig. Irgendeine billige Creme
kommt da nicht an meine Haut. Am Ende dringen die Giftstoffe
noch über die Haut zu meinem Baby vor. Und das kommt dann
direkt mit Dehnungsstreifen auf die Welt. Nun zur Prozedur: Der
Handschuh ist für die Dusche. Damit werden Oberschenkel, Po,
Bauch und Brüste in kreisenden Bewegungen massiert. Dann
dasselbe nochmal mit der Bürste. Zum Schluss die Wechseldu-
schen. Heiß und kalt. Für die bessere Durchblutung. Mit Rasur
und Haare waschen steh' ich da gut mal eine halbe Stunde unter
der Dusche. Fühl' mich schlecht bei all der Wasserverschwen-
dung. Mit Badewanne wär's besser. Haben wir aber nicht, weil

Wohnung zu klein. Nach dem Duschen geht's weiter. Die Haut nur leicht trocken tupfen. Dann direkt das Öl auftragen. Auf die feuchte Haut. Anscheinend wird das dann von der warmen, feuchten Haut am besten aufgenommen. Nun heißt es kreisen. Mit den Fingerspitzen auf der gut geölten Haut von der Unterseite des Bauches zum Nabel hin kreisen. Dann kommt das Zupfen. Die Haut hin und her rollen und zupfen. Dabei wird mit zwei Fingern je eine kleine Hautpartie der gefährdeten Stellen angehoben, leicht geknetet und wieder losgelassen, um das Bindegewebe zu lockern. So lässt sich angeblich die Haut von der Bauchmuskulatur lösen und das Bindegewebe lockern. Anschließend noch mit den Handflächen in kreisförmigen Bewegungen und mit leichtem Druck massieren. Das Gleiche noch an Po, Oberschenkeln und Brüsten. Wieder eine halbe Stunde um. Das mit dem Einölen und Massieren sollte jeweils morgens und abends durchgeführt werden. Fazit nach einer Woche: Das überteuerte Massageöl ist aufgebraucht und ich bin voll genervt, weil ich da ja eh nichts sehen kann. Also kein Fortschritt. Ist ja alles vorbeugend. Vielleicht tut's also doch ein billigeres Öl.

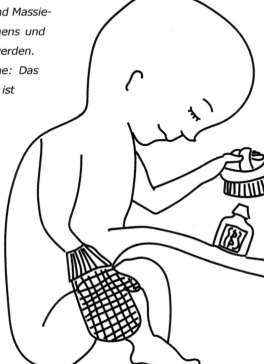

Das Gefühl der Zeitverschwendung werde ich damit aber auch nicht los. So lang hab' ich noch nie im Bad verbracht. Dabei bleiben Sachen wie Haushalt liegen. Vor allem wird mir bei dem ganzen Cremen, Bürsten, Zupfen und Massieren klar: So viel Zeit wie ich jetzt für mich aufwende, werde ich nach der Geburt wohl nie wieder haben. Vielleicht erst wieder, wenn ich 50 bin und das Kind aus dem Haus. Dann brauch' ich mich auch nicht mehr cremen. Dann ist es zu spät. Er will mich aufmuntern. Bietet mir an, die Massage für mich zu übernehmen. Vor allem bei den Brüsten. Ist klar.

Ich finde, sie sieht gut aus. Wie ein rosiger Apfel. Vollreif. Aber mit Atemnot. Die zahlreichen Hügel in unserer Stadt kommt sie nur noch mit Mühe hoch. Selbst die drei kleinen Stufen vor unserer Haustür scheinen ohne Sauerstoffflasche kaum noch erklimmbar zu sein. Fleißig macht sie dennoch jeden Morgen ihren einstündigen Spaziergang. Und sieht dabei offenbar nur noch Kinder oder Dinge, die mit Kindern zu tun haben. Kinderwagen zum Beispiel. Klar, wer fährt was? Und kann man schon am Outfit erkennen, dass sie sich für den Bugaboo entschieden haben? Meistens ja.

Um in der Halbzeit jedoch eine vernünftige Bilanz ziehen zu können, bleibt keine Zeit. Eine lange Liste wartet darauf, abgearbeitet zu werden. Wir brauchen Babyklamotten in Größe 56 und 62, ein Gitterbettchen nach DIN-Norm und Heizstrahler. Außerdem Unterlagen für Wickelkommode und einen Babyeimer statt Babywanne. Der Eimer, weil wir in unserer winzigen Wohnung keinen Platz im Bad für eine Babywanne haben. Aber, was ich gelernt hab': Babys frieren. Praktisch immer. Deswegen der Heizstrahler, und deswegen der Eimer und nicht einfach Stopfen in die Duschwanne, weil nicht tief genug und so. Wobei ich eigentlich gerade unsere Duschwanne perfekt geeignet finde für das Baby. Sie nicht. Grummelt irgendwas von ekelhaftem Fußpilzbakterien, oder so.

Regelmäßig fragen uns Freunde und Verwandte, wie sie uns helfen können, was wir noch brauchen, was sie uns schenken dürfen. Das ist sehr gut. Ohne die geballte Geschenkkraft dieser Menschen würden wir entweder äußerst spartanisch leben oder unsere Finanzen ruinieren. Wir brauchen beispielsweise schon eine Wickeltasche. Mit extra für Windeln zusammengenähten Fächern oder so. Obwohl ich mir auch hier nicht sicher bin, ob einer dieser stinknormalen Rucksäcke nicht auch einfach ausreicht. Aber wenn uns jemand das Ding unbedingt schenken will, sag' ich nicht nein. Nun, ich bin also dabei, alles in einer großen Liste zusammenzufassen und über das Internet jedem zur Verfügung zu stellen. So können wir nach und nach alles abhaken und jeder kann sehen, was wir wirklich noch brauchen und was nicht. Dennoch fühlt es sich komisch an, Dinge schon zu kaufen, bevor das Baby auf der Welt ist. Den aktiven Nutzen dieser Dinge sehe ich noch nicht. Ich kann es mir nur vorstellen. In der Zwischenzeit bereiten wir unsere Wohnung immer weiter vor. Wo wird gewickelt? Wo steht die Wiege und was machen wir, wenn das Baby der Wiege entwachsen ist? Ganz klar: Umziehen. Daher schaue ich gleichzeitig auch schon halbherzig nach neuen Wohnungen. Unseren Esstisch müssten wir eigentlich rausschmeißen und gegen den Laufstall tauschen. Mein Vorschlag, einen Teil des Wohnzimmers mit Kaninchendraht abzutrennen und das Baby darin spielen zu lassen, wurde verworfen. Der praktische Aspekt hatte nicht überzeugt.

Bei all der Räumerei, all der Organisation, all der Panik um reißende Haut, zu wenig Platz und teuren Accessoires, ist der letzte Besuch beim Arzt beinahe untergegangen, beinahe nicht so gewürdigt worden, wie er eigentlich zu würdigen wäre, denn das Ultraschallbild ist eindeutig, selbst ein Laie ist in der Lage auf dem entsprechenden Foto des Teilabschnittes zu erkennen, wer da zu uns kommt. **Ein Junge.**

Ich freu' mich. Und bin irgendwie erleichtert. Warum bin ich erleichtert? Komisch, das so zu denken. Ist ja eigentlich egal, ob Junge oder Mädchen. Aber: Mit dem Geschlecht verbunden ist gleichzeitig die Vorstellung, wie das Leben eines Jungen oder Mädchen verlaufen wird. Und für mich ganz klar: Als Mann ist es einfacher. Und als Mutter eines Jungen auch. Sagt auch meine Mutter. Da muss ich nur an meine eigene Kindheit und Pubertät denken. Ich selbst war keine „einfache", brave Tochter. Hatte es „faustdick hinter den Ohren", wie es meine Mutter ausdrückt. Meine Eltern haben sich entsprechend viele Sorgen gemacht. Sie hatten Angst um ihr kleines Mädchen. Die Vorstellung von den schwachen Frauen ist ja in ihren Köpfen verankert worden. Und ist selbst heute noch allzu real bei vielen Menschen. Allein wie Mädchen oft von ihren Eltern gekleidet werden. Rosa Glitzerkleidchen mit Lackschühchen. Das ist bei weitem nicht so schlimm wie die chinesische Tradition, die Füße der Mädchen zu brechen und einzubinden, damit sie zierlich wirken. So ein Lackschuh ist in meinen Augen aber auch schon ein Folterinstrument. Das ist vielleicht die Angst vor dem Kontrollverlust, weil man irgendwann als Eltern keinen Einfluss mehr hat. Bin da auch wieder das beste Beispiel. Meine Mutter hat noch lange versucht, Einfluss zu nehmen. Und ich habe mich entzogen. Vor zu viel Kontrolle vermutlich. Ich kannte alle Tricks. Hab' brav das Zurechtgelegte und meist selbst Genähte angezogen. Und mich dann in der Schule auf dem Mädchenklo umgezogen. Wollte schließlich nicht von den Jungs gehänselt werden. Zumindest nicht wegen selbstgenähten Kleidchen. Denn in der Pubertät hat es sowieso jedes Mädchen abbekommen. Egal wieviel Einfluss die Eltern nehmen, wie ängstlich sie ihrer Tochter gegenüber waren, wie sie sie angezogen haben. „Brett mit Warzen", „Mäusefäuste" oder „Wassermelonen". Für jede Brustgröße gab es eine Beschimpfung. Dabei hat das Wachsen der Brüste auch ohne die Beschimpfung schon genug geschmerzt. Und daher vielleicht auch mein Urgefühl, Jungs und Männer haben es leichter. Zumindest im Geschlechtervergleich. Untereinander habe ich keine Ahnung.

Jedenfalls Zeit, den Angehörigen das Geschlecht mitzuteilen. Die fragen schließlich jedes Mal nach dem Frauenarzttermin. Eine Freundin hat irgendwas von einer Gender Reveal Party erzählt. Das sei total angesagt. Vor allem in den USA. Das wär' doch eine lustige Idee, meinte sie noch. Ich recherchiere. Oberste Anzeige. Shopping Ergebnisse. Deko Artikel für die Party. Ich klicke drauf. Es folgt eine Erklärung: „Passend zu dieser Geschlechtsenthüllungsfeier, ob Lady oder Mini Mister, finden Sie bei uns das ideale Partyzubehör. Ganz klar, dass bei der Gender Reveal Party alles in Rosa und Hellblau geschmückt wird - mit unseren süßen Motiven setzen Sie tolle Deko-Highlights! Witzige Spiele zum Erraten des Geschlechts runden die spannende Party perfekt ab!"

Na wenn das nicht zum Stöbern einlädt. Ich klicke auf die Dekoartikel. Zuerst gibt's da das „neutrale" Zubehör. Luftballons, bedruckt mit der Frage „Boy or Girl?". Das alles ganz unauffällig in Glitzer gehalten. Das Plastikgeschirr, die bunten Fähnchen und Wandaufhänger sind durchmischt in Rosa und Blau. Um die Spannung zu halten. Nun die Artikel für die Enthüllung. Eine rosa oder blaue Konfetti-Kanone. Alternativ auch ein Luftballon, gefüllt mit Konfetti. Rubbelkarten. Eine Pinata. Ein blau-rosa Ku-

chen, der im Inneren durch die Farbe der Füllung das Geschlecht verrät. Kissen für eine Kissenschlacht, gefüllt mit blau oder rosafarbenen Federn. Das absolute Highlight aber: Rauchbomben. Der Effekt macht sich auch bei Instagram gut. Und verspricht bestimmt viele Likes. Wobei mir bei Rauchbomben eher Fußballstadion einfällt.

Auftritt: die Großväter. Mit stolzgeschwellter Brust geben sie bekannt, sie hätten es ja immer gewusst. Wobei in meiner Familie die Anzahl der männlichen Mitglieder deutlich überwiegt. Bei ihr gibt es hingegen mehr Mädchen. Wie dem auch sei: es ist ein strammer Kerl. Der Arzt hat uns das entsprechende Bild ausgedruckt und in Versalien EIN JUNGE drauf geschrieben und mit einem Pfeil die Region markiert, die es am deutlichsten zeigt. Und mit dem Foto des kleinen Pimmelchens geht die Suche nach einem geeigneten Namen eigentlich erst richtig los. Als erstes müssen wir uns daran gewöhnen, nicht mehr von dem Baby zu sprechen. Es ist jetzt der Junge. Und damit ist schon so dermaßen viel vorgegeben, dass wir fast gar nichts mehr machen müssen. Farben, Kleidung, Spielsachen – die Babyindustrie weiß ganz genau, was ein Junge braucht. Deswegen wäre es am sinnvollsten, den Namen nach der Top-Ten-Liste männlicher Vornamen in Deutschland auszusuchen (Jonas, Luca, Leon, Finn, Noah, Elias, Liam, Paul, Ben, Milan), sich der Industrie zu ergeben und Bagger, Waffen und Krawatten zu kaufen. Für den erfolgreichen Mann der Zukunft. Vielleicht doch kein Top-Ten-Name sondern: Bruno, der Mann für die Jagd, den Sportwagen, den Managerposten, den kurzgeschorenen Rasen, den Bier trinkenden, in der ersten Reihe bei Sportveranstaltungen grölenden Superkerl. Trug früher blau. Jetzt Anthrazit mit Nadelstreifen. Ein echter XY-Chromosomator oder so.

Tatsächlich können uns VerkäuferInnen in den Babyläden nichts Konkretes empfehlen, ohne das Geschlecht des Kindes zu wissen. Neutralität ist verpönt. Ist aber zu finden. Meist in grün. Und auch ich kann mich einer gewissen genderspezifischen Voreingenommenheit nicht entziehen. Schlimm. Und nur mit aller Kraft vermeidbar. Denn ich kann mir zwar relativ gut vorstellen, mit welchen Dingen er sich irgendwann eventuell wird rumschlagen müssen. Denke dabei aber natürlich nur an mich und meine weiße, hetero-männliche, mitteleuropäische Cis-Jungen Vergangenheit. Darunter fällt Konkurrenz zu anderen Jungs, Ärger mit Mädchen, die klassische Unterteilung in Sportler oder Denker. – Aber noch ist nichts in Stein gemeißelt. Wir werden sehen.

Nachdem die erste Hälfte rum ist, wird auch die Größe und Entwicklung anders gemessen. Er ist knapp 300 Gramm schwer und misst einerseits vom Scheitel bis zum Steiß 17 und andererseits von Kopf bis Fuß circa 26 Zentimeter. Also irgendwie ne Wassermelone. Und ist bedeckt von der „Käseschmiere". Was offenbar der offizielle Fachausdruck für eine schützende und geburtserleichternde Substanz ist. Er trinkt ohne Ende Fruchtwasser und beginnt damit, seinen Verdauungskreislauf in Gang zu bringen. Wodurch er alles wieder auspinkelt und nochmal trinkt und so weiter. Klingt irgendwie nicht so gut. Aber wenn es der Verdauung hilft…manche Leute trinken ja auch Morgenurin. Er strampelt dabei offenbar sehr fröhlich hin und her. Die Plazenta läuft auf Hochtouren und wenn ich mein Ohr an den Bauch halte, höre ich es Rauschen und Glucksen. Vielleicht merkt er, wie sehr wir gerade in den Vorbereitungen für seine Ankunft stecken. Und mit jedem Tritt wird es auch für uns immer realer. Entsprechend nervös werde ich. Achte mehr auf mich. Bald ist es soweit. Und ich habe immer noch keine Ahnung, ob ich das überhaupt kann, also dieses Vatersein. Mein altbewährter Plan „einfach machen", lässt sich hier irgendwie nicht anwenden, befürchte ich. Oder doch? Ich bin absolut ratlos und freue mich total. Gute Mischung.

21. Woche

Endlich ist er stark genug. So stark, um sich da drin bemerkbar zu machen. Heute war es soweit. Ich konnte seine Bewegung spüren. Wie eine Luftblase, die sich durch meinen Darm arbeitet. Nur dass der Darm nun direkt unter meiner Bauchdecke ist. Und ja, ich bin mir sicher, dass es kein Pups war. Die bewegen sich ja eher so weiter unten. Und wenn sie sich rauf arbeiten, dann viel langsamer und luftiger. Diesmal war es schon ein richtiger kleiner Tritt. Vermutlich hat sich das Baby irgendwo abgestoßen. Vielleicht am Darm. Könnte also mit seiner Bewegung auch einen Pups freigetreten haben. Also gut, ja, war vielleicht dann doch sogar beides: Kindsbewegung und Pups. Jedenfalls großartig, seine Präsenz so deutlich zu spüren.

Mein Sohn. Das ist sogar noch seltsamer auszusprechen als „Meine Frau", kurz nachdem ich meine Freundin geheiratet habe. Auch du, mein Sohn Brutus. Vielleicht sollte ich ihn Brutus nennen, nur um das später einmal sagen zu können. Wobei die wörtliche Übersetzung „der Stumpfsinnige" ist. Kein guter Start ins Leben. Auch wenn es sich bloß um fingierte Idiotie handeln könnte, zur Ergreifung politischer Macht. Die historischen Quellen sind da nicht eindeutig. Alles in allem ist Brutus ein zu vermeidender Name. Allein aufgrund des archaischen Klanges. Damit entfallen dann wohl auch Hektor, Herkules oder Rambo.

Wie dem auch sei: Ich muss für drei Tage auf eine Messe und lasse sie zum ersten Mal schwanger allein. Nachdem ich weiß, dass es ein Junge ist und ich ihn spüren kann, fällt mir das recht schwer. Und wenn es jetzt schon so schwer ist, wie wird es dann erst nach der Geburt sein. Ich ertappe mich, viel öfter und sorgsamer jeden Schritt, jede Handlung durchzudenken. Ich will für meinen Sohn da sein. Und wer weiß, was alles auf einer mehrstündigen Zugfahrt passieren kann. Naturkatastrophen, Zugentgleisungen, Seuchen. Alles unwahrscheinlich. Doch allein der Verdacht reicht aus, um jeden Mitreisenden genau zu beobachten.

Im Zug sitzt mir ein älterer Mann gegenüber. Weißes Hemd, hellblaue Anzughosen, Turnschuhe. Wir teilen uns ein Abteil. Er liest. Eine physikalische Fachzeitschrift. Ich versuche herauszufinden, ob er mich absichtlich ignoriert. So wie Spione andere Spione absichtlich ignorieren, um nicht aufzufallen. Fühle mich für einen kurzen Moment ertappt, als er einen Blick aus dem Fenster wirft und unsere Augen sich treffen. Nein. Dieser Mann will mich nicht entführen und meinen Sohn zum Halbwaisen machen. Ich beginne zu lesen, kann mich jedoch nicht konzentrieren. Ich ärgere mich, dass ich ausgerechnet jetzt zu dieser Messe muss. Jetzt, wo das mit den Vatergefühlen doch erst richtig los geht.

Das Messegelände ist groß und voller Menschen. Es sind so viele Menschen, dass ich kaum dazu komme, mir darüber Sorgen zu machen, einer von ihnen könnte mir etwas antun. Vielmehr kommt mir der Gedanke, von irgendwo außerhalb würde ein Terrorist die Ansammlung dieser Massen ausnutzen, um einen Anschlag zu verüben. Ich wäre eines der vielen tragischen Opfer. Wäre eine Zahl, und mein Sohn, der irgendwann fragt, wer sein Vater denn gewesen sei, müsste zu hören kriegen, dass er Opfer 235 bei dem Anschlag auf die Messe war. Vielleicht würde er daraufhin Nachforschungen anstellen, wie es überhaupt so weit kommen konnte. Würde investigativ einen politischen

Komplott zu Tage fördern. Einen Skandal, der die gesamte Bundesrepublik ins Wanken bringen würde. Politiker müssten zurücktreten. Boulevard-Medien müssten Richtigstellungen drucken. Das Volk erfährt zum ersten Mal die reine Wahrheit. – Vielleicht sollte ich ihn doch Brutus nennen. Allein um ihn für den Fall der Fälle einen metaphorischen Rückhalt zu geben.

Zu Hause ist jedoch alles beim Alten. Es wird nur immer beschwerlicher. Durch das mittlerweile doch recht starke Wachstum des Bauches wandern die Bauchmuskeln immer mehr zur Seite. Sit-ups sind dadurch praktisch nicht mehr möglich, die allerdings sowieso nicht wirklich auf dem Tagesplan standen. Es geht eher darum, dass Aufstehen nicht mehr richtig drin ist. Sie muss sich eher so seitlich hochrollen. Gleichzeitig erscheint ein dunkler Streifen in der Mitte des Bauches. Vor allem bei Frauen mit einem dunkleren Teint. Maximale Ausdehnung. Erstaunlich, wie weit sich die Haut dehnen kann, ohne zu reißen. Es heißt, sie soll ihre Haut feucht halten. Also einschmieren. Je feuchter, desto besser, weil: kann sich am Ende weiterdehnen. Aber macht sie ja zum Glück schon. Allerdings ohne meine Hilfe. Hatte ich ja angeboten. Geht aber natürlich sowieso nicht, wenn ich mich auf einer Messe rumtreibe. Und das ärgert mich, denn es fühlt sich ziemlich gut an, ihren Bauch einzureiben. Immer wieder spüre ich dabei die Tritte von innen. Es wird schließlich langsam eng da drin. Er ist jetzt fast 30 Zentimeter groß. Wie so ne Wasserflasche. Ich denke, es ist wie bei mir, wenn ich unter der Decke liege und sich meine Füße durch starkes hin-und-her-wälzen eingerollt haben. Ich trete einmal gegen die Bettdecke und strample mich frei. So ähnlich wird es auch bei ihm sein. Nur enger, feuchter und in ständiger Dunkelheit. Eine tiefe, beruhigende Stimme kann da Wunder wirken. Würde es zumindest bei mir. Denn wenn ich meine Füße nicht direkt frei bekomme, trete und strample ich, bis die Decke meist auf dem Boden landet. Wenn ich dann von oben eine ruhige Stimme hören würde, die mir sagt, ich solle locker werden, den einen Fuß strecken, den anderen an mich ziehen und in aller Ruhe die Decke zurechtrücken – dann würde ich bestimmt schneller wieder einschlafen. Und so stelle ich mir das auch bei ihm vor. Drei Tage lang keine Stimme zu hören, weil ich auf der Messe bin, heißt nach dieser Logik, drei Tage Panik und Stress, weil die Nabelschnur sich in der Kniekehle verheddert und er vor lauter dunkler Feuchtigkeit nicht weiß, wo oben und unten ist. Es ist also insgesamt regelrecht widersinnig, dass ich mich auf dieser Messe befinde. Erstens weil ich eine immer größer werdende Abneigung verspüre, Dinge zu tun, die mich von meiner Familie fernhalten. Vor allem Dinge, die mir praktisch nichts bedeuten, bzw. deren Bedeutung mir erst von meinen Vorgesetzten lang und breit erklärt werden muss, damit ich überhaupt einen Funken Motivation dafür verspüre. Und zweitens, weil ich der Meinung bin, dass es ihm und ihr viel besser geht, wenn ich da bin. Auch wenn sie sich bei aller Umständlichkeit durch den dicker werdenden Bauch darüber beschwert, dass er eigentlich doch noch nicht dick genug ist.

Ich steh' da also in der Damentoilette im Kino. Der Film ist gerade zu Ende und die Schlange natürlich ewig lang. Drei Klos für fünfzig Frauen. Und ich relativ weit hinten. Dauert halt bis ich mich aus so 'nem Kinositz rausgedreht hab'. Muss also schon echt dringend. Wahrscheinlich dringender als andere Frauen, die keinen innerlichen Fußtritt in die Blase kriegen. Und die extra viel in der Schwangerschaft trinken müssen. Oder wo sich die Muskulatur lockert und es bei jedem Schritt ein bisschen raus-

tröpfelt. Nach fünf Minuten öffnet sich die eine Klotür. Und nach weiteren fünf Minuten die andere. Und so geht das weiter. Ich hab' mich schon immer gefragt, was die da so lange auf dem Klo machen. Kacken wahrscheinlich nicht. Das wäre echt schräg bei so vielen Leuten. Legen die da alles feinsäuberlich mit Klopapier aus? Sprühen alles zuerst noch mit Desinfektionsmittel ein? Das würde auch die großen Handtaschen erklären. Jedenfalls geht's nur im Schneckentempo voran. Zum Glück keine Mama mit kleinem Kind, die man vorlassen muss, denk' ich noch. Mittlerweile hat sich die Schlange vor mir halbiert. Dauert vielleicht noch 15 Minuten. Ich stell' mich extra mit dem Bauch so hin, dass die Leute vielleicht bemerken, dass ich schwanger bin. Keine schaut hin. Ich stöhne etwas und stütze meine Arme in die Seite und kreise mit den Hüften. Auch da kuckt keine. Ich hole meinen Mutterpass raus. Halt' ihn extra hoch und tu so, als ob ich darin lese.

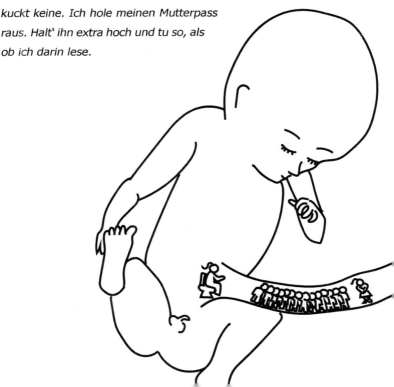

Interessiert keine. Vielleicht hol' ich das Ultraschallbild raus und sage in einem glücklichen Ton „Hach". Oder ich täusche eine Wehe vor. Irgendwann geb' ich auf. Die werden mich nie vorlassen. Und fragen will ich nicht. „Entschuldigung. Ich bin schwanger. Könnt' ich vielleicht vor?". Welche Berechtigung hab' ich eigentlich? Meine Blase funktioniert vielleicht noch besser als die von der Oma vor mir in der Reihe. Bei der klappt das mit dem Entleeren womöglich nicht mehr so gut. Also versuche ich, mir die Zeit zu vertreiben, in dem ich die Leute im Spiegelbild beobachte. Unauffällig. Konnte ich noch nie gut. Ich starre immer direkt. Liegt an meinen großen Augen. Da ist unauffälliges Gucken unmöglich. Meist schämen sich da meine bekannten Mitmenschen und treten mir in die Seite. Hier tritt zwar niemand, aber die Frau neben mir fühlt sich sichtlich unwohl. Zuckt so komisch hin und her. Dieses Zucken kenn' ich, das ist dann immer mein Zeichen, vielleicht mal woanders hin zu gucken. Ich warte immer noch. Noch etwa fünf Frauen vor mir. Ich seh' quasi schon das Licht am Ende des Tunnels. Und dann ... dann geht die Eingangstür auf und eine schwangere Frau, schätze so in der 30. Woche, kommt rein. Und alle Damen in der Warteschlange gehen einen Schritt zurück. Mit einer wedelnden Handbewegung lassen sie die Frau dann vor. Ich auch. Klar. Will ja nicht wie ein Unmensch rüberkommen. Oder soll ich lieber beleidigt hinterher rufen „Ich bin aber auch schwanger!" ? Das nächste Mal geh' ich erst wieder aus dem Haus, wenn man meinen Bauch auch richtig sehen kann.

Als ich nach drei Tagen sinnlosem Messebesuch wieder zurück bin, bestätigt sich übrigens meine Theorie: Kaum berühre ich mit meiner Hand ihren Bauch, beruhigt er sich und tritt nicht mehr wild um sich. Klar, wir verstehen uns, wir Jungs.

22. Woche

Natürlich erwarten wir Gehechel. Heftige Atemübungen. Die üblichen Vorbereitungen auf Yogamatten von mehreren Pärchen zwischen zwanzigster und dreißigster Woche. Denn auch wenn mir bisher die Wirklichkeit einer Schwangerschaft jegliche Visionen genommen hat, bekomme ich doch wenigstens beim Geburtsvorbereitungskurs das nötige Quäntchen Klischee. Allein die Pärchenvariante ist nicht so häufig, wie man annehmen könnte. Wir mussten lange suchen, um einen Kurs zu finden. Die meisten Kurse, die gemütlichen, in schönem Ambiente mit Blumen und so, waren allein für die werdenden Mütter. Was erklärt, warum in fast allen Filmen, die wir bisher von Geburten gesehen haben, die Männer panisch bis teilnahmslos in der Ecke sitzen oder stehen. Sie versuchen zaghaft nach einer Hand zu greifen. Werden unsensibel in die Ecke verwiesen. Und wissen noch nicht einmal, wie vernünftig geatmet wird. Das soll mir nicht passieren. Ich nehme teil.

Der Kurs findet im Geburtsschulungsraum B44 auf Ebene 99 irgendwo in den Katakomben der Uni-Klinik statt. Bei der Anmeldung hieß es, wir sollen legere bis sportliche Kleidung anziehen, ein Handtuch mitbringen und eine Flasche Wasser. Also brezeln wir uns auf wie zur Aerobic-Stunde. Die kursleitende Hebamme begrüßt uns an der Tür, fordert uns auf, die Schuhe auszuziehen und weist uns eine Matte zu. Damit ist Klischee Nummer Eins definitiv bestätigt. Wir sitzen im Schneidersitz auf Yogamatten, sie lehnt dabei gegen meine Brust, die gegenüberliegende Wand ist ein riesiger Spiegel und über uns schwebt das Aerobic-Damokles-Schwert in Form von Sitzbällen in netzartigen Regalen. Sie sind unter der Decke eingeklemmt und kommen mit Sicherheit noch zum Einsatz. Vermutlich bei alternativen Gebärpositionen. Denn was ich schon weiß: Die gängige Position auf dem Rücken im Halbsitzen ist zwar möglich, aber nur eine von vielen Varianten. Zum Beispiel stützen sich die Frauen teilweise auf alle Viere und bekommen ihr Kind in Hündchenstellung oder hängen an den Armen des Mannes. Es lohnt sich mit Sicherheit, da nochmal zu recherchieren. Vielleicht erhalten wir entsprechende Informationen auch in diesem Kurs. Vorerst müssen wir aber unsere vollständigen Versicherungsdaten der Hebamme mitteilen, damit wir den Kurs erstattet kriegen.

Bevor es richtig losgeht, sollen wir uns ein wenig auflockern. Den Kreislauf anregen. Insgesamt sieben Paare stehen auf ihren Matten und heben die Arme. Die Hebamme gibt das Zeichen. Startet den Ghettoblaster und zu den Klängen von Bamboleo bewegen wir im Takt unsere Knie nach oben und zeigen abwechselnd zur Wand oder zur Decke. Klischee Nummer Zwei wäre damit auch bestätigt. Ich bin mir ziemlich sicher, was in den nächsten acht Wochen noch folgt. Muss unwillkürlich grinsen, dass es tatsächlich Dinge gibt, die hundertprozentig genauso sind, wie sie von der Allgemeinheit gesehen werden. Mir fällt kein anderes Beispiel ein. Treffe ich beispielsweise grölende Fußballfans am Bahnhof, könnte ich davon ausgehen, dass sie singen, pöbeln und im Weg rumstehen. Aber allzu oft machen sie Platz für alte Frauen oder trinken gar kein Bier. Es gibt offenbar wirklich nur einen Ort auf der Welt, wo jedes Vorurteil wie Faust auf Eimer passt – und das ist der Geburtsvorbereitungskurs.

Nach der Vorstellungsrunde, die auch genauso abläuft, wie jede andere Vorstellungsrunde in jeder anderen Gruppe und jedem anderen sozialen Zusammenhang, wissen wir von den anderen jeweils drei Dinge: Schwangerschaftswoche, Alter, Geschlecht.

Und wir sind alle gleich alt, ungefähr in derselben Woche und bekommen zusammen drei Jungs, drei Mädchen und einmal Jungs-Zwillinge. Mich beschleicht das Gefühl, die Hebamme notiert sich im Kopf die Ergebnisse der Vorstellung für eine interne Statistik. Und gleichzeitig ärgert sie sich über diese homogene und dadurch wohl absolut unbrauchbare Datenmasse. Denn unser Kurs verschafft der Gesamtstatistik keine Tendenz. Gibt es mehr Jungen, mehr Mädchen, mehr Zwillinge, mehr Eltern über oder unter 30? Wann kommen Paare zum Kurs? – Obwohl keine Tendenz auch ein Ergebnis sein kann.

Egal, jetzt sollen wir uns aufteilen. Die Männer in die eine Ecke und die Frauen in die andere. Jede Gruppe soll die positiven und negativen Aspekte einer Schwangerschaft auflisten. Wieder etwas für die Statistik. Und tatsächlich sagt doch einer der Männer, das Beste an der Schwangerschaft wäre die notwendige Bedingung, ein neues Auto kaufen zu müssen. Und so sind sie, die deutschen Männer, denke ich.

Oder besser gesagt: So sollen sie sein. Das Geld beschaffen, für Dach und Fortbewegungsmittel sorgen. Den Frauen praktisch zur Hand gehen. Und von der Erziehung eher ablassen. Frauensache. Klar. Also nur eingreifen, wenn es zu Maßregeln kommen soll. Wenn es um Härte geht. Und diese Jungs hier haben das vorbildlich verinnerlicht. Von denen geht keiner in Elternzeit. Bloß nicht den Job gefährden. Daher zustimmendes Nicken. Bis die Sprache auf Kofferraum und damit zwangsläufig auf Kinderwagen kommt. Wir rekapitulieren jeder unsere 18. Woche noch einmal. Der mit den Zwillingen hat es am schwersten. So das Fazit.

Ich bin gespannt. Auf Gleichgesinnte. Auch mal andere Schwangere zu treffen. Die Foren im Internet machen mich ganz kirre. Und sind irgendwie nicht wirklich vertrauenswürdig. Was sich ja schon leicht an den Benutzernamen erkennen lässt. Super-Bunny81 tauscht sich mit PregnantMonsterBootyClash drüber aus, was jetzt gesünder ist: MacDonald's oder Burger King. So sitzen wir also auf dem Boden im Kreis und schauen uns an. Alle super lässig. Ich leider nicht. Seit einer Woche schmerzt mein Ischias. Mir tut alles weh. Die Hüfte am meisten. Den anderen anscheinend nicht. Die sehen total entspannt aus. Sitzen da locker rum. Ich rutsch' hin und her. Auf der Suche nach einer passenden Sitzposition. Der Berg mit den Winterjacken am Eingang sieht verlockend aus. Wär' jetzt wahrscheinlich unangebracht, mich da drauf zu legen. Für einige hier ist die Schwangerschaft bestimmt kein Grund, sich gehen zu lassen. Auch kein Grund, auf viel Schminke und Parfum zu verzichten. Mein schlechtes Körpergefühl überwiegt jedenfalls. Und ich verliere die Lust an dieser Gruppenarbeit. Die anderen anscheinend auch. Keine traut sich anzufangen. Ist ja auch irgendwie unnatürlich, wild-fremden Menschen von seinen Gefühlen zu erzählen. Endlich. Eine fängt an. Bestimmt Lehrerin. - „Also ich hab' voll die Akne bekommen." – „Und ich Haarausfall." – „Und ich hab' schon acht kg zugenommen." – „Und ich hab' oft schlechte Laune." Das erste trifft bei mir auch zu. Das zweite nicht. Acht Kilo-gramm. Ist das jetzt schlimm? Oder sogar gut? Ist das Kind nun direkt adipös? Oder geht es hier nur um den eigenen fetten Arsch? Aber schlechte Laune hab' ich auch. Auch jetzt gerade, hier, bei dieser Aktion. „Sorgen um das Wohlergehen des Kin-des" wird nicht erwähnt. „Mir tut die Hüfte weh", sag' ich dann irgendwann. Den anderen nicht. Ich glaube nicht, dass ich hier eine Freundin finde.

Wieder mit den Frauen vermischt, teilen wir unsere Ergebnisse. Während die Männer sehr praktisch von Auto und Kinderwagen gesprochen haben, fassen die Frauen ihre Gefühle und körperli-chen Veränderungen zusammen. Ja, ja, auch bei den Frauen hat offenbar jede ihre soziologisch eingetrichterte Rolle übernom-men. Wirklich positiv wurde es bei ihnen jedoch nicht. Akne, Zunehmen, schlechte Laune sind die vorherrschenden Punkte. Geht alles in die Hebammen-Statistik. Zum Abschluss folgt ein längerer Monolog über die Notwendigkeit einer Hebamme an sich. Dass es jetzt aber eigentlich schon zu spät sei, eine zu be-kommen, da wir unsere Kinder ja im Sommer bekommen wer-den und dann alle im Urlaub sind. Zum Glück waren wir so pa-nisch und haben uns frühzeitig darum gekümmert. Das Pärchen uns gegenüber leider nicht.

Als wir die 4 Euro 20 am Parkautomaten bezahlt haben, sind wir ein wenig desillusioniert. Erstens haben wir die Hälfte schon gewusst, zweitens bestand die andere Hälfte aus einem konservativen Klischee und drittens müssen wir für anderthalb Stunden auf dem Krankenhausparkplatz auch noch knapp fünf Euro lassen. So macht schwanger sein keinen Spaß.

23. Woche

Ich hatte nicht vor einzuschlafen. Ich bin es auch nicht richtig. Es war mehr ein resignierender Halbschlaf. Entstanden aus unendlicher Langeweile. Denn Geburtskurs Nummer zwei ist für mich bisher zu 93 Prozent absolute Zeitverschwendung gewesen. Das liegt einerseits natürlich an dem bereits erwähnten Klischees. Andererseits aber vor allem daran, dass ich mit Beckenbodenmuskulatur recht wenig zu tun habe. Außerdem wurde ich das Gefühl nicht los, die Hebamme hat extra langsam gesprochen, damit die Zeit schneller rumgeht. Wie damals in der Schule, wenn der alternde weiße Mann, der mein Lehrer zu sein vorgab, sich nicht richtig vorbereitet hatte und ein endloses Diktat begann; irgendeine punktlose Stelle aus einem Dürrenmatt-Roman oder ähnliches; die fertig gestellten Diktate am Ende der Stunde noch nicht mal einsammelte und ich meine zweihundert vollgekrakelten Seiten zu dem Rest des unnützen Mülls in meinen Rucksack stopfen musste.

Wer jedoch eine Unterrichtsstunde am Abend mit fünfzehn Minuten Atmen bei geschlossenen Augen beginnt, kann nicht erwarten, danach mit hochkonzentrierten Teilnehmern zu arbeiten. Zwar sind schon jetzt die Sitzbälle im Einsatz gewesen. Aber eben nur, um den Frauen bei der sogenannten Fahrstuhlübung ihre dreischichtige Beckenbodenmuskulatur bewusst zu machen.

Die Hebamme zeigt uns ein Plakat: Draufsicht der Scheide. Also Beine gespreizt. Im Comicstil. Die Beckenbodenmuskeln sind mit eingezeichnet. Ich schaue zu den anderen Paaren im Kurs. Einer der Männer kichert. Die Hebamme erklärt: Der Beckenboden besteht aus drei übereinanderliegenden, fächerartigen Muskelschichten im kleinen unteren Becken. Die unterste Muskelschicht ist für die Schließmuskeln zuständig. Gewährleistet Stuhl- und Harnkontinenz. Kenn' ich. Also hab' ich in letzter Zeit sogar noch besser kennengelernt. Die mittlere Muskelschicht trägt die Organe und hilft ebenfalls, die Kontinenz zu gewährleisten. Die obere Muskelschicht hilft den Organen, auf der richtigen Position zu bleiben und unterstützt die Körperhaltung. Von den letzten beiden wusste ich nix. Aber durchaus sinnvoll. Wär' ja total irre, wenn da plötzlich der Darm rausfällt. Denk' ich so. Kann ja eigentlich nicht sein. Und dann sagt die Hebamme, dass das doch möglich ist. Dabei holt sie ein wenig aus. In der Schwangerschaft verändert sich der Beckenboden. Die Muskulatur wird lockerer, damit sie dem Wachstum des Babys nachgeben kann und das Becken für die Geburt öffnet. Er ist aber vor allem für den Geburtsvorgang wichtig. In der letzten Geburtsphase dehnt das Köpfchen des Babys den Beckenboden immer mehr. Ist der Beckenboden gut trainiert und elastisch genug, kann er die Geburt erleichtern. Denn kann Frau die Beckenbodenmuskulatur gut wahrnehmen, kann sie die Muskulatur auch gut entspannen, wenn das Baby nach draußen drängt. Wissenschaftliche Studien beweisen anscheinend: ein gut trainierter Beckenboden verkürze die Austreibungsphase bei der Geburt. Andernfalls können Muskeln, Bänder oder Gewebe verletzt werden. Oder es ist ein Dammschnitt notwendig. Dabei wird auch Beckenbodengewebe durchtrennt. Dann wird's echt blöd. Denn es droht große Gefahr für die Zeit nach der Schwangerschaft: Inkontinenz. So die Hebamme. Ich dachte immer, das beträfe nur alte Leute. Die Oma von 'ner Freundin zum Beispiel. Die hat bei jedem zweiten Schritt Gase und Flüssigkeiten verloren. In meinem Beisein entwich ihr auch schon mal gerne ein Schurz. Die tat mir immer total leid. Die konnte gar nicht mehr raus.Und irgendwann musste sie Windeln tragen. Vielleicht hätte sie mal lieber diese Übungen gemacht. Und es gibt noch weitere Folgen, sagt die Hebamme: Rückenschmerzen, Probleme beim Sex oder ein Gebärmuttervorfall. Der wird auch Prolaps genannt. Die Muskeln sind so im Arsch, dass der Arsch, also der Darm und alle unteren Organe runterrutschen. Fühlt sich wohl auch so an, als ob das alles rausfällt. Im schlimmsten Fall muss die Gebärmutter entfernt und die Organe wieder angehoben werden. Wie an so nem Seil befestigt. Und alles wird neu ausgerichtet. Das brauch' ich definitiv nicht.

Und die Hebamme hört gar nicht mehr auf: Auch schon während der Schwangerschaft können Probleme auftauchen, sind die Muskeln nicht gut trainiert. Das Tückische daran: Das größer werdende Baby drückt zunehmend auf die Blase, während die Muskeln weicher werden. Da tröpfelt dann gerne mal was raus. Vor allem beim Niesen und Husten. Da nehm' ich dann doch mal lieber zusätzlich Vitamin C Tabletten. Eine Erkältung will ich unter den Umständen keinesfalls mehr bekommen. Auch beim Springen und Bücken kann was entweichen. Also ich spring' jetzt eh nicht so durch die Gegend. Aber Bücken. Klar. Wenn was auf dem Boden liegt. Aber vielleicht lass' ich das dann einfach liegen, bis er abends nach Hause kommt. Kann er sich bücken.

Die Schwangeren im Kurs sitzen nach dem Gerede nun nicht mehr ganz so entspannt auf ihren Bällen. So will keine enden. Durch gezielte Übungen kann man dem aber vorbeugen. Sagt die Hebamme. Am besten macht man die aber auch schon vor der Schwangerschaft. Na super.

Aber zum Eigentlichen: die Übungen. Wir sollen uns die Muskelstränge wie einen Fahrstuhl vorstellen. Da geht unten die Tür zu. Und dann fährt er nach oben, natürlich mit geschlossener Tür.

Runter geht's dann im freien Fall. Toll wär's natürlich, wenn das Baby dann einfach mit dem Fahrstuhl nach unten fahren könnte. Ping. Die Türen gehen auf und das Baby tritt ohne einen Schwall Blut oder anderen Flüssigkeiten raus – und zwar ganz ohne die Tür zu zerreißen.

Zuhause schwirrt mir der herausfallende Darm dann den ganzen Abend im Kopf herum. Ekelhaft. Ihn interessiert das recht wenig. Hat im Kurs bei den Übungen sogar gepennt. Selbst Schuld. Auch er kann später mal unter Inkontinenz leiden. Einfach, weil die Muskeln schwach werden. Auch da können gezielte Übungen helfen. Sein Desinteresse macht mich wütend. Wenn er mal alt ist, kann er sein Pipi dann schön alleine aufwischen.

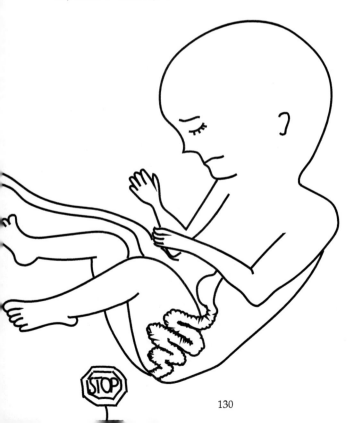

Allein der Gedanke daran, dass alles einfach rausfällt, schnürt mir den Hals zu. Bei der Geburt müssen die drei verstrebten Muskelstränge aufgelockert werden, damit sich das Kind seinen Weg bahnen kann.Vierbeiner haben es da leichter. Rehe, zum Beispiel, oder Pferde. Weil sie den ganzen Tag auf allen vieren durch die Gegend laufen, haben sie praktisch keine Beckenbodenmuskulatur, weil ja die Schwerkraft nichts nach hinten drückt, was dann eben eine mehr oder weniger unkomplizierte Geburt ermöglicht. Mein Vorschlag, den Rest der Zeit könne sie doch auf Knien laufen, wurde mit dem Argument entkräftet, in den letzten dreißig Jahren hätten die Muskeln eine solche Kraft entwickelt, dass drei Monaten krabbeln da wenig ausrichten werden. Nachvollziehbar.

Was sie aber überhaupt nicht nachvollziehen konnte, ist mein kleines Schläfchen. Ich hätte ja wenigstens so tun können, als ob ich meinen Beckenboden trainiere. Wir streiten uns ein bisschen, wie sinnvoll das ist. Nun, ein Streit kommt vor. Auch wenn es heißt, das sogenannte zweite Trimester sei die eher „harmonische" Phase. Aber Phasen sind Phasen sind Phasen. Bei jeder anders. Warum also nicht mal ein bisschen streiten, wenn wir uns eigentlich vor Glück schluchzend in den Armen liegen müssten. Davon abgesehen entwickelt sich das Gespräch sowieso in eine andere, eine medizinisch-fachliche Richtung. Denn es ist eine Sache, die Beckenbodenmuskulatur zu trainieren, eine andere, das Gewebe entsprechend vorzubereiten. Das Dammgewebe. Das Perineum. Die Region zwischen After und äußeren Geschlechtsorganen. Was ich nämlich nicht wusste: Dem Dammschnitt kann vorgebeugt werden. Es muss nur ein entsprechendes Öl in die Region einmassiert werden und bevor der Arzt das Skalpell anlegt, dehnt sich das Gewebe weit genug für Kindskopf und -körper. Getestet haben wir das an unserer

Hand. Wir haben das Öl zwischen Daumen und Zeigefinger gerieben und bilden uns ein, die beiden Finger jetzt weiter auseinander zu kriegen. Klar soweit? Egal: Es funktioniert. Hurra. Die Freude hält aber nur so lange, bis wir den Flyer zur sogenannten Dammmassage erhalten, auf dem eine detailgetreue Zeichnung abgebildet ist. Und diese weicht erheblich von unserer Vorstellung ab, welche eine äußerliche Massage der Region mit Fingerspitzen vorsah. Stattdessen wird mit in die Vagina eingehaktem Daumen die Dammregion mit dem Zeigefinger massiert. Ja, das macht sie dann lieber alleine, sagt sie. Trotz meines Hilfsangebots.

24. Woche

Aber von wegen „harmonisches Trimester". Irgendwie ist hier nichts harmonisch. Und das liegt auch ein bisschen an mir. Im Klartext: Nachdem ich bemerkt habe, dass es ihr ganz gut geht, dass der Kleine fröhlich strampelt und dass insgesamt alles läuft, habe ich mich wieder ein wenig anderen Dingen zugewandt. Nicht komplett, aber es ist nun mal einiges liegengeblieben. Im Job hätte ich ein paar Dinge nachzuholen, beispielsweise. Und auch im Freundeskreis könnte ich ja auch mal über etwas Anderes sprechen, als über die Sorgen, die ich während der Umstellung unserer familiären Umstände bisher verspürt habe. In meinen Augen insgesamt ein völlig nachvollziehbares Verhalten. In ihren nicht.

Ein Beispiel: Ich komme abends nach Hause, esse, zieh' mir was Bequemes an. Wir legen uns aufs Sofa und reden, überlegen den Fernseher anzuschalten, oder ähnliches. Das passiert normalerweise alles in sehr entspannter Atmosphäre, war im letzten halben Jahr jedoch geprägt von den vermeintlichen Sorgen rund um die Schwangerschaft. Da wir uns aber mittlerweile entspannen, agiere ich, hauptsächlich unbewusst, wie vor der Schwangerschaft. Das heißt, ich plaudere so über Dinge, die auch mal nichts mit Schwangerschaft zu tun haben. Ich bin halt einfach froh, dass es ihr gut geht. Wieso kann ich das nicht durch ein besonders entspanntes Verhalten demonstrieren? Für sie ist aber offenbar genau diese Entspannung etwas zu entspannt.

Entspannung macht sich breit. Wir sprechen über Freunde. Über deren Beziehung. Schauen uns Filme an. Komödien. Manchmal auch die privaten Sender. Mit Klatsch und Tratsch aus der Welt.

Sind viel im Außen. Und vergessen manchmal den kleinen Zwerg in meinem Inneren. Ich vor allen Dingen. Wenn ER dann sein Salamibrot neben mir isst, fällt's mir wieder ein. Dabei krieg' ich dann direkt ein schlechtes Gewissen. Und Angst. Und Alpträume. Träume, dass ich einkaufen bin. Und unseren Sohn zuhause im Bettchen vergessen habe. Diese Träume kenn' ich. Hab' ich seit meiner Jugend. Ist wohl ein unverarbeitetes Wellensittichtrauma. Weil ich lieber an den Wochenenden mit Freunden um die Häuser ziehen wollte, bekam mein Vogel fast einen Tag kein neues Futter und musste sein vollgekacktes Wasser trinken. Ich weiß nicht, ob ihn das letztlich das Leben kostete. Doch seit seinem Tod träum' ich davon, dass er wegen mir starb. Aus Vernachlässigung. Einsamkeit. Gebrochenem Herzen. Alles Gründe, warum ich eigentlich keine Mutter sein darf. Sorgt zumindest für eiskalte Alpträume. Ist ja klar. Kann ja kaum auf einen Vogel

achtgeben. Wie dann auf ein Baby? Ganz natürlich also, wenn ich schweißgebadet davon aufwache, dass Polizisten unser Auto aufbrechen, weil unser Baby mutterseelenallein darin brüllt, während ich shoppen bin. Und er? Schläft da seelenruhig neben mir. Schnarcht. Würd' ihn am liebsten zwicken. Mir ist gerade danach. Mach' ich aber nicht. Wär' ja total gemein.

Ich kann das ja auch nachvollziehen. Aber wir streiten uns trotzdem, weil wir natürlich nicht ganz ruhig und rational darüber reden können. Und wir streiten uns noch mehr, wenn sie verärgert, so schnell sie kann, das Zimmer verlässt, denn, ja, das ist schon ein bisschen scheiße, aber dann muss ich einfach lachen. Aber, hey, es sieht einfach lustig aus, wenn sie aufgebracht und die Stirn in Zornesfalten gelegt, seitlich von der Couch rollt, sich irgendwie aufrappelt und in wiegendem Gang mit geballter Faust hinaus stapft. Ich kann verstehen, dass an dieser Stelle der Vorwurf eines Mangels an Sensibilität angebracht ist. Aber haben wir nicht gesagt, wir würden unser Leben nicht komplett umkrempeln? Wollten wir nicht weiterhin jeder als eigenständiger Mensch und Individuum innerhalb einer gleichberechtigten Beziehung gelten? Oder scheitern wir bereits vorher, bevor wir keinen Schlaf mehr bekommen, der Kleine Tag und Nacht schreit, alles dreckig und unordentlich ist und wir noch nicht einmal die Zeit finden, passende Socken aus dem Schrank zu holen? Ist bereits jetzt alles hinter die große Macht der Kindesbeziehung gerückt? Wie wir bei unserem letzten Streit feststellen mussten, sind wir eigentlich eher beiläufig zu unserem Kinderwunsch gekommen. Nachdem ihr erster freiberuflicher Erfolg eintrat, mein neuer Job startete und wir beides bei Burger und Bier feierten, habe ich mehr aus einer Laune, als aus Überzeugung davon gesprochen, dass eigentlich nun Kinder an der Reihe wären. Sie, überrascht, hatte sich darüber noch keine Gedanken gemacht, hätte vermutlich die ganze Planung noch nach hinten verschoben, doch der Gedanke gefiel ihr. Mir gefiel, dass er ihr gefiel und fertig war die Kinderplanung. Sie sprach mit ihrem Frauenarzt und setzte die Pille ab. Zwei Monate später blieb ihre Periode aus. Herzlichen Glückwunsch. – Zack Zack. So kann's gehen.

Und wie schön ist das bitte eigentlich? Da gibt es Paare, bei denen geht das nicht mal eben so Zack Zack. Allein deshalb sollten wir das auch ehren und nicht einfach so abtun. Hier passiert etwas, das unser Leben umkrempelt. Ob wir das nun zulassen oder nicht. Ignorieren können wir das nicht. Und streiten will ich deswegen schon gar nicht.

25. Woche

Das Geräusch von Erbrochenem, wenn es von innen gegen die Badezimmertür klatscht, das darauf folgende Stöhnen und ein recht lautes Geklapper, lassen allen Ärger vergangener Tage vergessen. Ich erinnere mich wieder, was es heißt, eine Beziehung zu führen, mit jemandem zusammen zu leben, wir beide gegen den Rest. Nämlich: Zurücknahme. Kurz nachdem wir uns kennengelernt hatten, ging sie für ein Jahr ins Ausland und zog danach direkt in meine 30 Quadratmeter Wohnung. Wir gingen von Fern- zu Direkt-auf-die-Pelle-Beziehung über, innerhalb von 24 Stunden. Das ist radikal und erfordert Kompromissbereitschaft. Wir tasteten uns langsam aneinander an. Lernten die nervigen Angewohnheiten des anderen zu schätzen, zu lieben. Nacktheit war nie ein Problem. Unvorteilhafte Nacktheit nach sportlicher Betätigung etwa, auch nicht. Irgendwann konnte sie pinkeln, während ich mir die Zähne putzte. Wir hörten auf, kleinere Ekelhaftigkeiten wegzulügen. Wir wuchsen zusammen, wurden ein Team, beschlossen gemeinsam ein Leben zu führen, ein Kind zu bekommen. Hatten aber offensichtlich unterschätzt, wie belastend dies manchmal für eine Beziehung sein kann. Und sei sie noch so stabil, noch so krisenerprobt. So endet unser Schweigen, unser Streit erst nach Tagen, als sie mit einem unwahrscheinlichen Schwindel aufwacht und von innen gegen die Badezimmertür kotzt. Als ich morgens das Erbrochene wegwische, fällt mir plötzlich wieder ein, was wir eigentlich sind. Wie wir dahin gekommen sind, wo wir sind und warum wir zusammen sind. Wir umarmen uns, sie weint, ist müde, will zum Arzt, ich küsse ihre Stirn, mache alles sauber und nehme sie an der Hand. Jetzt ist wieder alles gut.

Da sitz' ich auf dem Klo. Wie ein Häufchen Elend. Er mir zu Füßen. Wischt meine Kotze vom Boden und der Tür weg. Die Pizza wollte ich eigentlich nicht zwei Mal sehen. Er wahrscheinlich auch nicht. Hat eh schon die Hälfte wegschmeißen müssen. Mag keine Sardellen drauf. Die stinken. Hätt' ich ja wenigsten ohne nehmen können. Ist ja sonst Verschwendung. Gerade wenn ich doch weiß, dass ich nicht alles schaffe. Meint er. Nun muss er die Sardellen nochmal riechen. Er wischt es trotzdem weg. Und hält meine Hand. Ich heule. Er trägt mich vom Klo ins Bett. Bei mir dreht sich alles. Ich heule weiter. Er legt sich mit einem Kotzeimer neben mich. Nach einer Stunde wache ich auf. Rüttle ihn wach. Wir sollten checken lassen, ob mit unserem Sohn alles stimmt. Müssen allerdings dafür in die Klinik. Ist nämlich Sonntag. Zum Glück ist Sonntag. Sonst müsste er arbeiten. Und ich wär' allein.

Bestimmt ist alles okay. Aber sie wird nicht ohne Grund so heftig erbrechen müssen. Welcher das sein kann, ist uns ein Rätsel. Ihr ging es in der letzten Zeit körperlich ausgesprochen gut. Offenbar beginnt aber nun die letzte und damit wieder um einiges anstrengendere Phase der Schwangerschaft. Noch drei Monate und der Kleine ist da. Er wiegt jetzt circa 700 Gramm, also bisschen mehr als ne Packung Hackfleisch aus der Kühltheke, und muss in den nächsten fünfzehn Wochen noch mindestens zwei Kilo zunehmen. Sportlich, sag' ich mal. Vielleicht liegt ihre Kotztirade also an diesem Wachstumsschub. Der Kleine wächst viel schneller, als dass ihr Körper mit Blutproduktion und Plazenta-Unterstützung hinterher kommt. Daraufhin klappt ihr Kreislauf zusammen und ihr Blutdruck sinkt in den Keller. In der Klinik ist nicht viel los. Irgendwo in der Ferne schreit ein Baby. Ich will einen Witz machen, ihr Gesicht macht jedoch nicht den Eindruck, als ob sie gerade Bock auf Witze hat. Wir nehmen auf den Sesseln Platz und warten. Neben uns sitzt ein dicker Mann, der gerade seine Frau abgeliefert hat. Ich habe ihn auf dem Parkplatz schon gesehen. Da hat er noch schnell eine Zigarette geraucht, bevor er ins Krankenhaus ging. Entsprechend muffig ist der von ihm ausgehende Geruch. Sie würgt.

Ich will, dass er was zu ihm sagt. Ihn freundlich weg bittet. Darauf aufmerksam macht, dass er stinkt. Dass dieser Gestank in mir einen Würgereiz auslöst. Macht er natürlich nicht. Ich sag', ich muss gleich wieder kotzen. Ungünstig, sagt er. Hier ist überall Teppich. Findet er komisch für ein Krankenhaus. Was ist denn mit den Keimen und so. Und gibt mir eine Kotztüte. Mir ist der Teppich leider egal. Sag' ich. Soll sich nicht so anstellen. Nun versucht er, den Mann zornig an-

*zuschauen und die Nase zu rümpfen. Ich verdrehe die Augen. Das
wird so nix. Er soll mal aufstehen. Hier ein bisschen laut werden
vielleicht. Macht er aber nicht. Und der Gestank wird immer penet-
ranter. Okay, das war's, schon hängt's mir im Hals. Ich muss rennen.*

Sie muss brechen. Rennt zum Klo. Und der Mann glotzt. Ich
spreche ihn an und weise ihn mehr oder weniger höflich auf
seinen Brechreiz hervorrufenden Körpergeruch hin. Offenbar
nicht höflich genug. Er blökt zurück, dies sei ein freies Land
und er könne sitzen, wo er wolle. Zum Glück werden wir in das
Behandlungszimmer gerufen.

Die Ärztin ist müde. Ist offenbar in den letzten Zügen einer
24-Stunden-Schicht. Ich setze mich auf einen Stuhl, während
die Ärztin ihr auf den Behandlungsstuhl hilft. Die üblichen Fragen. Mit Mutterpass schnell beantwortet. Obwohl. Die Ärztin
ist irritiert. Ein Datum stimmt nicht. Die Periode scheint falsch
eingetragen zu sein. Ein Überbleibsel des alten Arztes mit der
falschen Diagnose. Da geht's schon los. Wer weiß, was der Typ
alles falsch gemacht hat. Der Ultraschall zeigt aber keine Auffälligkeiten. Dem Kleinen geht es gut. Wir sind beruhigt. Eine
Erklärung, warum es ihr so schlecht geht, könnte an der Schlaf-
position liegen. Wie sei denn der Schlaf momentan? – Nicht
gut. Neben den Hüftschmerzen ist sie geplagt von Heuschnupfen. Die Nase ist zu, sie darf kein abschwellendes Nasenspray
nehmen und wälzt sich entsprechend hin und her. Die beste
Position ist eigentlich auf der linken Seite. Liegt sie auf dem
Rücken, könnte es sein, dass eine Ader am Rückgrat abgedrückt
wird. Damit ließen sich Schwindel und Übelkeit erklären. Die
Ärztin empfiehlt Kompressionsstrümpfe. Morgens anziehen
und den ganzen Tag anlassen. Wird im Sommer recht unange-

nehm. Drückt aber das Blut aus den Beinen. Und alles andere, was sich da so ansammelt. Was das sei? Wasser zum Beispiel. Das ist übrigens vollkommen normal zwischen der 20. und 30. Woche. – Und gegen den Heuschnupfen? Da helfe höchstens was Homöopathisches. Veratrum Album. Globuli, was sonst. Außerdem Rosmarinöl. Zum Schnüffeln. Oder Wechseljahretee. Klingt alles nicht besonders hilfreich. Tja, sagt die Ärztin, man darf in der Schwangerschaft halt nicht krank werden. Klar, was sonst.

Draußen beginnen wir einen Spaziergang. Bewegung ist immer noch am besten für den Kreislauf. Und langsam geht es ihr wieder besser. Die Hebamme ruft an. Fragt nach den Eisenwerten. Können auch einen Schwindel hervorrufen, wenn sie nicht in Ordnung sind. Doch die stimmen. Alles okay. Der erste Schreck ist verflogen. Sie hat sich bei mir eingehakt.

Ich hak' mich ein. Lehn' mich an. Wir laufen. Im Schneckentempo. Eine Oma mit Rollator überholt uns. Es wird langsam hell. Kirchenglocken läuten. Die Oma flucht. Will die Predigt nicht verpassen. Und ich? Habe das Gefühl mich auch irgendwo bedanken zu müssen. Für ihn und unser Baby.

Wir gehen schweigend durch die Straßen rund um das Krankenhaus. Viel Grün hier. Die Sonne scheint. So könnte ich den ganzen Tag, die ganze Woche, für immer mit ihr laufen. Der Streit ist vergessen. Ich glaube, sie ist beruhigt. Wenn ich für sie Erbrochenes wegwische, dann bleibe ich auch bei ihr. Und sie kann auch beruhigt sein. Sie kann gar nicht so viel kotzen, um mich davon zu jagen.

26. Woche

Sie leckt. Aber nur links.

Ach, herrje. Was ist denn das? Pipi? Fängt das jetzt schon an mit dem Beckenboden? Nee. Ist zu weit oben. Ich rieche am nassen Fleck auf der Matratze. Eher süßlich. Mein T-Shirt ist auch nass. Aber nur links. Ich zieh' das Shirt hoch. Da tropft's. Wie aus einem leckenden Wasserhahn. So tropft es aus meiner Brustwarze. Ich spann' den linken Brustmuskel an. Stoppen geht nicht. Ich leg' den Finger drauf. Hört auf. Nehm' ihn wieder weg. Tropft weiter. Was mach' ich jetzt damit? Ob das nun einfach weiterläuft? Dann hab' ich die ganze Zeit Milchflecken am Shirt. Muss ich mir wie ne zwölfjährige Taschentücher in den BH stopfen. Hab' ich früher gemacht. Dachte, ich müsste. Um Hänseleien aus dem Weg zu gehen. Blöd war's, als ich vergessen hatte, dass ich da was reingestopft hatte. Und Taschentücher jucken gerne mal auf der Haut. Da hab' ich dann beim Kratzen aus Versehen das Taschentuch mit rausgezogen. In der Pause. Vor den Jungs. Da ging's dann erst richtig los. Mit den Hänseleien. Das wird mir nicht mehr passieren. Taschentücher sind also keine Option. Einfach so nasse Flecken auch nicht. Bin aber bestimmt nicht die erste Schwangere, die oben rum feucht ist. Muss es ja irgendwas geben. Am besten irgendwas, was nicht verrutscht. Im Notfall hilft doppelseitiges Klebeband. Ich recherchiere. Im Internet. Finde auf Anhieb entsprechende Einlagen für den BH. Von der dm-Eigenmarke. Mit Klebestreifen. Mach' mich direkt auf den Weg. Im Auto grins' ich vor mich hin. Bin irgendwie stolz auf mich. Wobei das absurd ist. Ist ja keine wirkliche Leistung. Hab' ich ja nicht wirklich beeinflusst. Macht mein Körper ganz allein. Und das ist das Faszinierende daran.

Die sogenannte Vormilch beginnt zu fließen. Und nicht zu knapp. Was als klamme Stelle begann, ist mittlerweile zu einem tränenähnlichen Strom herangewachsen. Die Flüssigkeit ist farblos, geruchlos. Die linke Brust hatte nach unseren Begriffen schon immer mehr nach milchgebender Brust ausgesehen. War auch ein klein wenig größer als die rechte und der Nippel nahm mehr die Schnullerform an. Offenbar ganz normal. Links ist das Herz. Der Kleine hört also den Herzschlag. Alles möglich. Immer mehr bekomme ich das Gefühl, dass alles, inklusive unserem Hormonhaushalt, den perfekten Weg für einen gesunden Jungen ebnet. Der nasse Fleck auf der Matratze ist nur einer der vielen Hinweise. Am Ende weiß der Körper und nur der Körper, was am besten ist. Ein anderer Hinweis sind die Übungswehen. Auch völlig normal, heißt es.

Heißt es. Fühlt sich irgendwie nicht so an. Als ob der Bauch von oben nach unten einfriert. Und dann minutenlang hart bleibt. Wie ein Fußball. Ohne dass ich das steuern könnte. Am Ende bahnt sich noch eine kleine Faust alienmäßig seinen Weg nach draußen. Schon ein bisschen unheimlich. Aber Hebamme und Arzt beruhigen mich. Die werden es wissen. Kennen auch den Film „Alien" nicht. Zum Glück, denk' ich mal.

Aber üben muss man. Klar. So eine Geburt ist ja nicht einfach so gemacht. Weiß' auch schon der Kleine. Weiß offenbar sowieso, wie er sich drehen und wenden muss. Einfach rausmarschieren ist nämlich nicht. Das Baby macht sich die ovale Form des Beckens zu nutze. Den Kopf entsprechend gedreht, kann es so Stück für Stück weiter in Richtung Ausgang wandern. Kurz vorher folgt eine erneute Drehung, damit auch die Schultern durch die oberste Hüftöffnung kommen und weiter unten der Kopf zwischen Steiß und Schambein hindurch kann. Die meisten Kinder schauen nach unten, ihr Kinn so fest wie möglich auf die Brust gepresst, um den Hinterkopf voraus zu schieben. Ist der einmal draußen, möglicherweise mit Hilfe eines Dammschnittes, folgt eine weitere Drehung, damit die Schultern einzeln auch durch diese Öffnung rutschen können. Das alles wird uns mehr als deutlich im Geburtsvorbereitungskurs demonstriert. Selbstverständlich anhand der gruseligen Plastikpuppen und den Schaumstoffhüften in Knochenoptik.

Hätten die da nicht eine niedlichere Puppe wählen können? Nicht eine aus der Vorkriegszeit? Die Augenlider sind kaputt und klappern unmotiviert rauf und runter. Kriegt man ja Angst. Und schön ist das nicht. Soll es vielleicht auch nicht. Ist schließlich ein purer Akt der Natur. Das muss nicht schön sein. Wenn das Baby da rauskommt und alles, was es umgibt, mit sich reißt; sich durch das Becken schlängeln muss. Offenbar ganz intuitiv. Sagt die Hebamme. Klar. Aber was, wenn die Intuition fehlt? Manche drehen sich in die falsche Richtung. Kommen dann zwar mit dem Kopf raus, aber anders herum. Dann klappt das mit der Drehung nicht so leicht. Steckenbleiben wär' die Gefahr. Andere liegen mit den Füßen nach vorn. Sehen nur das Notausgangsschild. Die wollen sich vielleicht nicht anstrengen, nicht die Hände schmutzig machen. Soll das mal lieber ein anderer machen. Soll die Tür lieber von einem anderen geöffnet werden. Also ganz so intuitiv scheint's wohl doch nicht zu sein, denk' ich. "Vertrauen Sie Ihrem Körper und Ihrem Kind einfach", sagt sie noch. Mmh. Bei all den falschen Möglichkeiten recht schwer. Da find' ich das bei den Hühnern oder Vögeln allgemein doch besser. Würd' auch lieber ein Ei legen. Und dann nur noch drauf rumsitzen. Und warten bis das Kind die ganze Arbeit alleine macht. Schale aufpicken und so. Ist auch gleich das Zeichen, dass es genug Kraft hat. Aber nein, bei uns Menschen muss das schön blutig vor sich gehen. Mit hunderten Möglichkeiten zu scheitern.

Krass, was so eine Hüfte kann. Ich schaue zu ihr, sie sieht gebannt zu. Muss es also mindestens genauso spanend finden. Obwohl. Möglicherweise bekommt sie gerade eine Ahnung, was ihr auch bald bevorsteht. Aber diese Schaumstoffhüften sind doch eigentlich wirklich zu abstrakt, oder? Ich schaue noch einmal zu ihr rüber. Nee, vielleicht nicht. Ihr Blick zeigt mehr Entsetzen. Doch die Hebamme beruhigt. Die Hüfte macht das schon. Dazu sind wir ja auch hier. Wobei ich, wenn ich genauer drüber nachdenke, genau weiß: Meine Hüfte macht das nicht. Kommt aber vielleicht auch auf die Gebärposition an. Denn wie ich es geahnt habe, bekommen wir einen kleinen Überblick über die möglichen Positionen. Und die auf dem Rücken ist eigentlich die Beschwerlichste von allen. Muss die Mutter doch auf diese Weise alles selbst erledigen, indem sie mit aller Gewalt gegen ihren Damm presst. Entsprechend grausig ist der Anblick. Die den Kurs leitende Hebamme spricht sich eindeutig für die Vierfüßler-Position aus. Mit Katzenbuckel fällt das Kind gazellengleich mehr oder weniger von allein hinten raus und landet mit dem Gesicht nach oben unter der gebärenden

Frau. Die muss es nur aufnehmen und sich zurücklehnen. Klingt simpel. Auch gut, wenn auch ein wenig bescheuert meiner Meinung nach: Der sogenannte Gebärstuhl. Praktisch ein Hocker mit Loch. Ein sehr urtypisches medizinisches Gerät, das womöglich gleich nach dem Rad erfunden wurde. Die Frau hockt sich drauf, der Mann positioniert sich dahinter, im besten Fall die Schultern massierend, und die Hebamme legt sich, mechanikermäßig, halb unter den Hocker und dreht das Kind aus dem Uterus. Auch hier bekommt die Mutter das Kind direkt auf die Brust gelegt. Der Probehocker aus dem Kurs ist jedoch mehr als ungemütlich. Komplett aus Holz sieht er eher nach mittelalterlichem Foltergerät aus. Im Kreissaal gibt es angeblich einen mit Polsterung. Was die Wassergeburt angeht, sind die Hebammen in der Uniklinik eher skeptisch. Denn so angenehm das Ganze klingt, so umständlich wird es bei der Geburt selbst. Vor allem bei einem Sommertermin. Es ist sowieso schon warm draußen, die Wehen sind mehr als anstrengend und das Wasser hat eine Temperatur von mindestens 32 Grad. Vielen Frauen wird es einfach zu warm. Zu unangenehm. Und eine PDA ist letztlich auch nicht mehr möglich. Denn dafür muss eine Nadel in eine bestimmte Region der Wirbelsäule gestochen werden, bis das Rückenmark erreicht ist. Dort hinein wird das Betäubungsmittel geleitet. Dauerhaft. Das geht nicht unter Wasser. Als Alternative bestünde die Möglichkeit, mit Lachgas zu betäuben.

Was uns sogleich bei einer kleinen Kreissaalführung demonstriert wird. Aber: Uniklinik. Alles steril. Nix gemütliches. Ich hätte gedacht, Kind kriegen kann auch in einer gemütlichen Umgebung stattfinden. Das Krankenhaus unserer Wahl hat es zumindest mit fröhlichen Farben geschmückt. So gelb und so. Hier ist alles eher grau, metallisch. Aber es gibt Lachgas. Die Männer dürfen mal. Keiner traut sich. Also fast keiner. Der

Zwillingspapa will nochmal den Kick bevor er die doppelte Verantwortung hat. Ist mir direkt sympathisch. Schließlich will ich auch wissen, wie es ist. Setz' mich also auf das Bett und kriege das Inhaliergerät vor die Nase gehalten. Kräftig einatmen. Schon sackt mir der Kreislauf weg. Ich werde nicht high, sondern eher zu Boden gedrückt. Aber wenn das unter Geburt helfen soll, bitteschön.

Die Geburt nimmt für meine Begriffe immer ausufernde Dimensionen an. Geschrei, Hitze, Wasser, Lachgas, Blut, Schmerz und Qual. Was ist da denn eigentlich los? Die Männer im Kurs: noch lächeln sie. Wenn ich aber an den Tag der Tage denke, bekomme ich so langsam ein mulmiges Gefühl. Ich muss unbe-

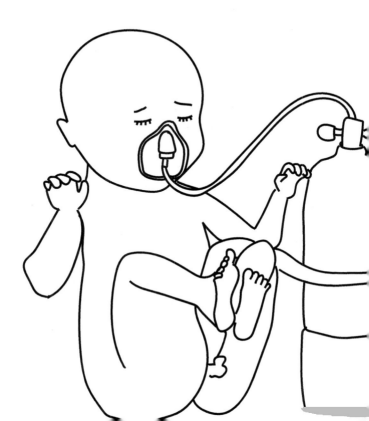

dingt daran denken, genug zu essen. Vielleicht kann ich vorher ein paar Kreislaufübungen machen. Und ich bleibe definitiv am Kopfende stehen. Ich werde niemals, auf keinen Fall, die Geburt vom Fußende aus betrachten. Ich glaube nicht, dass das unserer Beziehung förderlich wäre.

Der Kleine wächst indessen rasant. In den letzten drei Wochen hat er 300 Gramm zugelegt und wiegt jetzt knapp ein Kilo. Praktisch zwei Pakete Hack. Und die Geschwindigkeit hält sich. Schließlich muss er in den nächsten drei Monaten auf knapp dreieinhalb Kilo kommen. Der Arzt ist allerdings zufrieden. Das läuft alles sehr gut. Die Übungswehen leisten ganze Arbeit. Zwar kann er sich noch hin und her drehen, liegt jedoch schon in der richtigen Position. Der Herr Doktor ist ehrlich begeistert. Konnte er doch sogar schon mit dem Finger den Schädel ertasten. Ein Umstand, der neben dem Milcheinschuss und dem restlichen „Alles-auf-GO!", unser physisches Liebesleben zum Stillstand gebracht hat. Ich will ihm schließlich nicht ausgerechnet damit gegen die Stirn drücken. Welchen ersten Eindruck bekommt denn dann bitte mein Sohn von mir? Ich lese ihm jeden Abend ein Gute-Nacht-Gedicht vor, damit er sich an meine Stimme gewöhnen und sich beruhigen kann. Und dann stupse ich ihn wieder in Rage. Ausgerechnet mit meinem Penis? Oh nein!

27. Woche

Ernste Themen sind nicht so seins. War schon immer eher der Pausenclown. Der alle unterhält. Der Witz und Leichtigkeit in die Runde bringt. Mit Konfetti um sich schmeißt. Ich bin eher die, die das Konfetti dann auffegt. Die leeren Bierflaschen wegräumt. Und sich über den Dreck aufregt. Würd' mich aber auch ohne ihn über den Dreck aufregen. Find' immer was zum Aufregen. Da tut Leichtigkeit auch mal ganz gut. Er ist ein perfektes Gegengewicht zu meinem Hang zum Depressiven. Schon aus diesem Grund kann ich nicht nur allein für unseren Sohn da sein. Am Ende verkorks' ich ihn. So besteht vielleicht die Chance, dass unser Sohn eine relativ normale Sicht auf die Welt bekommt. Mit mäßig ausgeprägtem Sinn für Optimismus und Negativismus. Daher sollte ich ihn wirklich mal drauf ansprechen.

Wie er sich das vorstellt. Das mit der Arbeit und dem Papasein. Und mit uns. Mir geht es gut. Unserem Sohn auch. Man kann also wagen, an die Zukunft zu denken. Und das ist ja nicht nur seine Zukunft. Da hängen ja mehr mit drin. Sein Arbeitgeber hat da auch noch mitzureden. Und vor allem ich. Oder müssen wir etwa gar nicht drüber reden? Weil wir es eh wie die meisten machen? So wie bei meiner Freundin. Von der sich der Mann jetzt trennt. Der hatte sich nach der Geburt eine Woche frei genommen. Konnte oder wollte nicht mehr. Hat es auf den Arbeitgeber geschoben. Die Freundin mit ihren Geburtsverletzungen war nach einer Woche auf sich allein gestellt. Er von 8 bis 19 Uhr weg. Ihre Mutter kam für zwei Tage vorbei. Immerhin. Früher hatte der Mann gar keinen Urlaub. Sagt meine Mama immer. Und die Frau nur sechs Wochen Elterngeld. Das soll mich wohl trösten. Ändert aber trotzdem nichts an meinen Gefühlen. Ich find's ja ohne Kind schon blöd, dass wir uns nur drei Stunden am Tag sehen. Abzüglich Duschen, aufs Klo gehen, einkaufen, kochen und Smartphone bleiben maximal 1,5 Stunden gemeinsame Zeit am Tag. Hobbys nicht miteingerechnet. Mit Baby wird's dann echt sportlich. Das wird wahrscheinlich gegen 19 oder 20 Uhr schlafen. Wenn er gerade nach Hause kommt. Da bleiben ihm 30 Minuten Papa-Kind-Zeit. Und mir 30 Minuten Entlastung. Denn nachts muss er natürlich schlafen. Kann sich nicht ums Kind kümmern. Er muss ja am nächsten Tag arbeiten. Und fit sein. Das schreiende Baby will wahrscheinlich auch nicht von Papa beruhigt werden. Kennt ihn schließlich nicht. Nicht besser als den Postboten. Na, wenn da nicht der Streit vorprogrammiert ist. Kein Wunder, dass die Freundin ihr Kind mit neun Monaten in die Kita gegeben hat. Bei der Belastung. Wahrscheinlich auch der Grund für's Scheitern der Ehe. Nee. Am Ende sitz' ich auch noch allein mit dem Kind da. Geh' bei Primark einkaufen und ernähre mich nur noch von CurryKing. Vielleicht also ganz gut, wir reden vorher mal drüber.

Ja, wir müssen irgendwie eine Lösung finden, wie das in Zukunft mit Arbeit und so aussehen soll. Ich finde es ziemlich bescheuert, immer vor Ort bei der Arbeit sein zu müssen. Mein Leben dort zu verbringen, wo ich eigentlich nicht sein will. Also zumindest nicht immer und jeden Tag von dann bis dann. Es gibt einfach Tage, da hänge ich hauptsächlich rum. Wenn ich Zuhause wär', würde ich die Arbeit wegschaffen und den Rest des Tages für mich nutzen. Und ich wette, keiner würde es merken. Wo bleibt also die tolle Flexibilität der Arbeitgeber? Ich bin doch ein erwachsener Mensch. Da bin ich doch in der Lage, meine Zeit entsprechend selbst einzuteilen. Aber ich glaube, es hat System, dass die beiden Chefs am liebsten junge Singles einstellen. Also Menschen, die noch auf der Suche sind. Die können sich dann ganz der Arbeit hingeben. Das ist bei mir aber auch schon vor der Schwangerschaft schwierig gewesen. Bislang war keine Arbeit die große Lebenserfüllung, sondern genau wie die Schule damals, ein notwendiges Übel. Ein Ding, das gemacht werden muss. Nun bin ich mir sehr sicher, dass es da draußen Menschen gibt, die lieben, was sie tun. Die es irgendwie möglich machen wollen, Familie und Arbeit unter einen Hut zu kriegen. Die das dann vielleicht sogar schaffen, weil sie bei beidem einfach genau die richtige Menge Motivation und Energie reinstecken können. Dummerweise ist das bei mir leider nicht so. Denn ich habe einen sogenannten Bullshit-Job. Also einen Beruf, der im Großen und Ganzen keine Rolle spielt. Keine echte, spürbare Veränderung bringt. Weder bei mir, noch bei der Menschheit als Ganzes. Es macht also im Prinzip keinen Unterschied, ob ich tue, was ich tue, oder nicht. Denn ich mache Kommunikation. Genauer: Social-Media-Management. Irgendwie Quatsch halt. Und da kommt es nicht selten vor, dass Unternehmensbudget einfach verpulvert wird. Nach dem Motto: Schreibt doch noch ein paar Tweets, wir haben noch Geld übrig. Erfahrungsgemäß landen genau diese Texte dann irgendwo in den Untiefen einer endlosen Freigabeschleife. Eigentlich irgendwie schon so sinnlos, dass ich die meiste Zeit darüber lachen kann. Vor allem, wenn es da so Menschen gibt, die den ganzen Quatsch auch noch total ernst nehmen. Als ob ihr Leben davon abhängt. Die regen sich dann besonders auf, wenn ich mir erstmal noch nen Kaffee hole, bevor ich mich ihrer Panik widme, irgendeine Deadline nicht einhalten zu können. Im Prinzip wäre es auf jeden Fall eigentlich auch nur natürlich, wenn ich die komplette uns zur Verfügung stehende Elternzeit in Anspruch nehmen würde. Doch gibt es da ein Problem: Ich bin ein Mann. Und wenn ein Mann sagt, er nimmt Elternzeit, dann muss er sich rechtfertigen. Weil, es besteht ja Grund zur Annahme, dass ich am Ende gar kein echter Mann bin. Also jemand, der an die Kohle denkt und dann erst an die Familie. Und das muss ich zuallererst den Arbeitgebern verklickern.

Insgesamt stehen mir 36 Monate Elternzeit zu. Doch mein Arbeitsvertrag ist auf zwei Jahre befristet. Ab Geburt, wenn der errechnete Termin stimmt, sogar nur noch ein knappes Jahr. Und jetzt wird's kompliziert: Bekomme ich dennoch 12 beziehungsweise 14 Monate Elterngeld, also 65 Prozent meines letzten Bruttogehalts,wenn mein Arbeitsvertrag während meiner Elternzeit ausläuft? Oder gilt dann auch der Kündigungsschutz und der Arbeitsvertrag verlängert sich automatisch bis zum Ende meiner Elternzeit? Fragen, die mir nur das Sozialamt beantworten kann. Bevor ich da aber nachhaken möchte, muss ich die ganze Sache vorher natürlich mit meinen Arbeitgebern klären. Nicht so leicht. Wie erzählt man zwei männlichen, weißen, alle Privilegien des Patriarchats ausnutzenden Startup-/ Agenturgründern, dass es mir als Mann lieber wäre, mehr Zeit bei der Familie als beim Job zu verbringen? Ich meine, wo beginnt da das Verständnis? Wenn überhaupt? Selbstverständlich würde ich mich sehr darüber freuen, vollkommen falschzuliegen, was die beiden angeht. Vielleicht sind es gar nicht so große Karrieristen, wie ich annehme bzw. wie sie auf mich wirken. Vielleicht stimmt es ja sogar, was sie immer sagen, also, dass wir alle eine Familie sind und die Work-Life-Balance gar nicht wichtig ist, weil Work eben Life ist. Fertig aus. Doch genau das ist der Punkt. Ichhabe keine Lust, den Hauptteil meines Lebens hinter dem Schreibtisch in anonymer Büroatmosphäre zu verbringen. Da können die so viele Kicker in den Keller stellen wie sie wollen: Mein „Life" ist eben nicht „Work". Da gibt es gar nichts auszubalancieren. Alles, worauf es ankommt, ist Zeit. Zeit für mich, für sie, für uns. Das war schon so, bevor wir unseren Sohn erwartet haben.

Was jedoch die unumstößliche Wahrheit ist: Ohne „Work" kein Geld und im nächsten Schritt ein eher ungemütliches „Life". Was tun? Sich beraten lassen. Wo sind die Kompromisse? Die braucht es nämlich, damit Chefs, Frau, Kind und am Ende auch ich, irgendwie mit der verbratenen Lebenszeit zufrieden sind. Rechtlich stehen mir, wie gesagt, rund 14 Monate bei 65 Prozent zu. Keine Arbeit, nur zu Hause. Windeln wechseln, Wäsche waschen, dem Kind vernünftiges Benehmen beibringen. Was man halt so macht, wenn man Vater ist. Doch die Zeichen der Zeit stehen günstig. Es gibt offenbar eine Alternative, falls das Geld nicht reicht. Und 65 Prozent reichen nur knapp. Denn, wenn ich es richtig verstanden habe, ist es mir erlaubt, die Elternzeit zu verdoppeln. Mit dem sogenannten Elterngeld plus. Doppelt so viele Monate bei halbiertem Elterngeld. Reicht noch weniger. Dafür darf ich aber daneben in Teilzeit arbeiten. Maximal 30 Stunden pro Woche. So könnte ich eine Hälfte meiner

Zeit bei Kind, die andere im Büro verbringen. Eine gute Lösung. Theoretisch. Wenn ich sie denn überhaupt richtig verstanden habe. Denn die Sache mit dem Elterngeld beim Sozialamt ist nicht unbedingt einfach zu verstehen. Ehrlich gesagt bin ich mir schon bei den 36 Monaten nicht sicher. Klar: Es gibt diese Broschüre. Aber letztlich wird ein Besuch beim Amt und eine individuelle persönliche Beratung sein müssen. Denn irgendwie habe ich das Gefühl, dass sich diese Regelung auch jede Woche ändert. Und dann wieder keiner irgendeine Ahnung von irgendwas hat.

Davon abgesehen muss ich die Chefs auch bei Laune halten. Denn was Frauen passiert, also von wegen trotz Kündigungsschutz den Vertrag nicht verlängern, passiert auch bei Männern. Vor allem, wenn es sich bei den Geschäftsführern um eher konservativ denkendes Klientel handelt. Da gehört der Mann dann ins Büro. Und wenn er nicht genug Commitment zeigt, war's das dann halt auch. Gefeuert, weil er Kinder kriegt und nicht die Frau alles machen lässt. Zur selben Zeit sprechen die Unternehmen dann von ihrer Fortschrittlichkeit. Genau wie bei uns. Denn hey: Wir haben ja nicht nur einen Kicker, sondern auch noch gratis Obst. Yeah!

Trotzdem bilde ich mir ein, es ist besser, wenn ich alle frühzeitig mit ins Boot hole. Schön locker aus der Hüfte alles regeln. Ich entwerfe daher einen großartigen Plan, der mich zu 50 Prozent voll bei der Arbeit einspannt, 50 Prozent zu Hause und die gesamte Zeit flexibel und den Anforderungen entsprechend einteilen lässt. Ich überlege mir zudem eine gute Strategie, um diesen Plan meinen Arbeitgebern so schmackhaft wie möglich zu verkaufen.

Dazu kommt es aber leider nicht. Denn kurz nachdem ich um einen Termin bat, also irgendwann nächste Woche oder so, werde ich kurzerhand ins Chefbüro zitiert und soll meinen Plan kurz skizzieren. Ich skizziere; womöglich etwas zu kurz, hab' auch meinen Einstiegsgag nicht mehr parat. Wollte ja locker aus der Hüfte und so. Aber: Nur der eine Chef hat sich den Plan angehört. Nickt, sonst keine Regung. Ich bin nicht sicher, wie meine Teilzeitidee ankommt. Er sagt irgendwas von Vollzeit und dafür Homeoffice. Ich sehe mich schon sinnlose Mails beantworten und gleichzeitig Windeln wechseln. Keine gute Idee. Doch sage ich nichts, denn die Chefs wollen das jetzt erst mal unter sich beraten. In zwei bis drei Wochen könnte man sich ja nochmal zusammensetzen.

Das war jetzt ein bisschen abrupt. Die Schilderung wie der tatsächliche Hergang. Aber damit müssen wir jetzt zurechtkommen. Ich bin aber auch einfach super schlecht in sowas. War das jetzt irgendwie schon verhandeln? Muss ich das überhaupt? Immer dieses Taktieren. Wie bei den Vorstellungsgesprächen. Da weiß ich auch nie so richtig, was ich sagen soll und mach' eigentlich die ganze Zeit nur irgendwelche Witze. Nur einmal wusste ich so überhaupt nicht weiter. Da hat ein Chef gefragt, woran es denn liegt, dass mein Abitur kein Einserschnitt ist. Hochbegabung hätte ich sagen sollen. Stattdessen war ich so perplex, dass ich nur mit den Schultern zucken konnte. „Wir melden uns", hieß es dann. Und heißt es hier und jetzt bei der Elternzeit offenbar auch. Okay, ich als alter Verhandlungs-Legastheniker hab' da eh keine Ahnung. Mal schauen was passiert, bei der nächsten Runde „Erfolgreich verhandeln um Elternzeit".

28. Woche

Der Bauch ist dick, aber hoffentlich nicht allzu druckempfindlich. Denn wir wollen noch einmal weg. Ans Meer. Durch alte Gassen schlendern. Cafés entdecken. Eine Sprache hören, die keiner von uns versteht. Wir fliegen nach Lissabon. Morgen. Die Bescheinigung wurde vom Arzt bereits unterschrieben. Die Fluggesellschaften sichern sich gerne ab. Wer will schon eine schreiende und gebärende Frau bei einem Zwei-Stunden-Flug dabei haben. Am Ende werden sie noch verklagt, weil das Kind ein Ohr zu wenig hat.

Die Entscheidung, an welches Ziel es gehen soll, fiel uns nicht leicht. Es sollte genügend Sitzmöglichkeiten bieten. Prio eins. Nicht zu teuer sein. Prio zwei. Und eben exotisch genug, damit das richtige Urlaubsfeeling aufkommt. Was bei den bevorstehenden Budgeteingriffen schwer genug zu realisieren ist. In Lissabon sind wir beide noch nicht gewesen. Haben uns aber sagen lassen, dass es sich dabei um eine Flaniermetropole handelt. Damit also ausgezeichnet für ihre Hüften. So kurz vor den letzten zehn Wochen schmerzt ihre Hüfte nämlich ungemein. Der Kleine gibt Gas. Muss in den nächsten drei Monaten dreimal so viel wiegen wie jetzt. Wir haben das Gefühl, er strampelt sich erst seinen Platz frei. Tritt und drückt gegen den Bauch, um dann den nächsten Wachstumsschub in Angriff zu nehmen. Das einzige, was gegen die dabei aufkommenden Schmerzen hilft, ist Spazierengehen. Das sollte in Lissabon kein Problem sein. Vorsorglich hat sie darüber hinaus alle englischsprachigen Krankenhäuser recherchiert und die zugehörigen Adressen in ihr Notizbuch eingetragen. Der Google Übersetzer half bei der entsprechenden Formulierung, die dem Taxifahrer zugebrüllt werden soll. Wir hoffen aber natürlich auf einen reibungslosen Aufenthalt bei wolkenlosen 29 Grad.

Ich trau' mich kaum, es ihm zu sagen. Überlege schon, irgendwas vorzutäuschen. Übelkeit. Bauchkrämpfe. Halsschmerzen. Irgendwas, was mich vom Fliegen abhält. Und uns das Geld von der Reiserücktrittsversicherung erstattet wird. Denn nach Reisen ist mir momentan so gar nicht. War es vor ein paar Wochen auch nicht. Haben es aber trotzdem gebucht. Wurde uns sogar von der Hebamme empfohlen. Das mit dem Urlaub. Sollte man am besten jetzt machen. Das Reisen. Zwischen dem fünften und siebten Monat. Da fühle sich die Frau am besten. Die kritische Anfangsphase sei vorüber. Und die anstrengende Endphase stehe noch bevor. Klang logisch. Nochmal in den Urlaub fahren. Die Zeit zu zweit genießen, bevor das Baby das alte, bekannte, gemütliche Leben zerstört. Und wer weiß, wann man das nächste Mal wirklich wieder verreisen kann. Oder so richtig Zeit zu zweit hat. Eigentlich liebe ich reisen. Bin schon viel und lange gereist. Aber nun zieht mich gar nichts nach draußen. Selbst zu Treffen mit Freundinnen muss ich mich quälen. Ich fühle mich eher nach Rückzug. Nach Sicherheit. Danach, mich auf das Baby einzustimmen. Und mich zu schonen. Wer weiß, was beim Fliegen alles passieren kann. Allerdings habe ich gehört, dass die im Flieger geborenen Kinder gerne mal Freiflüge auf Lebenszeit bekommen. Außerdem werden ganze Flugzeuge nach ihnen benannt. Gar nicht schlecht. Kann mir aber trotzdem nichts Unbequemeres vorstellen, als im Flieger plötzlich mit Komplikationen zu sitzen. Überall hektische Stewardessen und irgendein Passagier, der als Arzt dazukommt und womöglich gerade mal Dermatolge ist. Außerdem schmerzt meine Hüfte. So sehr, dass ich nachts vier Kissen brauche, um überhaupt ein wenig Schlaf abzubekommen. Zwei zwischen den Beinen, eins im Rücken und eins unterm Bauch. Vier Kissen im Handgepäck ist unmöglich. Natürlich mussten wir fliegen. Hab' nicht auf mich gehört. Dabei geht es *doch eigentlich darum, nochmal wirklich bewusst gemeinsame Zeit zu verbringen. Nun ist es zu spät. Er freut sich zu sehr. Will mit den Gedanken weg von der Arbeit. Und ich versuche, doch irgendwie zwei Kissen in den Handgepäckskoffer zu quetschen. Irgendwas muss da bleiben. Die Regenjacke? Wir hätten ja auch wirklich an den Bodensee fahren können. Ins Auto hätten meine vier Kissen reingepasst. Und Regenschirme.*

Daneben haben wir aber natürlich auch noch andere Dinge zu tun. Orga-Firlefanz. Ein Vier-Tage-Kurztrip ist mit Internet und Sparangeboten relativ leicht zu organisieren. Eine Zwei-Zimmer-Wohnung auf die Ankunft eines Kleinkindes vorzubereiten ist umso schwerer. Zwar haben wir die bereits beschriebenen Schrägstrich-Zimmer einigermaßen fertig. Doch fällt uns, nun da Wiege und Schrank vorbereitet sind, immer stärker auf, dass wir eigentlich überhaupt keinen Platz haben. Deswegen schauen wir, auch wenn das eigentlich nicht der Plan war, schon jetzt nach alternativen Wohnmöglichkeiten. Beschäftigen uns gar mit der Finanzierung eines kleinen Hauses. Extremer Besitz steht also an. Obwohl wir eigentlich eher weniger besitzen wollten. Sind immer mit wenig zufrieden gewesen. Und jetzt: Am Ende bauen wir sogar noch. Der Gedanke umzuziehen und jeden Monat hunderte von Euro Miete einfach aus dem Fenster zu werfen, ist vor allem dann so dermaßen ärgerlich, wenn jeder Cent doch eigentlich dazu verwendet werden müsste, dem Kind alles zu ermöglichen, was es verdient. Und das ist wirklich alles, was es gibt. Pauschal. So viel steht fest. Die Finanzierung eines Hauses also, die zwar rund 20 Jahre dauern kann, aber mit der angenehmen Aussicht endet, Hausbesitzer zu sein, scheint daher nicht mehr allzu utopisch zu sein.

Dann nehmen wir eben einen Kredit über 300.000 Euro auf. Auch wenn das für uns eine ungeheure Zahl ist. Ich versuche, sie irgendwie bildlich zu interpretieren, um sie nicht so bedrohlich wirken zu lassen. Versuche, sie mit dem Taschenrechner kleiner aussehen zu lassen. Es gelingt mir nicht. Nur die Sparschwein-Assoziation hilft ein bisschen. Ich stelle mir das Haus wie ein riesiges Sparschwein vor, in das ich jeden Monat rund 1000 Euro stecke, um es am Ende gemütlich bewohnen zu dürfen. Das Haus. Das Sparschwein. Das vielleicht, nach zwanzig Jahren, einfach wieder verkauft wird. Denn die Kinder sind aus dem Haus, das eigentlich nur für sie gebaut wurde. Wozu sollten wir es noch nutzen? Wir brauchen ja nichts, außer einer kleinen Zwei-Zimmer-Wohnung zur Miete.

Davon weiß der bislang namenlose kleine Junge nichts. Und wird sich damit vermutlich auch erst beschäftigen, wenn er selbst einmal in die Lage kommt, einem neuen Menschen die Zukunft zu ermöglichen. Und ich kann ihm dann genauso hochwertige Ratschläge geben, wie mein Vater mir. Denn mein Vater hat Zeit. Und liebt seinen Enkel. Schon jetzt. So sehr, dass er alles dafür tut, damit er nicht in unserer „Abstellkammer", wie er es nennt, groß werden muss. Täglich müht er sich mit den Tücken der modernen Technik ab, um mir attraktive Wohnungsangebote der gängigen Online-Portale zu schicken. Dabei guckt er hauptsächlich auf den Preis und die Ausstattung. Leider nicht auf die Lage. So präsentiert er des Öfteren wunderbare, großzügig geschnittene, niederpreisige Häuser, mit viel Garten und tausend Zimmern, gelegen in den Tiefen des Odenwalds. Selbst Google hat Schwierigkeiten, dorthin eine Route zu finden. Wenn also die einzig bezahlbare Wohnung, das einzig bezahlbare Haus, hinter dem letzten weißen Fleck der Landkarte zu finden ist, muss der Nachwuchs womöglich doch erst einmal mit unserer „Abstellkammer" zufrieden sein.

Außerdem kennt er die Enge ja noch aus dem Mutterleib. Bei rund 1000 Gramm und knapp 30 Zentimetern, also so groß wie ein Kopfsalat, liegt er kopfüber in der Hüfte und kann schon sehr deutlich Hell von Dunkel unterscheiden. Sie hat mittlerweile knapp fünf Kilo zugenommen. Wobei wir gelesen haben, dass es vollkommen ausreicht, wenn sie während der gesamten Schwangerschaft höchstens 100 Kalorien mehr als üblich pro Tag zu sich nimmt. Das entspricht einem Käsebrot. Ist aber nicht leicht umzusetzen bei den seltsamen Appetitattacken. Das wird mit der frischen Atlantikluft in Lissabon nicht besser werden. Und was die Namenlosigkeit angeht, sollten wir vielleicht auch schon den nächsten Schritt machen. Nachdem er von „Baby" zum „Jungen" wurde, braucht er jetzt noch einen schönen Namen, der weder kindisch noch altbacken, weder albern noch preußisch klingt. Google ich diese Eigenschaften, lande ich sehr schnell bei Effi Briest. Wobei ich Theodor gar nicht so schlecht finde.

Aber Namen sind eh schwierig. Es sollte ein Name sein, der nicht zu sehr nach Kind klingt, wenn er mal ein Erwachsener ist. Also nicht zu süß. Für mich war Nils immer ein Name, der eigentlich zu süß ist. Allerdings will ich mein Kind auch nicht direkt Helmut nennen. Oder Walter. Oder so. Irgendwas dazwischen wäre gut. Thomas ist da natürlich eigentlich ziemlich gut. Dann würde er vermutlich Tommy genannt als Kind und Thomas als Erwachsener. Nur soll es ja auch ein bisschen was Einzigartiges sein. Klar. Gibt halt schon genug Thomasse. Ne Alternative fällt mir spontan aber natürlich nicht ein. Alles Mist. Ja, auch sowas wie Stephan zum Beispiel. Kein guter Name für ein Kind. Nicht unbedingt süß. Kein guter Name für einen Erwachsenen. Nicht unbedingt seriös. Kein wichtiger Mensch der Geschichte hieß jemals Stephan. Auf englisch noch schlimmer: Steve. Klingt nach USA im Süden. Während Stephan irgendwie ne nerdige Version eines mittelschlechten BWL-Studenten sein könnte. Bin also noch ziemlich ratlos.

29. Woche

Im Grunde sind wir arm. Also relativ. Der bescheidene Standard, den wir gerade leben, wird sich nur mit enger geschnalltem Gürtel aufrecht erhalten lassen. Und der Staat macht es uns nicht gerade leicht. Zwar wissen wir von diversen Leistungen, die uns zustehen. Doch jedes Mal, wenn ich mich eingehender damit beschäftige, stoße ich auf unheimlich komplizierte bürokratische Hürden. Dabei ist es doch eigentlich einfach: Kind kommt. Ich sage dem Staat, er könne mir nun das Eterngeld überweisen. Kontonummer. Bestätigung. Fertig. – Haha. Nein.

Ich zitiere:

Elterngeld ist eine familienpolitische Leistung des Bundes mit dem Ziel, Familien bei der Sicherung ihrer Lebensgrundlage zu unterstützen, wenn sich die Eltern in den ersten Lebensjahren eines Kindes vorrangig um die Betreuung ihrer Kinder kümmern möchten. Die Anspruchsvoraussetzungen sind im Bundeselterngeld- und Elternzeitgesetz geregelt.
WESENTLICHE VORAUSSETZUNGEN: Anspruch auf Elterngeld haben Eltern, die

- ihren Wohnsitz oder gewöhnlichen Aufenthalt in Deutschland haben,
- mit ihrem Kind in einem Haushalt leben,
- dieses Kind selbst betreuen und erziehen,
- nicht erwerbstätig sind oder nicht mehr als 30 Stunden in der Woche beschäftigt sind und
- ein zu versteuerndes Jahreseinkommen von höchstens

250.000 Euro (Alleinerziehende) bzw. von höchstens 500.000 Euro (Ehepaare) im Jahr haben.

Eltern können ihr Elterngeld – je nach ihrer persönlichen Situation – aus verschiedenen Komponenten zusammenstellen. So können Eltern zwischen Basiselterngeld (das vormalige Elterngeld) und/oder ElterngeldPlus und/oder Partnerschaftsmonaten wählen. Die Komponenten unterscheiden sich jedoch sowohl in der Höhe des Elterngeldbetrags als auch in der Bezugsdauer und den Voraussetzungen. Die Höhe des Elterngeldes können Eltern mit Hilfe des Elterngeldrechners auf der Internetseite der L-Bank ausrechnen.

Zitat Ende.

Ich hab' mich schon entschieden. Ich denke, er auch. Elterngeld Plus. So darf jeder arbeiten. Und so soll es doch auch sein, oder? Gleichberechtigung. Zumindest auf dem Papier. Jeder darf Zeit mit unserem Sohn verbringen. Und jeder kommt irgendwie halbwegs zu seiner Karriere. Muss man ja heutzutage auch machen. Karriere. Nur, wollen wir das wirklich? Vor der Schwangerschaft war klar, dass wir all unsere Kraft in unsere Jobs stecken. Um das Bestmögliche rauszuholen. Um irgendwie dem Gefühl der Selbstverwirklichung nahezukommen. Einem Gefühl, dem ich ständig hinterhergerannt bin. Doch beschleicht mich langsam das Gefühl, dass die Selbstverwirklichung nicht am Ende der Job-Straße liegt. In mir drin wächst nämlich gerade ein ganz anderes Gefühl. Und das liegt nicht an dem erhöhten Blähaufkommen.

Dennoch müssen wir arbeiten. Ob wir nun wollen oder nicht. Weil Miete und Steuern und Auto und Essen und Versicherung und alles andere kostet ja Geld. Und Geld muss man ja verdienen. Kriegt man ja nicht einfach so. Außer eben das Elterngeld. Also fast. Gut, man muss es am Ende des Jahres noch versteuern. So nach dem Motto. Erst kriegstes geschenkt. Dann nehm' ich dir die Hälfte wieder weg. Ätschi. So großzügig bin ich doch nicht. Also auf den ersten Blick schon. Aber insgeheim nicht. So ist Vater Staat. Aber wer will sich beschweren. Immerhin bekommen wir überhaupt etwas. Zu anderen Zeiten gab es in anderen Ländern noch Strafgelder ab dem zweiten Kind. China mit seiner Ein-Kind-Politik etwa. Da können wir uns hier schon glücklich schätzen. Dennoch überfordert mich die ganze Finanzierungsgeschichte. Das fühlt sich so richtig schön nach Erwachsensein an. Nicht im coolen Sinn. Nicht mit der Freude, dass ich nun selbst entscheiden kann, wie viel Cola und Süßigkeiten ich konsumiere. Oder wie lange ich aufbleiben darf. Eher so nach Post auf Umweltpapier. Eher nach Stöhnen, wenn meine Eltern diese Briefe gelesen haben. Eher nach der Stimmung, die dann herrschte. Liegt vielleicht auch an dem Farbton des Umweltpapiers. Vielleicht wären die Empfänger besser gelaunt, wenn da Einhörner draufgedruckt wären. Mein Einhorn wäre jeden-

*falls das Elterngeld Plus. Damit könnte ich etwas entspannter an
die Zeit nach der Geburt denken. Aber sicher können wir das jetzt
gar nicht entscheiden. Denn sein Arbeitgeber darf da ja auch noch
mitreden. Hoffentlich stimmen sie zu. Im schlimmsten Fall haben
wir einen schlechtgelaunten und selten anwesenden Vater und
eine überforderte Mutter zuhause.*

Dann also mal genauer hingeguckt. Bei der L-Bank. Und L-Bank,
weil Baden-Württemberg. In anderen Bundesländern sieht das
möglicherweise schon wieder ganz anders aus. Wie dem auch
sei: Ich muss auf der Webseite der L-Bank das entsprechende
Formular finden und ausfüllen. In unserem Fall die Elterngeld
Plus Variante. Das heißt: Ich tausche einen Monat Basiselterngeld gegen zwei Monate Elterngeld Plus. Dadurch erhalte ich bis
zu 24 Monate Elterngeld Plus. Und durch die längere Bezugsdauer erhalte ich monatlich maximal die Hälfte des Basiseltern-
geldes, sofern ich während des Elterngeld-Bezugs nicht arbeite. Häh, Moment. Ich dachte, ich darf dann arbeiten. Check
ich nicht. Muss ich persönlich nachfragen. Ist sowieso besser,
wenn ich das mal persönlich erfrage und meine Situation schil-
dere. Sieht ja eh bei jedem anders aus. Oder nicht?
Denn diese Variante geht eigentlich nur, wenn meine Arbeitgeber zustimmen. Also ich glaube nicht, dass ich die dazu zwingen kann. Also zumindest nicht, ohne die Stimmung zu zerstö-
ren. Ansonsten vielleicht eher einfach nur das Basiselterngeld.
Wie lang krieg' ich das nochmal? 12 Monate. Bzw. 14 Monate
mit dem sogenannten Partnerschaftsbonus, den ich aber leider noch immer nicht verstanden habe. Irgendwie werden wir
dafür belohnt, uns zu lieben und zusammen zu sein. Weil das
offenbar sehr selten ist? Vor allem scheint es aber so zu sein,

dass ich zwar 36 Monate Elternzeit nehmen kann, davon aber maximal 14 Monate Elterngeld bekomme. Wie viel das überhaupt monatlich sein wird, ist schwer zu sagen. Da müssen verschiedene Sozialleistungen mit einbezogen werden, ich glaube sogar eventuell bestehendes Eigenkapital und so weiter. Es könnte also deutlich weniger werden, als die von mir errechneten 65 Prozent meines bisherigen Bruttogehalts. Damit würde auch das Elterngeld Plus weniger. – Das aber wiederum niemals unter 670 Euro sein wird. Warum, weiß ich nicht. Egal: Insgesamt könnte ich auf jeden Fall bis zu 20 Monate halbtags zu Hause bleiben und der Staat versucht nach besten Kräften, meinen Lohn auszugleichen. Schafft er nicht. Weiß ich jetzt schon. Macht aber nix. Es geht schließlich um Zeit. Zeit mit ihr, Zeit mit ihm, Zeit für uns. Geld ist nur für Essen und Miete gut. Alles andere zählt nicht.

Aber vielleicht ist es genau dieser Gedanke, der dem Gesetzgeber nicht gefällt. Vielleicht will er uns mit diesen komplizierten Rechnungen darauf aufmerksam machen, dass wir unsere Liquidität nicht aus den Augen verlieren dürfen. Indem wir uns täglich mit Anträgen, Rechnungen und neuen Regulierungen beschäftigen, sind wir gezwungen, gut zu wirtschaften. Kluger Schachzug. Chapeau. So erzieht man sich doch eine mündige Bürgerschaft. Oder eine Vielzahl verarmter Ignoranten, die mehr oder weniger aus Trotz den ganzen Mist lassen und erst bei Oberkante Unterlippe kommen, um Hilfe zu beantragen. Und dann hilft auch keine Informationsbroschüre mehr. Was soll da auch drin stehen? Es lässt sich nun mal nicht so leicht erklären, dass man ein verantwortungsloser Loser ist. By the way: Das erinnert mich jetzt an diese unheimlich hilfreiche Broschüre „Mann wird Vater". Mann wird Vater – klingt wie die Fortsetzung von „Mann trifft Frau" und „Mann hat Sex". Und so ähnlich liest es sich. Aber was will man anderes erwarten von der Bundeszentrale für gesundheitliche Aufklärung, als viele Fotos von sensibel und neugierig blickenden Männern, eine Hand am Bauch der Frau, umgeben von Texten, die praktisch drei Botschaften haben: 1. Du als Mann willst helfen (klar) 2. Du als Mann hast aber keine Ahnung, fragst dich, was du überhaupt tun kannst und kriegst den praktischen Tipp, doch einfach ab sofort alles gemeinsam zu machen. Mit deiner Frau. Ehrlich. Gute Idee. Und zu guter Letzt 3. Du als Mann musst mit der hormonellen Umstellung klar kommen und darfst ruhig auch mal selbst die Paprika schneiden, wenn der Kleine da ist. Wow! Was für Einsichten. Da bin ich baff.

Einerseits kriege ich also einen Haufen Allgemeinplätze der Behörden vorgesetzt, die mich adäquat auf Geburt und Vatersein vorbereiten sollen. Und andererseits erhalte ich in perfektem Beamtendeutsch die Regelungen, wie ich die ganze Geschichte finanziell auf die Beine stellen kann. Meine Gedanken beziehen sich verständlicherweise momentan kaum auf die Zeit im Kreißsaal, als vielmehr auf die Organisation von allem drumherum. In irgendwelche archetypischen Geschlechterrollen gedrückt zu werden, hilft da nicht unbedingt weiter. Mann kümmert sich ums Geld und Frau gebärt? Ist doch Quatsch. Heute kümmern sich doch jeder, jede, also einfach alle Beteiligten. Oder nicht? Sie kümmert sich nämlich viel mehr ums Geld. Denn wenn wir aus unserer „Abstellkammer" raus wollen, brauchen wir einen Kredit. Also wackelt sie mit dicker Plautze los und stellt uns den Banken vor. Allerdings ist das mindestens genauso frustrierend, wie Elterngeld zu beantragen. Denn sie ist freiberuflich und schwanger, ich befristet angestellt mit Hungerlohn. Die Banken sind nicht gerade begeistert und, ja, ich sag mal, zieren sich ein wenig. Das stresst, sie, mich, vielleicht sogar den Kleinen.

30. Woche

Die zweite Verhandlungsrunde um die Elternzeit wurde eingeleitet. Mir ist immer noch nicht ganz bewusst, wann und wie ich angefangen habe, zu verhandeln. Aber es muss sich um eine Verhandlung handeln. Das verdeutlicht zumindest der offizielle Ton, mit dem ich von meinen Chefs zum Gespräch gebeten werde. Im Stillen habe ich mich schon davon verabschiedet, dass ich meine Elternzeit mal eben, ganz unkompliziert, mit ihnen regeln kann. Aber irgendwie geregelt werden muss es doch. Müssen wir halt einfach mal drüber sprechen.

Mein Chef zitiert mich also zu sich. Spontan. Worum es geht, sagt er mir nicht. Und auch das Thema Elternzeit bleibt unausgesprochen. Er geht vielmehr auf meine Leistung an sich ein. Was ich bisher gebracht habe. Wie viel Potenzial ich doch hätte. Dass ich über kurz oder lang Abteilungsleiter werden könne. Kein Problem. Doppeltes Gehalt. Mittelfristig. Dafür muss ich aber natürlich mehr bringen. Mehr als bisher. 150 Prozent. Alles für die Agentur. Neudeutsch: Commitment. Wie ich das aber mit einer Teilzeitlösung bringen will, sieht er nicht. Denn Teilzeit bedeutet nur einen Teil der Kraft. Und die fehlende Kraft muss er ausgleichen. Mit einem neuen Mitarbeiter; der vermutlich ledig ist; ohne Kinder; ohne Privatleben; der ohne Weiteres bereit ist, sein Leben ganz der Agentur zu opfern; der statt meiner total durchstartet und mich dann nebenbei aufs Abstellgleis befördert. Was mein Chef aber überhaupt nicht will. Denn er findet mich doch so gut. So kompetent. Trotzdem bleiben mir nur zwei Möglichkeiten: 1. Ich entscheide mich für die Agentur. Für übernatürliche Leistung. Jeden Tag bis abends um zehn alles geben. Das gefällt ihm nämlich: Menschen um sich zu haben, die arbeiten, bis es weh tut. Oder 2. Ich entscheide mich für Familie und Privatleben. Bekomme nur noch Standard-Aufgaben. Nichts Besonderes. Nichts, was mich fordert. Wodurch ich aber auch keine Leistung zeigen kann. Was es im Umkehrschluss natürlich schwierig macht, das Gehalt entsprechend anzupassen. Langeweile für wenig Geld. Hm, also was eigentlich ein zwangloses Gespräch über meine Elternzeit werden sollte, ist plötzlich eine recht harte Leistungsbeurteilung. Vielleicht stand die eh an und mein Chef hat jetzt mal ein bisschen Klartext reden wollen, in Anbetracht der Tatsache, dass ich bald vielleicht mehr so der Familienmensch werde. Und Familienmensch ist er ja eigentlich nicht. Obwohl selbst vor kurzem Vater geworden. In unserem kleinen Gespräch, das weiterhin konsequent nicht meine eigene Vaterschaft thematisiert, spricht er sogar ganz stolz von dem „Deal", den er mit seiner Frau gemacht hat: Er bringt die Kohle nach Hause und sie sorgt dafür, dass seine Hemden immer gebügelt sind. Offenbar eine sehr fortschrittliche Beziehung. Dass ich mir unter Familienleben etwas Anderes vorstelle, kann er sich vermutlich sogar denken. Sonst hätte er wohl nicht so ein Gespräch initiiert. Wir sind dafür sogar extra in den Keller gegangen. In so ein Besprechungsbürozimmer. Hier werden Leute bestimmt auch gefeuert. Hat er bei mir zum Glück keinen Grund. Aber das soll vielleicht schon irgendwie Eindruck machen. Vielleicht sogar einschüchtern. Wirkt aber irgendwie bei mir nicht. Denn jetzt mal ehrlich: Ist ja schon irgendwie ein bisschen bescheuert, was hier passiert. Ich will doch bloß irgendwie Arbeit und Familie in Einklang bringen. Und nicht mit gezogener Waffe mehr Geld fordern, oder so. Also keine Ahnung, er sitzt da so vor mir und quatscht und quatscht und quatscht. Als ob er mich überzeugen will, jetzt diese Arbeits-Power-Variante zu nehmen. Also ja, überzeugen müsste er mich wirklich. Aber so geht das leider nicht. Da schalt' ich dann eher ab. Also aus. Also auf Durchzug. Seine Lippen bewegen sich. Ist bestimmt auch voll wichtig, was er so zu sagen hat. Also für ihn. Für mich eher so mjähh. Vielleicht weil mir die Arbeit für ihn, oder die Arbeit hier an sich, eigentlich kaum was bedeutet hat. Ich hätte wohl auch ohne Kind mehr oder weniger bald die Reißleine gezogen und mir was Neues gesucht. Jetzt hab' ich wenigstens die Motivation dazu. Denn so ein Gequatsche ist ja dann am Ende eigentlich nur noch eins: Voll nervig.

Und ich könnte ja wirklich ganz grundlegend mal überdenken, wie ich in Zukunft leben und arbeiten will. Die Gründung einer Familie kann dazu ja auch den Ansporn geben. Gerade weil es unbequemer wird. Im Angestelltensessel wird man ja schnell faul.

Und von wegen bequem sitzen. Hab' ich eigentlich Hämorriden? Ganz kurz das Internet befragen: Hämorriden in der Schwangerschaft kommen bei etwa der Hälfte aller werdenden Mütter vor. Sie sind meistens milde, in der Regel handelt es sich um die Schweregrade 1 oder 2. Nur selten entwickeln Schwangere ein schwereres Leiden. Bei mir zwickt es aber ganz ordentlich. Bestimmt Schweregrad 2. Liegt angeblich am Druck im Bauchraum. Das Kind wächst und erhöht den Druck und damit auch auf die Gefäße des Hämorrhoidalpolsters. Das Blut fließt von dort schlechter ab und staut sich. Ach und das wirkt sich dann auch noch schön auf den Darm aus. Die Folge: Verstopfung. Und dann sitz' ich auf dem Klo und presse ziemlich lang. Meine Beine kribbeln schon. Schlafen ein. Fühlt sich außerdem so an, als wär' es schon soweit. Und dann muss ich lesen: „Das starke Pressen beim Stuhlgang kann das Risiko für Hämorrhoiden in der Schwangerschaft ebenfalls erhöhen." Ein Teufelskreis. Mit eingeschlafenen Füßen.

31. Woche

Endspurt. Schon jetzt ist vieles zum letzten Mal. Der letzte Ultraschall. Der letzte Geburtsvorbereitungskurs. Die letzte Größe der Umstandskleidung. Ihr Bauch ist kugelrund und prall gefüllt. Mit einem Anderthalb-Kilo-Kind, das tritt und strampelt und Schluckauf hat und sich Platz verschafft. So sehr, dass wir zeitweise glauben, es springt einfach raus. Was vielleicht gar nicht so schlecht wäre, denn sie pfeift aus dem letzten Loch. Die letzten zweieinhalb Monate werden noch einmal anstrengend. So viel ist sicher. Sie kann sich ja kaum noch richtig bewegen. Bei einsachtundfünfzig mit dickem Bauch spielt die Körpergröße halt doch eine erhebliche Rolle. Außerdem wird ihr Bauch immer mal wieder ziemlich hart. Immer diese Übungswehen. Jeder muss üben. Versteh' ich. Und in Lissabon wurde ziemlich viel geübt. Mit einer Frau in anderen Umständen in Urlaub zu fahren, ist ungefähr so betreuungsintensiv, wie mit der 90-jährigen Großmutter unterwegs zu sein. Man ist praktisch ununterbrochen auf der Suche nach einer Toilette und hat dabei eine schwer atmende, sich in Zeitlupe fortbewegende, gebeugte Frau an seinem Arm. Der einzige Unterschied ist vermutlich die Kraft mit der sie sich in meinen Ellbogen krallt. Da greift so eine uralte Omi wohl etwas sanfter zu. Wobei sie ja auch sanft ist. Sanft und kräftig.

Doch diese letzte Phase hat auch seine Vorteile. Für sie. So wird sie nun endlich eindeutig als schwangere Frau identifiziert. Was ihr von vorneherein alle möglichen Sympathiepunkte einbringt.

Ich leide. Auch unter dem Klimawandel. Im Mai schon so ne Bullenhitze. Da hätten wir gar nicht nach Portugal fliegen müssen. Sommer im Frühling gibt's auch hier. Das war letztes Jahr noch nicht so. Ausgerechnet in diesem Jahr. Meine Beine sind dick. Wassereinlagerungen. Fette Elefantenfüße. Von meinen Fesseln keine Spur. Nur kleine dicke aufgeblasene Würmer, die am Mittelfuß kleben. Kein Schuh passt. Da macht Rausgehen keinen Spaß. Nur manchmal, wenn ich meine Schwangerenvorteilskarte ausspielen kann. Endlich lohnt es sich, einen dicken Bauch zu haben. Zum Beispiel beim Parken. War neulich bei ner Freundin. Die wohnt über dem Kino. Super zentral. Super hip. Beschissen zum Parken. Natürlich dürfen nur die Anwohner parken. War mir dann egal. Kann schließlich mit meinen dicken Würmchenfüßen nicht allzu weit laufen. Hab' da also geparkt. Kam zurück. Und treffe im selben Moment den Menschen vom Ordnungsamt. Seh' ihn schon den Strafzettel auf meine Scheibe kleben. Endlich, denk' ich. Meine Chance für die beste Aus-

rede der Welt. Geh' also hin. Tu' ganz gehetzt. Außer Atem. Halte mir den Bauch und den Rücken. Ich so: „Oh, ich sehe, ich hab' einen Strafzettel. Zu Recht. Seit der Schwangerschaft leide ich so an Inkontinenz. Da hab' ich hier angehalten und bin eben auf die Toilette ins Kino gerannt. Zum Glück war hier direkt eine. Denn neulich konnte ich es nicht mehr halten. Da ging dann alles auf den Autositz. Hier, sehen Sie den Fleck?" Dabei leg' ich meinen Kopf so zur Seite und schau' ganz ver-

legen. „Tut mir leid. Ich bin eindeutig im Unrecht", füg' ich hinzu. Und blinzle nochmal nett. Der Typ nimmt den Strafzettel und zerreißt ihn. „Tausend Dank", sag' ich. Fahr los. Mit einem kleinen schlechten Gewissen. Okay, ziemlich klein.

Im ÖPNV stehen sie für sie auf. Frauen lassen sie mittlerweile auf öffentlichen Toiletten vor. Und selbst das Ordnungsamt zieht Strafzettel zurück. Sie braucht nur ihren Entengang ein wenig deutlicher zu gehen, die Hand nur ein wenig länger auf dem Bauch liegen lassen, vielleicht in kreisenden Bewegungen, schwer atmend den Bauch massieren und schon stehen ihr alle Türen offen. Die Welt liegt ihr zu Füßen. Was sich spätestens dann ändert, wenn der Kleine auf der Welt ist. Wenn er schreit und tobt und aus irgendeinem Grund keinen Bock, hat mit Mutti Bus zu fahren oder im Kaufhaus auf die Toilette zu gehen. Dieselben Frauen, die sie jetzt noch freundlich vorlassen, werden sie dann vermutlich verurteilen, ihr mehr oder weniger offen die Unfähigkeit ihrer Erziehungsmaßnahmen attestieren und auch jeden anderen positiven Gedanken, den sie bei Schwangeren haben, ins Negative kehren, sobald die Frau zur Mutter geworden ist. Denn während wir uns eben noch in anderen Umständen befinden, einer Situation also, für die wir nichts können, die absolut natürlich ist und bei der uns eigentlich jedermann helfen will, ist dieser Umstand nach der Geburt radikal beendet. Schwanger sein kann jeder, Eltern sein ist eine Philosophie. Geht jeden was an. Will sich jeder einmischen. Weil damit jeder mehr oder weniger intensiv in Kontakt gekommen ist. Und so unwahrscheinlich differenziert auslegbar, dass es eigentlich kein Richtig oder Falsch gibt, sondern nur die Masse an Meinungen in einem Wust aus Ge- und Verboten ohne Sinn und Verstand.

Bevor wir uns aber dem gesellschaftlichen Hass unserer Art von Kindererziehung stellen können, muss noch eine extreme Hürde genommen werden: der Damm. Immer wieder dieser Damm. Er beschäftigt uns nun schon eine ganze Weile. An ihm muss sich der Kleine mit Hilfe der verkrampften Gebärmutter vorbeidrücken. Er besteht aus sehr festem Gewebe und dient einerseits dazu, alles drin zu behalten, was drinbleiben soll und es von dem zu trennen, was unbedingt raus kommen muss. Trotzdem müssen wir ihn vorbereiten. Den Damm. Ja, ich wiederhole mich. Ich spreche wieder von der recht intimen Dammmassage. Denn sie wird akut.

So langsam wird es Zeit. Wie ein Damoklesschwert schwebt sie über mir. Die Dammmassage. Ich versuche, sie zu ignorieren. Zu verdrängen. Doch dann ploppen Bilder vor meinem geistigen Auge auf. Reißendes Gewebe. Blut. Die Vorstellung, dass sich meine Vagina nach außen stülpt. Ich muss sie machen. Ich komme nicht umhin. Davor hatte der Damm keine Bedeutung für mich. War halt da. Hab' aber nie an ihn gedacht. Hab' ihn ja auch nicht gesehen. War weder beim Po-Abwischen relevant noch beim kleinen Geschäft. Und spielte auch beim Sex praktisch keine Rolle. Und nun. Je näher die 40. Woche kommt, desto präsenter wird der Damm. Blinkt mit Neonlicht in meinem Kopf rum. Und überall in der Wohnung kleben Post-Its, die mich an die Dammmassage erinnern sollen. Also mach' ich's. Heute mach' ich's. Das sag' ich mir jeden Morgen. Nein. Heute wirklich. Ich pack' den Beipackzettel aus. War beim Dammmassageöl dabei. Hab' aber auch einen von der Hebamme. Unterscheiden sich kaum. Auch die Zeichnungen sind ähnlich.
Als erstes: Nägel schneiden. Hände waschen. Dann soll ich es mir

in einer halbsitzenden Position mit einem Kissen im Rücken bequem machen. Ginge auch im Stehen mit hochgestelltem Bein. Das Öl durch Reiben auf den Fingerspitzen wärmen. Der Daumen soll nun in die Scheide eingeführt werden. Der Zeigefinger massiert von außen den Damm. In kleinen kreisenden Bewegungen. Ok. Das versteh' ich. Könnt' ich hinbekommen. Doch nun wird's kompliziert. Ich soll mir eine Uhr vorstellen. Der Damm liegt zwischen drei und neun Uhr. Nun einmal einatmen. Und beim Ausatmen den Damm dann in Richtung Anus strahlenförmig dehnen. Nun den Damm von drei bis neun Uhr nach unten und außen wölben. Bis es schmerzt. Dann in den Schmerz hineinatmen. Mit der Zeit würde der Damm elastischer. So kann man also Schritt für Schritt einen Finger mehr einsetzen. Bis letztlich die ganze Hand darin verschwunden ist. So sieht es zumindest auf Bild vier aus. Ich denke an die Autofahrt mit meiner Freundin und ihren zwei Kindern. Und wie sie das Lied singt „Meine Hände sind verschwunden". Ok. Weiter mit den Zeichnungen. Ich finde die Bilder und den Text dazu leider nicht wirklich gut erklärt. Also versuche ich im Internet andere Beschreibungen zu finden. Letztlich sind alle gleich. Vielleicht ein Video? Ob sich dabei jemand gefilmt hat? Natürlich nicht. Noch nicht einmal ein Comic. Ungefähr 30 Videos mit Frauen vor der Kamera sitzend, die erklären, wie man das durchführt. Jeweils zehn Minuten lang. Dafür hab' ich wirklich keinen Nerv. Ich pack' das Öl samt Erklärzettel wieder ein. Und schreib' mir nochmal für morgen einen neuen Post-It mit „Dammmassage! Dringend!".

Ich muss gestehen, dass ich mir nicht richtig vorstellen kann, wie sich so etwas genau abspielt. Bisher ist es mir nicht erlaubt, im gleichen Raum zu sein, wenn sie ihren Damm massiert. Schon gar nicht, wenn sie das im Stehen macht. Daher bleibt mir nur die Infobroschüre mit der netten kleinen Zeichnung, denn drüber reden möchte sie eigentlich auch nicht. Ein heikles Thema. Wobei die Massage nur eine Möglichkeit ist, den Damm locker zu machen. Es gibt noch verschiedene Bäder oder Teesorten, in die sie, frisch aufgekocht, ihren Damm für ein paar Minuten hält. Ziehen lassen. Aber auch da durfte ich bisher nicht Zeuge sein. Letztlich ist dieses gesamte Damm-Thema eins der letzten Mysterien, mit dem ein Mann während der Schwangerschaft kaum in Berührung kommt. Oder besser gesagt, bewusst ferngehalten wird. Das stört mich jetzt nur soweit, wenn ich darüber hinaus sichergehen kann, auch während der Geburt nichts davon mitzubekommen. Mit dem Austritt verschiedenster Körperflüssigkeiten habe ich mich mittlerweile abgefunden. Aber reißendes Gewebe möchte ich mir dann doch ersparen. Wenn es denn irgendwie geht.

Bevor wir aber so richtig in die Geburtsvorbereitungen gehen, also auch psychisch, müssen wir uns letztendlich auf einen Kreißsaal einigen. Die Uniklinik kommt definitiv nicht in Frage. Eine Fabrik. Eine Babywurfanstalt. Da werden die Frauen reingeschoben und kommen erschöpft und mit Kind im Doggy-Bag wieder raus. Klar, die medizinische Versorgung wird da vermutlich tippitoppi sein. Also vom Feinsten. Finden wir aber zu unpersönlich. Nein. Wir werden uns wohl für die gemütliche kleine Elisabethklinik entscheiden. Da sind alle nett. Da haben sie so grüne Wandtattoos, die die freie Natur simulieren. In den Kreißsälen stehen kleine Sessel. Tische mit Kerzen. Es gibt Fenster. Ja, stimmt wirklich. Also wir haben uns da sehr wohl gefühlt.

Dummerweise wurde uns schon gesagt, dass wir uns das im schlimmsten Fall gar nicht aussuchen dürfen. Denn wenn es hart auf hart kommt, also zu einer Komplikation, dann führt kein Weg an der Fabrik vorbei. Dann müssen wir in die Uniklinik. Nur, was soll schon schiefgehen. Schließlich übt der Bauch ja sogar schon. Zehn Wochen vor Abgabe. Also wenn das nicht vorbildlich und im höchsten Maße beruhigend ist, dann weiß ich auch nicht.

Unsere Stimmung ist entsprechend gut. Wir freuen uns. Auch wenn sie Angst vor den Schmerzen hat. Aber die Aussicht, praktisch beinahe im Grünen zu gebären, macht Laune. Natürlich nur so lange, bis sich der Bauch wieder zusammenkrampft. Aber soll er nur. Das heißt ja sicherlich nur, dass wir dann erst recht im Elisabeth-Krankenhaus sein werden.

32. Woche

35 Grad. Ich schwitze. Verliere also Wasser durch Schweiß. Und trotzdem füllen sich meine Beine immer mehr mit Flüssigkeit. Klingt irgendwie unlogisch. Zwei Wasserschläuche, kurz vorm Platzen, hängen an meinen Hüften. Und das Wasser in meinem Körper steigt noch weiter nach oben. Mittlerweile ist es auch in meinen Händen angelangt. Als ob statt meiner Hände zwei aufgeblasene Einmalhandschuhe baumeln. Besorgniserregend? Frauenarzttermin erst nächste Woche. Also google ich. Schuld daran: die steigende Blutmenge. Dadurch werden die Blutgefäße elastischer und gedehnt. Die Flüssigkeit im Blut tritt so leichter ins Gewebe. Je größer das Kind, desto mehr drückt es auf die Beckengefäße. Der Rückfluss des Blutes verlangsamt sich. Aber Achtung. Jeder Artikel im Netz warnt vor einer lebensbedrohlichen Schwangerschaftserkrankung. Sowas könnte nämlich auch dahinterstecken: Präklampsie – eine Schwangerschaftsvergiftung. Anzeichen: hoher Blutdruck, hohe Eiweißausscheidung über Urin, rasche Ödembildung im Gesicht, an Händen und Beinen, schnelle und hohe Gewichtszunahme, starke Kopfschmerzen, Sehstörungen und starke Oberbauchschmerzen. Tritt allerdings nur in maximal fünf Prozent der Fälle auf. Mmh. Ich denke, ich bin aus dem Schneider. Bis auf Wassereinlagerungen trifft nichts zu. Warte also bis zum Frauenarzttermin nächste Woche. Trotzdem fühl' ich mich nicht wohl. Dicke Füße, dicke Hände, dicker Bauch. Kann mich kaum bewegen. Mit den dicken Fingern kann ich noch nicht mal das Marmeladenglas öffnen. Das Schlimmste aber: Ich pass' in keine Schuhe mehr rein. Dabei hab' ich mir für den Sommer extra neue Sandalen gekauft. Lauf' seit Wochen mit ollen Klamotten rum. Geschenkt von den Ex-

Schwangeren in meinem Familienkreis. Schwägerin und Freundin. Nicht so mein Stil. Zieh' daher sogar Shirts von ihm an. Seh' es nicht ein, Geld für Schwangerschaftskleider auszugeben. Da aber weder Körper noch Verpackung meinem ästhetischen Wohlbefinden entspricht, hab' ich mir vor zwei Wochen neue Sandalen gekauft. Wollte mein Wohlbefinden wenigstens damit steigern. Die kann ich ja auch noch nach der Schwangerschaft tragen. Pustekuchen. Nun hab' ich gar keine Schuhe. Im Notfall gehen vielleicht die Flipflops. Aber selbst die Riemchen der Flipflops schnüren sich in meinen mit Wasser gefüllten Fuß. Als ob sie im Wasser untergehen. Sie sind kaum noch zu sehen.

Doch wie komm' ich nun zum Schuhladen ohne Schuhe? Vielleicht sollte ich nun das Barfußlaufen beginnen. Mmh. Doch nicht so ne gute Idee. Mit meinem Bauch kann ich nämlich nicht auf den Boden schauen. Seh' also nicht, wohin ich trete. Scherben. Hundekot. Barfuß lieber doch nicht. Meine Mutter trägt Schuhe mit einer Nummer größer. Ich ruf' sie an. Die soll vorbeikommen. Und mir Schuhe bringen. Zwar nicht mein Stil, aber egal. Und es sind ja nur 40 Kilometer. Kann sie ruhig machen. Bekommt schließlich ein Enkelkind von mir.

Fette Hände, fette Füße. Zum Bersten mit Wasser gefüllt. Kaum Luft, um aufzustehen. Nasse Flecken in der Brustwarzenregion. Und der Kleine tritt und strampelt – meist gegen ihre Rippen. Die Nächte sind kurz und voller Wadenkrämpfe. Trotz Magnesiumtabletten. Was in den ersten drei Monaten auf die Psyche ging, in den mittleren drei Monaten gar nicht zu spüren war, ist jetzt, so kurz vor Ende besonders physisch deutlich geworden. Sie geht an meinem Arm, gebückt, schwer atmend, die Hände hochhaltend, damit das Wasser abfließen kann und klagt mir ihr Leid. Dabei ist sie keineswegs sauer auf den kleinen Menschen, der in ihr heranwächst, sie ermuntert ihn noch, stärker zu treten, lebhaft zu sein, zu zeigen, wie gesund er ist. Nein, es ist vielmehr eine unterschwellige Genervtheit über die Gesamtsituation. Sie hat Angst, dass es da drin zu eng wird. Glaubt mit ihren 158 Zentimetern Körpergröße und einem Gewicht von 50 Kilogramm dem Kleinen zu wenig Platz bieten zu können. Und das würde dann irgendwann vielleicht sogar Kaiserschnitt bedeuten. Will niemand.

Für mich ist es aber praktisch unmöglich, einigermaßen angebracht damit umzugehen. Was soll ich schon machen? Ich lege meine Hand auf ihren Bauch und wir bilden uns ein, das bringt die gewünschte Ruhe. Das entspannt sie und lässt sogar ihre Hände abschwellen. Denn die thrombotischen Wassereinlagerungen bringen sie fast um den Verstand. Da hat sie sich extra für den Sommer neue Sandalen gekauft und passt jetzt gar nicht mehr rein. Und dann reichen am Ende nicht einmal Trotz oder pure Willenskraft: Sie kommt in das Riemchen-Schuhwerk einfach nicht rein. Letztlich ist alles Teil ihres ganz eigenen Kampfes mit ihrem Körper und der Natur. Ein evolutionäres Unterfangen. Frau gegen den Ausnahmezustand. Einerseits wächst in ihr neues Leben, andererseits macht ihr das bereits entstandene Leben da draußen, mit seinen engen Supermarktgängen, nicht-klimatisierten Zugwaggons sowie einem scheinbar verständnislosen und daher besonders schweigsamen werdenden Vater vollkommen zu schaffen. Dabei will ich doch helfen. Will doch unbedingt die Last mit ihr teilen. Doch eines ist seit nunmehr zweiunddreißig Wochen immer gleich geblieben: ihre Ungeduld. Besonders deutlich, wenn ich nicht die Unterstützung bringe, die sie jetzt, sofort, unmittelbar und in höchstem Ausmaß von mir erwartet. Nachts zum Beispiel. Wenn die Krämpfe kommen.

Ich schlafe gut. Jede Nacht. Hatte nie wirklich Schwierigkeiten mit Schlaf. Ist ja auch nicht sonderlich schwer. Ich bleibe auf, bis ich müde bin. Leg' mich hin und schlafe. Solange, bis der Wecker klingelt. Und da er sehr regelmäßig, immer zur selben Zeit klingelt, bin ich meist rund eine halbe Sekunde früher wach. Dieses Verhalten ist gut, wenn man einer regelmäßigen Arbeit nachgeht. Schlecht, wenn man Vater wird. Wer mich fragt, was denn an der Schwangerschaft so anders ist, dem sage ich meist: die Nacht. Möglicherweise ist es ihr Körper, der sie und mich schon einmal darauf vorbereitet, die nächsten paar Jahre mit weniger Schlaf auskommen zu müssen. Dafür mit mehr Geschrei. Erschütternde, leidende, unglaublich kraftvolle Schmerzensschreie. Wer einmal von einem Krampf überrascht wurde, weiß, was ich meine. Das Ganze nachts zu erleben; indirekt; von einer zappelnden, nach Massage schreienden Frau geweckt zu werden, ist ähnlich brutal. Woher die Krämpfe kommen und warum ausgerechnet immer zwischen zwei und vier Uhr morgens, ist uns bislang vollkommen unklar. Ich bin momentan auch eher damit beschäftigt, ihr klarzumachen, dass es nicht unbedingt von Vorteil ist, wenn sie wie eine Wilde hin und her zappelt. Schlaftrunken schnappe ich im Dunkeln nach ihrem Bein. Will es massieren; schließlich verlangt sie danach. Doch kriege ich nur Tritte ins Gesicht und in den Bauch. Irgendwann habe ich den verkrampften Muskel zwischen den Fingern und beginne wie wild zu kneten. Einmal kräftig zugelangt, ist der Krampf zum Glück schnell verflogen. Und ich falle fast schon bewusstlos zurück in einen traumlosen Schlaf.

Kann ja nun echt nicht so schwer sein, das Bein zu greifen. Ist schließlich mittlerweile ziemlich dick. Hört man vielleicht sogar, wie das Wasser darin hin und her schwappt. Beim Massieren der Wade schläft er auch noch fast ein. Muss ich selbst irgendwie massieren. Komm' aber schlecht an die Wade ran. Mit dem Baby, das zwischen meinen Beinen und Armen hängt. Also hilft nur aufstehen und drauf rumlaufen. Er schnarcht. Ist im Härtetest durchgefallen. Seh' ich ja jetzt schon, wer sich nachts um das Baby kümmern darf. Wie schön, dass er seelenruhig einschlafen kann. Dass er keine Schmerzen beim Liegen hat. Auf dem Rücken und Bauch schlafen darf. Er dabei das Baby nicht zerdrückt. Oder selbst durch Rückenliegen in Ohnmacht fällt. Nicht ständig aufs Klo muss. Und keine Angst vorm Einschlafen hat. Keine Angst, wegen einer schmerzenden Wade geweckt zu werden. So, jetzt zwick' ich ihn aber. Gerade finde ich dieses ganze Schwangerschaftsding nämlich echt ungerecht. Und der Kleine offenbar auch. Sorgt mal wieder für einen harten Bauch. Ist vielleicht deshalb hart, damit ich mich mal kräftig rüberrollen kann, einfach so mal über seine schlaffen Beine, während er schläft.

Insgesamt kann festgehalten werden: Dicke Beine, Krämpfe und Tritte in die Rippen sorgen für den Wunsch, dass es endlich bald vorbei ist. Bei ihr. Hauptsächlich. Ich kann mich kaum daran erinnern, dass sie nicht dick, schwanger und genervt ist. Wir leben schon eine ganze Weile zusammen. Doch sie in der schwangeren Version ist eine völlig neue Erfahrung. Von Anfang an so radikal anders, so neu und teilweise so angsteinflößend, dass mir oftmals nichts übrigbleibt, als mich still zu verhalten und auf das nächste Wellental zu warten. Vielleicht kann ich es mit Surfen vergleichen. Oder besser gesagt: Anfänger-Surfen. Wenn der Neuling zum ersten Mal, nach unzähligen Trocken-übungen am Strand auf dem Brett sitzt, ruhig, konzentriert, die Wellen abwartend, die Seeluft genießend: Dann, plötzlich, kommt eine Welle, reißt ihn mit, treibt ihn in Richtung Strand. Er, unerfahren, paddelt wie wild drauf los. Versucht aufzuste-hen, wird umgerissen, stößt sich den Kopf am Brett, verliert die Orientierung und steht schließlich doch, schwer atmend, mit aufgeschürften Knien am rettenden Ufer. Im Gegensatz zum Surfer kann der werdende Vater allerdings nicht einfach zu seinem Handtuch gehen, alles zusammenpacken und auf ein Bier und ein Sandwich an die Strandbar ziehen. Der werdende Vater muss wieder raus. Raus aufs Meer, in die Wellen. Muss hoffen, dass er die nächste packt, sie kraftvoll anpaddelt und elegant zum Ufer reitet. Aber all das schaffe ich bestimmt erst beim zweiten Kind. Und bis dahin heißt es, Luft anhalten und Wellen zählen. Beziehungsweise Mittel gegen Krämpfe recher-chieren. Wobei wir eigentlich genau das tun, was getan werden muss. Viel Magnesium, Calcium und Kalium. Viel Bewegung. Viel massieren. Einfach viel von allem. Dann wird's schon.

33. Woche

Da steh' ich. Im Drogeriemarkt. Die Verkäuferin hat mich zum Gang mit den Windeln für Babys geschickt. Wenn ich schon mal hier bin. So ne Packung steck' ich auch ein. Steht auch auf meiner Liste. Find' ich aber alles etwas irritierend. Muss da erstmal durchblicken. Mit den Windeln. Stehen Nummern und Kilogrammzahlen drauf. Bei der Verpackung mit Größe 0 steht 1 bis 2,5 kg. Ist damit nun die Menge des Darminhalts gemeint, der sich pro Tag entleert? Wieso schreibt man sowas auf die Verpackung? Und wer wiegt sowas? Ich lese die anderen Verpackungen. Größe 1, 2-5 kg. Größe 2, 3-6 kg. Größe 3, 5-9 kg. Also nun wird's absurd. Kein Baby kackt neun Kilo am Tag. Da muss ich mich wohl getäuscht haben. Ok. Es muss sich also um Körpergewicht handeln. Pack' mir also mal die 1er Größe ein. Reicht eine Packung? Wie oft wickelt man denn ein Baby am Tag? Im Wochenbett will ich ja nicht ständig los, um Windeln zu kaufen. Wie viele 1er Größen nehm' ich da nun am besten? Hängt ja davon ab, wie schnell das Baby wächst. Ist das jetzt blöd, wenn ich so ne Verkäuferin frag'? Die da drüben sieht aus, als wär' sie gerade erst 17. Die hat wahrscheinlich keine Ahnung. Die ande-

re geht bald in Rente. Die hat ihre Kinder wahrscheinlich noch mit Stoffwindeln gewickelt. Ich heb' mir die Frage lieber für die Hebamme auf. Weshalb ich jedenfalls eigentlich in diesem Gang bin: 1. Inkontinenzeinlagen fürs Bett. Damit mir ein vorzeitiger Blasensprung in der Nacht nicht die Matratze versaut. Find' ich neben den Windeln. Und 2. Einmalunterhosen. Stehen zwischen Babywindeln und Windeln für Senioren. Ich muss die Packung einfach aufmachen. Eine netzartige Unterhose mit Windeleinfassung. Ich seh' meine Würde schrumpfen. Wahrscheinlich ist mir dann eh alles egal, wenn ich diesen Windelslip anziehen muss. Hoff' ich wenigstens. Werd' dann wahrscheinlich froh sein, dass die Überreste des inneren Schlachtfelds nicht an meinem Hosenbein runterlaufen. Ich muss kurz würgen. Wie haben die Frauen vor der Einmalunterhosenzeit das wohl gemacht, frag' ich mich. Und lege vorsichtshalber vier Packungen in den Wagen.

Nun für die Zeit danach, wenn die Umstände wiederum andere sind, empfiehlt die Fachliteratur sogenannte „Einmal-Unterhosen". Stichwort „Wochenfluss". Denn was sich innerhalb der letzten neun Monate an Flüssigkeiten und Plazenta-Gewebe angesammelt hat, muss, nachdem es nicht mehr genutzt wird, auch wieder raus. Das kann sich bis zu sechs Wochen hinziehen. Wer nicht vorsorgt, versaut sich die Wäsche. Dafür also sind die „Einmal-Unterhosen" gedacht. Ich kann mir allerdings nichts darunter vorstellen. Vor allem finde ich es immer noch erschreckend, dass die zu diesem Zeitpunkt austretenden Substanzen tatsächlich Wegwerf-Wäsche erfordern. Sind sie so zäh und schwer zu entfernen? Muss jedes Stück Stoff, das mit ihnen in Berührung kommt, gnadenlos weggeworfen werden? Mein Medizinbuch weiß da näheres:

Wie so vieles in der Medizin hat auch dieser Vorgang einen exotisch und nach Südseeinsel klingenden Namen: Lochia. Man unterscheidet vier Stadien. Während in den ersten paar Tagen, im Stadium Rubra, der Wochenfluss rot und flüssig, meist blutig, mit süßlichem Geruch an eine äußerst starke Periode erinnert, ist er im zweiten Stadium Fusca eher bräunlich und dünnflüssig, bis er im dritten Stadium Flava fast rahmig wird, um dann im vierten und letzten Stadium Alba wässrig-weiß zu versiegen. Was früher noch als giftig und infektiös beschrieben wurde, gilt heute allerdings als harmlos. Das Einzige, wovor wir uns daher fürchten, ist weniger der medizinische als vielmehr der ästhetische Aspekt der „Einmal-Unterhosen". Denn womit als mit überdimensionalen Windeln sollte man sonst diese große Menge Sekret vernünftig aufnehmen können?

Der Kleine ist mittlerweile rund 40 Zentimeter groß und wiegt knapp zwei Kilo. Eine echte Wassermelone. Sie spürt täglich mehrere Tritte in die Rippen, was einerseits unangenehm, andererseits ein Zeichen für die richtige Lage ist. Denn er sollte sich doch so langsam Richtung Ausgang bequemen. Im besten Fall hat er seinen Rücken nach außen gedreht und senkt sich langsam in den Unterleib. Sie merkt davon ziemlich viel. Die Gebärmutter krampft sich zusammen und drückt ihn nach unten. Ping, Ping: Übungswehe. Seine Knochen sind weich und der Kopf nicht geschlossen. So kann er sich in anderthalb Monaten schön rausdrücken. Solange er sich nicht noch einmal dreht. Denn offenbar hat er noch ein bisschen Platz. Strampelt wie verrückt. Dass er ein Hektiker wird, daran liegt kein Zweifel. Allein sein Schluckauf, den er alle paar Minuten bekommt, deuten auf einen durstigen kleinen Mann hin. Alle Zeichen stehen also auf Zielgerade und sie ist schon dabei, ihre Tasche zu packen. Auch für ihn. In meinem super Medizinbuch ist zum Glück eine recht detaillierte Liste.

Für die Geburt

- Altes T-Shirt. Fließt da so viel Blut?
- Warme Socken. Im Sommer?
- Haargummi.
- Jogginghose oder Bademantel. Bademantel trägt sie normalerweise nie. Muss sie sich von ihrer Mutter leihen. Ist ja eher so ein Alte-Leute-Ding.
- Hausschuhe.
- Traubenzucker.
- Etwas zum Ablenken – z.B. Buch, Strickzeug, CD's... Strickzeug? Wer strickt denn unter Geburt?
- Massageöl.
- Lippenpflegestift.
- Kleine Brotzeit für den werdenden Papa.

Für's Wochenbett in der Klinik

- 2 Still-BHs.
- Mehrere (Still-)Nachthemden oder Pyjamas.
- Kulturbeutel mit persönlichen Hygieneartikeln.
- Für tagsüber Umstandshosen, die im 6. Monat passen.
- Ein Set Kleidung fürs Baby (Body, Strampler, Pulli, Söckchen, Mütze, Jacke bzw. Ausfahroverall).
- Autositz fürs Baby.

Für Zuhause

- Lanolinsalbe, hilft bei wunden Brustwarzen.
- Kühlpads und Weißkohl zum Kühlen der Brust.
- Still-BHs, ohne Bügel.
- Flasche Retterspitz, zur Anwendung bei Milchstau als getränkten Wickel auf der Brust.

Für die Geburtsverletzung

Ein Geheimtipp von der Hebamme: mit Schnaps gefüllte Kondome im Eisfach bereithalten. Schnaps deshalb, weil er nicht gefriert. Und man das kleine, kühle, biegsame Kondom gut in die Einmalunterhose legen kann. Beim Auffüllen hab' ich mir direkt mal einen gegönnt.

Viele Dinge, die wir kaufen und vermutlich danach nie wieder vewenden werden. Das Klinikhemd beispielsweise. Ein Pyjama wäre natürlich außerordentlich unpraktisch. Aber so ein Nachthemd, hinten offen, muss nun extra besorgt werden. Natürlich nur dort, wo alle Menschen einkaufen, die öfter mal in die Klinik müssen und/oder unter Inkontinenz leiden: In der Abteilung 60plus im Kaufhaus. Ich finde es wirklich immer erstaunlicher, wie sehr hochschwangere und ganz alte Frauen einander gleichen. Wirklich erstaunlich.

By the way: Unser Traum vom Haus nimmt Formen an. Also so ein bisschen. Denn nebenbei hat sie es trotzdem geschafft, schon die ersten Banken zu kontaktieren. Also wir brauchen ja Geld. Ist klar. Schließlich wollen wir ein Haus kaufen. Und das kostet Geld. Viel Geld. Nur wollen die Banken uns das nicht geben. Da kann sie noch so schwanger vor dem Typ im Anzug sitzen. Jedes Gespräch endet bislang mit einem freundlichen Kopfschütteln auf Seiten des Bankers und einer frustrierten mit Übungswehe kämpfenden schwangeren Frau. Aber wir haben die Angel ausgeworfen. Irgendeine Bank wird uns drei ja wohl schon annehmen. Vielleicht macht es Sinn, vorher schon einen Namen für unseren Sohn zu haben. Vielleicht einen Geld-Namen. McMoneySack. Dagobert. Richy Rich. Wie hieß noch der Typ von der Deutschen Bank? Der Chef da? Weiß nicht. Was Adeliges passt vielleicht auch. Lothar Albrecht Karl Theodor. Am besten der Dritte. Oder so. Das zeugt von langer Generationenfolge. Also altem Geld. Geldadel. Sowas brauchen wir. Wenn wir da mit einem Sven kommen, schicken die uns gleich wieder weg. Sven klingt nicht nach Geld.Außer er ist mit dem schwedischen Königshaus verwandt. Sven ist doch irgendwie schwedisch, oder? Egal. Wir brauchen auf jeden Fall einen Namen. Das ist klar.

34. Woche

Runde drei der Verhandlungen über meine Zukunft in der Agentur ist beendet. Reibungslos, wie ich finde. Und zu meinen Gunsten. Mein Chef war noch nicht einmal überrascht. Vermutlich hatte er sich schon gedacht, dass er das letzte Mal etwas zu weit ausgeholt hatte. Außerdem habe ich das Überraschungsmoment für mich genutzt. Anstatt offiziell auf einen Termin zu bestehen, mit Argumenten aufzuwarten und logisch und nett und vor allem hierarchisch-flach mein Anliegen vorzubringen, kam ich diesmal, wie es sich für einen Angestellten gehört: Fordernd, selbstbewusst und keine Sekunde zögernd. Ich bin einfach ins Büro, habe ihm mein Teilzeitkonzept noch einmal vorgelegt und erklärt, wann ich gedenke nur noch drei Tage die Woche zu arbeiten. Er muss sich schon vorher Gedanken dazu gemacht haben. Sein „Okay" und Nicken wirkten einstudiert. Letztlich habe ich aber auch die besseren Karten. Entweder, er sagt mir die Teilzeit zu, was er mir theoretisch verweigern könnte. Oder ich nehme die mir rechtlich zustehenden kompletten 36 Monate Elternzeit. Damit wäre ich weg. Würde höchstwahrscheinlich direkt kündigen. Und er wäre mich los. Meine Arbeit scheint ihm dann aber doch ein wenig am Herzen zu liegen. Lieber drei Tage die Woche leichte Aufgaben ohne viel Verantwortung machen, als gar keinen Mitarbeiter mehr, wird er sich denken.

Ich bin zufrieden. Hat er gut gemacht, das mit der Teilzeit. Der Frauenarzt ist auch zufrieden. Also nicht wegen der Arbeit, Sondern weil, so ist, wie es sein soll. CTG unauffällig. Dass der Bauch so oft hart wird, sei völlig normal. Mein Körper übe. Fühlt sich für mich aber mehr als Üben an. Eher so kurz vor dem Ernstfall. Der Arzt rollt die Augen. Rollt oft mit den Augen. Bei meinen dummen Fragen. Er hat schließlich mehr Erfahrung. Gut. Er wird schon recht haben. Streptokokkenabstrich. Das Ergebnis in ein paar Tagen. Werden bei mir Streptokokken nachgewiesen, könnte sich das Baby unter Geburt damit infizieren. Diese Neugeborenensepsis führt wohl in 20 bis 50 Prozent der Fälle zum Tod des Neugeborenen. Um das zu verhindern, würde mir prophylaktisch Antibiotika während der Entbindung verabreicht. In der Hoffnung, dass mein Baby auch damit vollgepumpt wird und dadurch geschützt ist.

Hier wird an alles gedacht. Das Übel lieber vorher gar nicht erst zulassen. So auch das Credo der Banken. Niemanden ans Bein binden, bei dem nur die kleinste Chance besteht, dass er nicht zahlen könnte. Vorher also prüfen, ob die Antragssteller auch immer flüssig sein werden. So sitz' ich da also. Bei 35 Grad und mit geschwollenen Füßen. Vor den Bankmitarbeitern. Mittlerweile schon in der achten Bank. Hab' mir dafür extra ein Kleid gekauft. Um vertrauenswürdiger zu wirken. Eins mit Muster. Eins, das den Bauch betont. Um unsere Dringlichkeit zu unterstreichen. Und an seine Empathie zu appellieren. So lege ich also alle Unterlagen, schön geordnet und mit bunten Post-Its markiert, vor. Wie viel Geld wir haben. Wie viel wir verdienen. Schufa-Einträge. Etc. Er schaut nur auf die Unterlagen. Der Bauch interessiert ihn nicht. Und auch dieses Mal bekomme ich die gleiche Antwort: „Sie haben zwar Eigenkapital, aber wegen Ihrer Freiberuflichkeit und dem befristeten Vertrag Ihres Mannes, kann ich Ihnen momentan noch nichts versprechen. Wir müssen den Kredit erst prüfen lassen. Vielleicht aber schauen Sie sich vorsichtshalber nach einem anderen Kreditinstitut um."- Mmh. Verstehe. Sag' ich. Mein

Bauch wird hart. Schon wieder. Versuche, mir nichts anmerken zu lassen. Am Ende denkt der, ich mache auf Mitleid. Könnt' ic-Glaube aber, dass ihn das kalt lässt. Er schaut keine Sekunde zu mir. Ordnet lieber seine Stifte parallel nebeneinander. Auf seinem makellos geputzten Glastisch. Schiebt den Tacker zum Locher. Wischt einen Fleck mit seinem Sackoärmel weg. Würde ihm am liebsten auf den Tisch spucken. Oder seine rosafarbene Krawatte an seine Stirn tackern. Mein Bauch entspannt sich wieder. So verabschiede ich mich von ihm und gehe in die Hitze raus. Und kaufe mir ein Eis mit vier Kugeln.

Noch eine letzte Bank auf meiner Liste. Der Termin ist morgen. Die Hoffnung auf dieses erschwingliche, alte Fachwerkhaus im Odenwald, nur 20 Minuten von der Innenstadt entfernt, schwindet immer mehr. Mit kaltem Bauch voller Eis und hitzigem Kopf laufe ich nach Hause.

Zuhause versucht er, mich zu beruhigen. Noch sei nix verloren. Wir warten ja noch auf die Antworten der Banken. Da ist bestimmt eine positive Nachricht dabei. Ich solle mich doch mal ein wenig über die Teilzeitregelung freuen. Und mich mehr auf unser Baby konzentrieren. Und vor allen Dingen schonen. Denn es sind nur noch sechs Wochen.

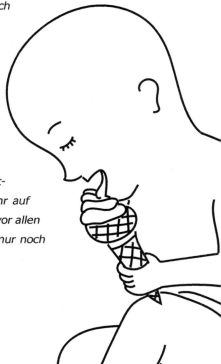

Sechs Wochen! Ich zucke zusammen. Mein Bauch wird wieder hart. Versuche, mich zu fokussieren. Besorgungen sind erledigt. Wickelunterlage, Wiege, Babykleider stehen bereit. Kliniktasche ist gepackt. Kondome gefüllt mit Schnaps liegen im Eisfach. Putzen wär' vielleicht nicht schlecht. Eine Stauballergie sollte unser Sohn nicht direkt bekommen. Vorkochen und Einfrieren steht auch noch auf meiner Liste. Und mich der immer wieder aufgeschobenen Dammmassage stellen. Ich versuche, mir das Wichtigste des Geburtsvorbereitungskurses ins Gedächtnis zu rufen. Entspannungstechniken, Beckenbodentraining und Atemtechniken für die Wehen. Durch die Nase tief in den Bauch einatmen. Durch den Mund lange ausatmen. Ich spanne den Beckenboden an. Alle drei Schichten nacheinander. Bis der Beckenbodenfahrstuhl im dritten Stockwerk angelangt ist. Und wieder entspannt nach unten fährt. Aber keine Kondome im Eisfach, keine Atmung, keine Einmalunterhosen in der Kliniktasche helfen mir bei dem Gedanken, als Mutter zu versagen. Trotz des Geburtsvorbereitungskurses fühle ich mich kein bisschen auf Geburt und Kind vorbereitet. Vielleicht kommt das Gefühl ja plötzlich. Als Eingebung. Im Traum. Ich hab' ja noch ein paar Wochen Zeit.

Sie macht sich ziemlich viele Gedanken. Sie hat sich schon immer und über alles viele Gedanken gemacht. Und das liebe ich an ihr. Sie nimmt jede Eventualität an. Kümmert sich. Ist verantwortungsbewusst und fürsorglich. Klar, dass sie eine gute Mutter sein wird. Klar, dass sie ihr Kind, mich, die Familie lieben wird. Und jetzt, nachdem ich endlich eine Regelung gefunden habe, wie ich in Zukunft so viel Zeit wie möglich zu Hause verbringen kann, ist alles noch besser. Die Stimmung ist gut. Zumindest bei mir.

Auch wenn alles liegen bleibt, bis ich abends von der Arbeit komme. Sie kann sich nicht mehr bücken. Und das ärgert sie. Klar. Alleine aufheben ist nicht mehr. Was auf den Boden fällt, bleibt liegen. Sie will aber Ordnung haben, bevor das Kind kommt und scheucht mich daher jeden Abend nach der Arbeit durch die ganze Wohnung. Mit den Hüften auf einem Gymnastikball kreisend zeigt sie in die eine und die andere Ecke. Da bitte noch und ja, da bitte auch noch. Und es ist wirklich erstaunlich, wie viel im Haushalt bückend gemacht werden muss. Überall liegt irgendwas auf dem Boden, ein Handtuch, Stifte, Unterlagen, Wäsche, Tassen. Nebenbei stöhnt sie immer mal wieder. Ob ich denn schon mal jemanden mit so fetten Knöcheln gesehen hätte. Dabei ist sie eine sehr schöne Schwangere. Da bin ich mit meiner Meinung nicht allein. In einem sanften Rund erstreckt sich ihr Bauch weit nach vorne, wobei der Rest sportlich schlank geblieben ist. Mittlerweile sind selbst meine Hemden für sie bauchfrei. Was gleichermaßen zu einem Aufstöhnen sorgt. Sie fühlt sich dick und unattraktiv. Meine Aufgabe ist es, diesen Eindruck zu revidieren. Was mir teilweise auch gelingt. Nur dann nicht, wenn sie mir indirekt Befehle erteilt. Durch den Kleinen. Sie spricht mit ihm, erzählt ihm von meinem Tag. Und was ich nun, da ich zu Hause bin, noch alles erledigen muss.

Selbstverständlich vergesse ich nicht, dass sie sich mal eben nebenbei um unser neues Zuhause kümmert. Es ist ein komisches Gefühl, einerseits den Job am liebsten hinzuschmeißen, um für die Familie da zu sein; und andererseits unglaubliche Schulden zu machen, auf zwanzig Jahre. Fast noch einmal so lang, wie ich lebe. Die geballte Verantwortung kriegt mich gerade. Erziehungsberechtigter sein und dafür sorgen, dass das Haus abbezahlt wird. Das ist sehr erwachsen. Und ging wahnsinnig schnell. Vorher, eher so auf Miete wohnen und nicht wissen, wo man im übernächsten Jahr oder in einem Monat sein wird. Und jetzt: Sesshaft. Zack. Wenn wir nicht auf die anderen werdenden Eltern aus dem Geburtsvorbereitungskurs getroffen wären, hätte ich das Gefühl, vollkommen allein zu sein. Denn meine Freunde drum herum finden das zwar alles super und machen Witze über das, was sie sich unter Vatersein vorstellen – also Hausarrest geben, Schnurrbart wachsen lassen, um strenger auszusehen, den Vorgarten sauber halten et cetera – haben aber selbstverständlich überhaupt keine Vorstellung davon, wie es ist, sich plötzlich für einen Menschen verantwortlich zu fühlen. Das wissen nur die anderen Männer aus dem Kurs. Wobei ich nicht weiß, ob es ihnen genauso geht wie mir: Ich will so viel es geht, zu Hause sein. Bei ihr und bei ihm. Will uns aber nicht in die Armut treiben. Was soll ich also tun? Liegt mein Chef wirklich vollkommen falsch, wenn er sagt, die beste Art, seine Familie zu unterstützen, sei Geld zu verdienen? Geld verdienen schadet nicht. Im Gegenteil. Deswegen muss eine Lösung her, die Freiheit für mich und meine Familie garantiert – und gleichzeitig ein sicheres Einkommen. Also etwas, was in der heutigen Arbeitswelt offenbar nicht vorkommt. Entweder ich versklave mich oder ich verarme. – Nein. Das kann nicht sein. Da gibt's was. Da bin ich sicher.

Die Frau von der Bank sieht nett aus. Ein gutes Zeichen? Ich hoffe es. Die Sterne stehen jedenfalls nicht schlecht. Denn diese Bank arbeitet offiziell mit dem Land zusammen. Um jungen Familien mit geringem Einkommen einen Kredit mit niedrigen Zinsen anzubieten. Sozusagen ein Förderprogramm des Landes in Zusammenarbeit mit der Bank und der Stadt.

Perfekt für uns. Bisher musste sie noch niemandem absagen. Sagt die Bankmitarbeiterin. Das macht mir Hoffnung. Sie nickt und nickt. Blättert dabei in unseren Unterlagen. Dann stutzt sie. „Mmh. Sie sind ja freiberuflich. Und ihr Mann in einem noch befristeten Arbeitsverhältnis. Das muss erstmal geprüft werden. Wir melden uns dann bei Ihnen."

Im gleichen Moment erscheinen die Email-Nachrichten von drei weiteren Banken auf meinem Handy. Kreditanfrage abgelehnt. Meine Augen werden feucht. Tränen kullern meine Wangen runter. Mein Weinen wird immer stärker. Ich ringe nach Luft. Sie bringt mir ein Glas Wasser. Legt den Arm um mich. Ein wenig Zeit und Geduld hat sie noch. Dann aber versucht sie, mich so langsam auf die Sessel im Warteraum zu „schieben". Ich verstehe schon und gehe. Kurz aber muss ich mich nochmal setzen. Mein Bauch wird hart. Bleibt hart. Nur Minuten später entspannt er sich langsam. Auf der Toilette spüle ich mein Gesicht mit Wasser ab. Dann setze ich mich ins Auto und fahre nach Hause. Wie in Trance.

Ich muss schlafen. Ich bin erschöpft. Um 11 Uhr am Vormittag lege ich mich auf das Sofa. Um 14 Uhr wache ich auf. Und unter meinem Po und Beinen eine riesige Wasserlache.

Liebe Leserinnen und Leser, es folgt der Geburtsbericht. Wer ihn lieber überspringen möchte, liest einfach auf Seite 240 weiter.

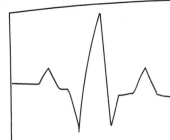

35. Woche

Die Fruchtblase ist geplatzt. Vielleicht. Denkt sie. Befürchtet sie. Ich bin bei der Arbeit und kann nichts tun. Ihre Hose ist nass, die Couch ist nass und es läuft und läuft und läuft. Unwahrscheinlich, dass es sich um Urin handelt. Also google ich schnell. Die Foren sprechen eine eindeutige Sprache: Egal was ist – ab ins Krankenhaus.

Nein. Das kann nicht sein. Das ist unmöglich. Das geht nicht. Ich weiß nicht, was passiert ist. Vielleicht habe ich einfach zu tief geschlafen und hatte die Blasenfunktion nicht mehr unter Kontrolle. Das muss es sein. Eine Freundin hat sich sogar mal beim Spazierengehen in schwangerem Zustand in die Hose geschissen. Zitternd laufe ich ins Badezimmer. Beim Gehen läuft mir das Wasser das Bein runter. Ich kann es nicht halten. Ich presse alle Muskeln zusammen. Aber es läuft einfach weiter. Auf der Toilette halte ich die Hand drunter. Es ist weder gelb noch riecht es nach

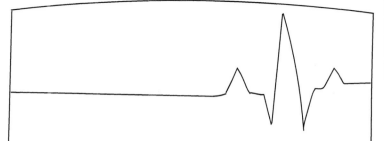

Urin. Mir wird schwindlig. Ich muss irgendwas machen. Irgendwen anrufen. Ihn? Er ist noch bei der Arbeit – 40 Kilometer weit weg. Rufe ich im Krankenhaus an? Bei einer Freundin? Und wie war das jetzt noch mit Infektionsgefahr bei Blasensprung? Gestern noch beim Frauenarzt. Der sagte, der Kopf liegt tief unten im Becken. Er müsste also alles verschließen. Aber gestern beim Frauenarzt war doch alles noch in Ordnung. Vielleicht hat er ein Leck übersehen. Oder es mit seinen Untersuchungen ausgelöst. Oder es waren doch Wehen. Und das CTG-Gerät war kaputt. Das kann einfach alles nicht wahr sein. Alles Mögliche geht mir durch den Kopf. Ich sitze auf der Toilette. Es läuft weiter. Die Zeit vergeht. Ich muss mich aufraffen. Irgendetwas tun. Ich ziehe meine nasse Hose aus. Presse mir zehn Lagen Klopapier zwischen die Beine. Und laufe zur Kliniktasche. Reiße die Packung mit den Einmalunterhosen auf. Ziehe sie an. Suche das Handy. Rufe ihn an. Er sagt, er kommt so schnell wie möglich. Ich soll die Freundin um die Ecke anrufen. Die soll mich fahren. Ich glaube, ich mache es so, wie er es gesagt hat. Wähle ihre Nummer. Und packe noch eine Inkontinenzauflage für ihren Autositz mit ein.

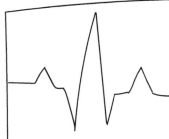

Eine Freundin fährt sie hin. Ich lasse alles stehen und liegen. Meine Kollegen schauen komisch, der Chef macht ein zerknirschtes Gesicht. Beim Rausgehen höre ich noch ein „viel Glück". Ich kann es nicht fassen. Geht es wirklich los? Jetzt? Zu Früh!

Sie ist in der Uniklinik. Unser Krankenhaus der Wahl ist offenbar noch weniger vorbereitet auf sowas als wir. Zu früh, zu früh, ruft die Schwester am Telefon. Ja, zu früh. Vielleicht zu früh. Also wenn er kommt. Egal. Dann in die Uniklinik. Die Freundin bleibt bei ihr. Gut, dass sie da ist. Zu zweit ist es sicherlich leichter. Ich komme so schnell es geht. Denk' an sie. An unser Kind. Wie zu früh kann zu früh sein. Das hatte ich nicht auf dem Schirm. Denke an Strafzettel für zu schnelles Fahren und wie ich den Polizisten sagen muss, meine Frau bekomme gerade ihr Kind und deswegen rase ich so. Und die Polzisten würden mich dann in die Klinik begleiten. Und dann käme das Kind doch nicht, weil sie sich tatsächlich einfach nur in die Hose gemacht hat. Und die Polizisten sind sauer. Und ich muss eine hohe Strafe zahlen. Aber irgendwie sind alle auch erleichtert und lachen.

Ich parke direkt vor der Tür, springe raus, eile in den Kreißsaal.

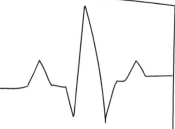

Sie liegt in Überwachungsraum vier. Es ist 17 Uhr. Kein gemütliches Zimmer. Nicht viel mehr als eine Pritsche steht ihr zur Verfügung. Praktisch steril und mit Papier ausgelegt. Das CTG läuft bereits. Doch erfahren hat sie noch nichts. Es wurde noch nicht einmal eine Probe der Flüssigkeit genommen. Ist es wirklich Fruchtwasser? Wenn ja, dann besteht die Gefahr für eine Infektion und die Geburt muss stattfinden. Entweder natürlich oder eingeleitet. Doch ohne Befund können wir nur rätseln. Also warten wir. Und warten. Und warten. Ich werde automatisch ruhiger. Doch nicht so entspannt ruhig. Sondern eher so resignierend ruhig. Apathisch ist, glaube ich, das richtige Wort. Gegen 20 Uhr kommt die Schwester, nimmt eine Probe, verschwindet wieder. Das CTG hat keine Auffälligkeiten gezeigt, ruft sie noch beim Rausgehen. Wenigstens das.

Es vergehen erneut zwei Stunden. Gegen 22 Uhr kommt schließlich ein Arzt. – Ja, es ist Fruchtwasser. Es geht los.

Wir befinden uns in der 35. Woche plus null Tage. Damit haben wir einen Wendepunkt überschritten, sagt der Arzt. Vor der 34. Woche will man eine Geburt bei einem Blasensprung lieber verzögern, danach lieber animieren, da sonst Gefahr für

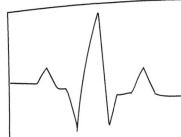

Mutter und Kind besteht. Unser Junge ist komplett ausgereift. Ein Ultraschall bestätigt noch einmal seine Körperausmaße und Vitalfunktionen. Es ist alles in Ordnung. Jetzt muss sie hierbleiben. Wird in die Frauenklinik aufgenommen. Der Muttermund ist noch geschlossen und es gibt keine Wehen. Ist bis morgen Nachmittag nichts passiert, wird wohl eingeleitet. Es kann also noch etwas dauern. Ich wusste es. Nun ist es offiziell. Der Frauenarzt geht.

Ein Kinderarzt kommt rein. Sagt nochmal das Gleiche. Ergänzt etwas: „Nach der Geburt muss Ihr Sohn direkt untersucht werden. Sie können ihn kurz auf Ihren Bauch legen. Dann muss er aber unter Beobachtung. Ein paar Stunden. Macht er sich gut, kommen Ihr Sohn und Sie auf die „normale" Frühchenstation. Macht er sich nicht so gut, muss er auf die Intensivstation. So oder so muss Ihr Sohn bis zur 36. Woche hierbleiben. Mindestens. Standard. So können wir noch eine Woche beobachten, wie Ihr Sohn zu Kräften kommt." Dann wünscht er mir noch viel Glück für die Geburt und geht. Ich zittere. Er nimmt mich in den Arm. Versucht, irgendetwas Aufbauendes zu sagen. Ich höre

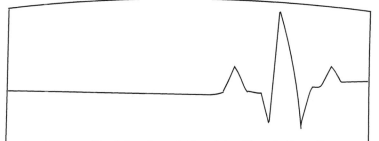

seine Stimme. Verstehe aber nichts. „Ich will nach Hause", sage ich. Stehe auf und laufe auf den Gang.

Sie ist völlig fertig. Will das so nicht. Natürlich nicht. Sie hat Angst, wenn der Kleine direkt unter Beobachtung kommt, keine Bindung aufbauen zu können. Schließlich haben alle immer wieder betont, wie wichtig diese ersten Momente für Mutter und Kind sind. Außerdem will sie wissen, wie das möglich ist. Eine Infektion vielleicht. Sagt die Hebamme. Gestern beim Arzt? Oder aber auch Stress. Ergänzt sie. Ich denke an die ganzen Banktermine. Sie natürlich auch. Und weint. Was sollen wir tun? Was ist mit unserem Plan? Alles neu denken. Jetzt ist wieder alles reduziert auf „Hauptsache gesund". Nichts anderes. Hauskauf, Elternzeit, Versicherungen, Wohnung, Babysachen – alles auf null, alles unwichtig, alles neu.
Irgendwann wird eine andere Frau in unser Zimmer geschoben. Notkaiserschnitt in der 26. Woche. Ihr Kind hat nur eine Niere und eine verschlossene Speiseröhre. Die Frau ist müde, traurig, und unglaublich gefasst. Unsere Angst steigt und gleichzeitig fühlen wir uns so trivial, weil wir „nur" eine Frühgeburt sind.

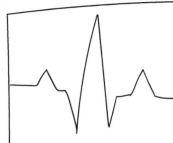

Die Frau bekommt über einen Tropf Antibiotika. Sie nun auch. Das Ergebnis des Streptokokkentests von Gestern liegt noch nicht vor. Quasi Antibiotika auf Verdacht. Es hilft nichts. Ich fahre kurz nach Hause, um die Tasche zu holen. Stopfe alles rein, was ich sonst noch finden kann. Komme zurück mit Rucksack, Tasche, Kissen, Waschzeug, Kleidung. Selbst die paar Babysachen, die wir bereits haben, sind dabei. Und die sind jetzt wahrscheinlich nun eh viel zu groß.

Wir funktionieren einfach. Meine Eltern sind am Telefon fassungslos. Ihre Eltern sind praktisch schon auf dem Weg ins Krankenhaus. Doch heute passiert hier nichts mehr. Wir können sie davon abhalten, vorbeizukommen. Stattdessen geht es jetzt auf die Frauenstation. Ich darf nicht bleiben. Es ist mittlerweile zwei Uhr nachts. Die Zeit rast. Sie bezieht ihr Bett. Die Stationsschwester bittet, mich zu gehen. Ich gehorche. Wie ein Idiot. Warum bestehe ich nicht darauf zu bleiben? Warum lege ich mich nicht einfach auf den Fußboden und warte? Mein Handy ist auf laut. Sehr laut. Ich verspreche, sofort ranzugehen.

Sie lassen nicht mit sich reden. Er muss gehen. Ich habe ja noch keine Wehen. Es könne ewig dauern bis es los geht. Vielleicht müsse man sogar einleiten. Und ein Bett hätten sie für so einen Fall wirklich nicht zu vergeben. Das ergibt keinen Sinn. Neben mir steht doch ein freies Bett! Ich liege alleine in einem großen dunklen Zimmer. Das Bett neben mir ist und bleibt leer. Ich starre auf den schwarzen Fernseher an der Wand. Der Schock weicht der Müdigkeit. Ich muss schlafen. Und ich schlafe.

Zu Hause kann ich nicht schlafen. Beginne, aufzuräumen. Zumindest einigermaßen. Das dreckige Geschirr in die Spülmaschine. Alles, was offensichtlich rumliegt, irgendwohin. Hauptsache weg. Hauptsache irgendwas zu tun. Gegen halb vier falle ich dann aber doch todmüde ins Bett.

Um vier Uhr wache ich auf. Eine Wehe. Sie ist stärker als die Übungswehen. Vielleicht sollte ich jemandem Bescheid geben. Mir fällt der Geburtsvorbereitungskurs ein. Erst im Abstand von fünf Minuten solle man sich auf den Weg ins Krankenhaus machen. Nun. Da bin ich ja schon. Vielleicht sollte ich ihn anrufen.

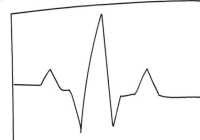

Nein. Erstmal nicht. Ich will alleine sein. Schlafen kann ich nicht. Ich fange an, zu realisieren. Es wird bald losgehen. Unsere gemeinsame Zeit, so nah beieinander, wird bald vorbei sein. Mir laufen Tränen über die Wangen. Vom Bett aus schaue ich aus dem großen Krankenhausfenster in den klaren Nachthimmel hinaus. Und warte auf die nächste Wehe.

Mit einem sechsminütigen Wehenabstand gehe ich gegen 6.30 Uhr runter in den Kreißsaal. Der Muttermund ist erst drei Zentimeter geöffnet. CTG in Ordnung. Ich könne nochmal hochgehen. Das würde noch eine Weile dauern. Vielleicht gegen Mittag. Oben im Bett gibt mir eine Kran-kenschwester eine zweite Antibiotikainfusion. Die Wehen werden stärker. Ich atme in die Wehen, wie ich es gelernt habe. Habe es ja gestern erst noch geübt. Mit jedem Einatmen, atme ich zu meinem Baby. Es dauert nicht mehr lange. Das spüre ich. Ich spreche mit ihm. Verspreche, dass wir das gemeinsam schaffen. Das hilft. Ich spüre, wie ich kräftiger werde. Ich muss mich bewegen. Aufstehen. Rumlaufen. Der Tropf ist längst durchgelaufen. Ich drücke auf den roten Knopf. Die Krankenschwester soll endlich kommen. Die Schmerzen nehmen eine andere Dimension an. Sie sind heftig.

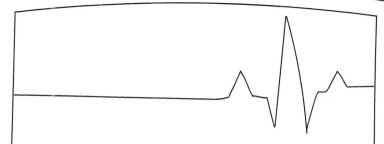

Und drücken stark nach unten. Mit jeder Wehe rutscht er weiter runter. Und ich muss auf die Toilette. Ich drücke nochmal auf den roten Knopf. Die Krankenschwester kommt nicht. Also schiebe ich den Tropf mit mir zum Badezimmer. Setze mich aufs Klo. Und muss plötzlich pressen. Ich kann nicht anders. Ich sitze da und muss einfach nur pressen. Alles Mögliche kommt da raus. Ich spüre seinen Kopf ganz weit unten. Ich kann nicht aufhören, zu pressen. Ich muss in den Kreißsaal. Irgendwie aufstehen. Auf den Gang raus. Mit dem Fahrstuhl nach unten. Erst unten fällt mir ein: Ich muss ihn noch anrufen.

35. Woche plus 1

Um sieben klingelt das Telefon. Ich springe auf. Es geht los. Igendwas anziehen, ins Auto. Der Himmel ist grau. Am Horizont blitzt es. Ein Gewitter. Ein Sturm. Fünf Minuten später bin ich da. Sie krümmt sich vor Schmerzen. Aber nichts da. Kein Leiden. Kein verzerrtes Gesicht. Stattdessen: Volle Kontrolle. Wie fokussiert, wie konzentriert sie mit dem Schmerz arbeitet.

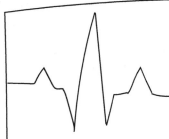

Die Hebamme überprüft den Muttermund, zehn Zentimeter. Es geht los! Jetzt! Wir laufen in den Kreißsaal. Die Hebamme plus Schülerin und eine Oberärztin kommen dazu. Sie presst, muss pressen, will pressen. Kann gar nicht anders. Dabei kniet sie auf allen vieren, die Lachgasmaske in der Hand. Die Schmerzen sind stark. Sie schreit. Bemerkt mich kein bisschen. Ich gebe ihr Wasser, halte ihre Hand, streichle ihren Kopf. Sie ignoriert mich. Ist jetzt ganz beim Schmerz, ganz beim Kind. Doch Knien ist schlecht. Die Herztöne können nicht gemessen werden. Das Gerät fällt immer ab. Also auf den Rücken. Für sie offenbar viel schmerzhafter. Die Schreie werden lauter. Sie presst. Sie presst. Die Hebamme ist begeistert. Alles scheint, perfekt zu laufen. Ich will alles sehen. Will alles mitbekommen. Bin hellwach. Traue mich aber nicht um das Bett herum. Will sie auch nicht loslassen. Die Oberärztin packt das Tuch auf dem sie liegt mit beiden Händen und drückt mit dem Ellbogen auf den Bauch. Presst sie aus wie eine fast leere Zahnpastatube. Das kann nicht richtig sein. Oder doch? Auspressen? Aber ich sage nichts. Schon wieder sage ich nichts, obwohl ich doch sonst nicht die Klappe halten kann, wenn ich etwas seltsam finde.

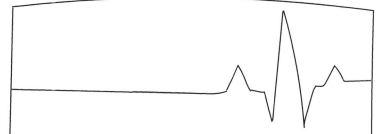

Aber ich will einfach nur, dass ihre Schmerzen aufhören, dass endlich alles vorbei ist. Es ist ein purer Gewaltakt. Krass. – Und plötzlich sehe ich sein Köpfchen. Sehe die Fruchtblase um seine Schultern. Und wie er rausrutscht. In die Hände der Hebamme. Und gleich auf ihren Bauch. Sie kann ihn küssen. Ich kann ihn küssen. Er zieht die Stirn kraus, hat offene, tiefblaue Augen. Er schaut mich direkt an. Ich schneide die Nabelschnur durch – und jede Spannung, jede Angst, einfach alles fällt von mir ab. Was für ein Gefühl.

Später findet der Arzt natürlich andere Worte. Zitat aus dem Arztbrief:

Aufnahme einer 30-jährigen 1 Gravida Para in der 35 + 0 SSW (Schwangerschaftswoche) mit vorzeitigem Blasensprung. Beginn einer Antibiose mit Infectocilin. Im weiteren Verlauf kommt es nach regelrechter Eröffnungs- und Austreibungsperiode zum komplikationslosen Spontanpartus. Entwickelt wird ein lebensfrischer Knabe (lebendgeborener Einling), welcher nach dem Abnabeln den Pädiatern der Universitäts-Kinderklinik vorgestellt wird. Versorgung eines Dammrisses in typischer Weise in Lokalanästhesie.

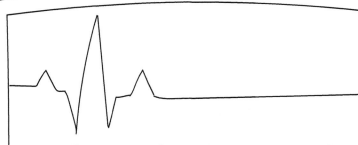

Alles in allem waren wir knapp 30 Minuten im Kreißsaal. Eine halbe Stunde. Mehr nicht. Dafür die geballte Wucht der Emotion.

Er liegt auf meiner Brust. Dieser kleine Mensch. Mein Sohn. Klein und glitschig. Mit einem Handtuch umwickelt. Er schaut zu mir hoch. Wir schauen uns tief in die Augen. Ich küsse ihn auf die Stirn. Tränen laufen mir runter. Mein Körper entspannt sich. Glück durchströmt mich. Aber dieser Moment wird gleich vorbei sein. Das war's. Die Ärzte kommen schon.

Er wird von einem Arzt zur Kinderintensiv getragen. Ich gehe mit und kämpfe mit den Tränen. Soll einen Moment draußen warten, damit die Ärzte die ersten Untersuchungen machen können. Ich heule. Kann gar nicht anders. Es ist das konzentrierte Gefühl purer Freude, und Angst. Geht es ihm gut? Mein Körper schüttelt sich. Ich will einfach nur zu ihm. Ihn ansehen. Ihn halten.

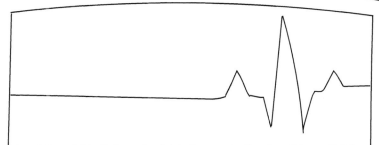

Lass' ihn nicht allein, schrei' ich ihm nach. Pass' auf ihn auf. Ich will zu ihm. Ich darf nicht. Die Plazenta muss erst noch raus. Sie kommt nicht. Auch nach einer halben Stunde noch nicht. Ich bekomme Oxitocin gespritzt. Ich habe heftige Wehen. Sie sind so stark wie unter Geburt. Doch es fühlt sich schlimmer an. Denn ich muss in einen leeren Bauch atmen. Der Schmerz durchbohrt jeden Nerv in meinem Körper. Die Plazenta kommt nicht. Vielleicht ist die Blase zu voll. Ich bekomme einen Harnkatheter. Ein Rohr wird mir in die Harnröhre hochgeschoben. Ich muss das alles ohne ihn ertragen. Dann kommt die Plazenta. Die Ärztin und die Hebamme durchwühlen dieses schwabbelige Ding. Nichts fehlt. Alles da. Nun eine Betäubungsspritze. Ein paar Stiche am Damm. Ich solle mich noch ausruhen. Bekomme Essen und was zu trinken. Aber ich kann nicht. Ich stehe auf. Laufe auf dem Gang umher. Suche irgendeine Hebamme. Da ist eine. Wo ist mein Sohn?, frage ich.

Der Arzt hört ein seltsames Knarzen. Normal bei Frühgeburten. Er hat noch Fruchtwasser in der Lunge. Termingerechte Kinder pressen das Wasser während des Geburtsvorgangs einfach raus.

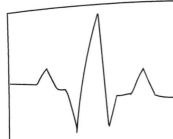

Dazu ist er zu klein, dazu ging es zu schnell. Ich denke an die Oberärztin. Wie sie sich auf ihren Bauch gelegt hat. Vielleicht hätte sie ihn auch ein bisschen langsamer rausdrücken können. Aber da ging irgendwie alles ziemlich hektisch zu. Wie gesagt, halbe Stunde. Jetzt pfeift und knarzt es ein bisschen beim Atmen. 2400 Gramm bei 46 Zentimetern. Ganz okay. Er liegt in einem Wärmebettchen. Plexiglasscheiben rundherum. Öffnungen an den Seiten für die Schläuche und Kabel. Er hat schon ein EKG-Messgerät dran. Auf einem Bildschirm flackern Puls, Atemfrequenz und Sauerstoffsättigung. Puls ist hoch, muss hoch sein. Sättigung ist gut. Knapp 95 Prozent. Nur die Atemfrequenz ist Mist. Variiert zwischen 30 und 150 Atemzügen pro Minute. Regelmäßige Züge um die 50 wären optimal. Der Arzt meint, er könnte es von allein schaffen, seine Atmung zu regulieren. Wenn nicht, bekommt er einen sogenannten Flow – einen kleinen Schlauch, der ihm Luft in die Lunge pustet. Wird knapp unter der Nase angeklebt. Das hilft ihm, die Lunge aufzublasen. Wie ein Luftballon. Ich bleibe bei ihm, während er versucht, die Flüssigkeit aus der Lunge zu atmen. Wir schauen uns an. Aber er ist müde. Klar, der kleine Kerl hat den Stress ja auch mitge-

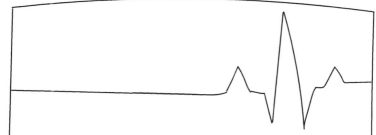

kriegt. Aber ich spüre, dass alles gut wird. Wir sind zusammen. Zwar liegt er nicht auf meinem Arm. Aber ich bin hier. Und er wird versorgt. Medizinisch gibt es sicherlich nichts Besseres gerade. Irgendwann kommt sie aus dem Kreißsaal. Die Nachgeburt, die Plazenta, zu gebären war nochmal ein Kraftakt. Offenbar habe ich das Blutigste an dem Spektakel verpasst. So sitzen wir knapp drei Stunden an seinem Bettchen und beobachten ihn beim Atmen. Doch es pfeift die ganze Zeit. Der Arzt will den Flow. Damit muss der Kleine noch mindestens zwei Tage auf der Intensivstation bleiben. Allein. Da gibt es keine Mutter-Kind-Zimmer. Nur die Kinder bleiben da, umsorgt von Schwestern und Ärzten. Sie kommt auf die Frauenstation. Kann nicht neben ihm liegen. Er wird weggebracht und wir müssen erst einmal auf ihr Zimmer. Die Ärzte wollen ihn in Ruhe vorbereiten, ein emotionsgeladenes Elternpaar können sie dabei nicht gebrauchen. Versteh' ich, trotzdem können wir uns kaum zurückhalten, alle zur Seite zu schubsen und ihn an uns zu reißen.

Ihre Eltern sind gekommen, Freundinnen. Alle wollen ihn sehen. Doch müssen wir sie vorerst enttäuschen. Später. Vielleicht morgen. Übermorgen. Wir schicken alle weg. Sie ist

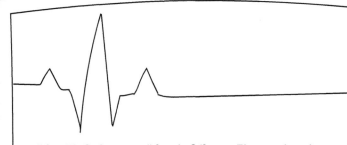

müde. Einfach nur müde. Auf ihrem Zimmer ist eine andere Frau mit ihrem gerade geborenen Kind. Sie hat es auf dem Arm. Die zwölfköpfige Familie strahlt vor Stolz. Es ist laut und das Zimmer voll. Ich schmeiße alle raus. Ist mir egal, ob das jetzt unhöflich war. Unser Kind liegt unten und bekommt gerade Schläuche angelegt. Ein bisschen Egoismus kann ich mir leisten, denke ich.

Endlich dürfen wir auf die Intensivstation. Der Ärzte-, Schwestern-, Hebammen-Verschleiß ist immens in zwölf Stunden. Immer wieder: Hallo, ich bin Schwester Petra, Michaela, Julia, Kerstin, alle mit der Akte in der Hand. Die Akte mit ihren Statistiken und Grafiken. Jeder Atemzug wird protokolliert. Alles ist akribisch festgehalten. Auf der Intensivstation bekommt er seine Nahrung über eine Magensonde. Alle drei Stunden. Immer die gleiche Menge. Sie wollte ihn eigentlich Stillen. Wir wissen jetzt nicht, ob das überhaupt möglich sein wird. An ihm hängen der Flow, das EKG-Gerät, die Magensonde und ein intravenöser Zugang, falls er die Nahrung nicht annimmt und der Elektrolyte-Haushalt verbessert werden muss. Der Zugang musste am Kopf gelegt werden, da die Venen am Arm zu klein

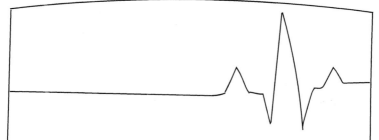

sind. Sieht eher unschön aus. Wir sitzen auf zwei unbequemen Stühlen neben seinem Wärmebettchen und können gerade mal seine Fingerchen greifen. Über die Sonde darf er Muttermilch gespritzt bekommen. Zum Teil. Sie pumpt also ab. Was gerade so funktioniert. Immer mal wieder ein paar Milliliter. Vermischt mit künstlicher Babynahrung reicht es für ihn.

Der erste Tag vergeht. Irgendwann gegen 23 Uhr kann sie vor Müdigkeit kaum noch auf dem Stuhl sitzen. Andere Frauen kurieren in dieser Zeit ihre Wunden aus. Sie will ihn nicht alleine lassen. Die Frauenstation ist auf einem anderen Stockwerk im gegenüberliegenden Teil des Gebäudes. Ich schaffe es, sie zu überreden, wenigstens drei Stunden zu schlafen.

Ich bin sehr wacklig auf den Beinen. Immer kurz vor dem Heulen. Hab' Familie, Freunden, Chefs und Kollegen Bescheid gegeben. Wir sind jetzt erstmal auf der Intensivstation. Nächster Schritt: Raus hier und auf die „normale" Kinderstation.

Er ist gegangen. Ich liege oben auf der Frauenstation. Im Bett neben mir eine frische Mutter. Ihr Baby liegt eng an sie gekuschelt in ihren Armen. Das Baby weint. Sie holt ihre Brust raus. Legt es dicht an

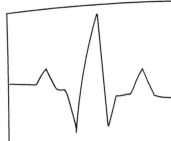

sich. Das Schreien verstummt. Ich höre, wie das Baby schluckt. Die Mutter ist wieder eingeschlafen. Ich sitze auf dem Bett und schaue die beiden an. Ich bin hier nicht richtig. Hier sind Mütter mit ihren Babys. Ich stehe auf. Gehe raus. Und fahre mit dem Fahrstuhl nach unten. Zur Intensivstation. Es ist dunkel im Zimmer. Vier Brutkästen nebeneinander. In einem davon liegt mein Sohn. Die Monitore blinken und piepen. Keine Mutter hier. Nur ich. Ich setze mich auf einen Stuhl direkt neben ihn. Spreche mit ihm. Halte seine Hand. Und schlafe irgendwann im Sitzen ein.

35. Woche plus 2

Es geht ihm besser. Seine Haut ist rosig. Doch das Pfeifen ist immer noch da. Mindestens eine weitere Nacht wird er bleiben müssen. Ihre Eltern kommen zu Besuch. Sehen ihn endlich das erste Mal. Mit allen Schläuchen und Kabeln und in diesem Kasten. Bringen Kuchen, belegte Brote und Kaffee mit. Keine Ahnung ob das erlaubt ist auf der Intensivstation. Der Kuchen

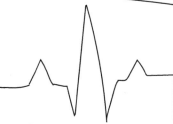

krümelt den Gang voll, die Kaffeekanne macht einen dunklen Fleck direkt neben seinem Bettchen. Ich versuche, ihn mit Desinfektionsmittel wegzukriegen. Die Farbe bleibt. Dafür ist er komplett steril. Für die Schwestern in Ordnung.

Zwei andere Kinder liegen im selben Zimmer. Das eine kam zu früh und hat Verdacht auf Thrombose, also Wassereinlagerung, im Gehirn. Puh. Das andere ist eigentlich ein Zwilling. Wuchs im Bauch mit seiner Schwester in derselben Fruchtblase. Fast siamesische Zwillinge, sogenannte Mono-Zwillinge. Doch die Entwicklung verlief ungleichmäßig. Während das Geschwisterchen komplett ausgereift ist, fehlen bei ihr wichtige Teile des Darmes. – Das erinnert mich an alle Ängste und Befürchtungen, die wir vor der Geburt hatten. Jetzt erleben sie andere, hier, auf dieser Station. Die Frauen oben, die ihre Kinder normal zur Welt gebracht haben, kriegen das alles gar nicht mit. Kein Wunder, dass wir seltsam angeguckt wurden, als wir vorab von unseren Befürchtungen sprachen. Was passieren kann, wissen nur die Menschen hier. Ist vielleicht auch besser. Ich will das eigentlich auch gar nicht wissen. Und bin unendlich froh, dass es unser Sohn vergleichsweise leicht hat. Gemischte Gefühle insgesamt.

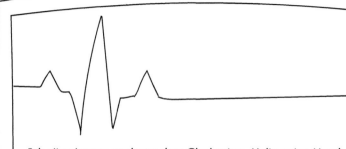

Ich sitze immer noch vor dem Glaskasten. Halte seine Hand. Versuche, ihm irgendwie Nähe zu geben. Schwer bei der Unruhe. Ständiges Piepsen. Und blinkende Lichter. Die Schwestern rennen rein und raus. Drücken auf den Monitoren rum. Spritzen den Babys irgendwas. Nahrung. Medizin. Die Putzfrau leert die Mülleimer. Wischt die Fensterbretter ab. Macht die Glaskästen sauber. Ich muss die Beine heben. Sie wischt den Boden vor meinen Füßen. Versucht, den Kaffeefleck vor unserem Kasten wegzuwischen. Sprüht etwas aus einer Flasche drauf. Der Fleck ist immer noch zu sehen. Sie murmelt irgendwas. Und so also beginnt das Leben für meinen Sohn, denke ich.

Zum Glück sind meine Eltern da. Ich schaffe es nicht mehr, stark zu sein. Mich immer wieder gegen die Schwestern zu wehren, die mich wegschicken wollen, mich schlafen schicken. Meine Mutter nimmt mich in den Arm. Eine ganze Weile sitzen wir so da und starren ins Leere. Dann begleitet sie mich zum Duschen. Hilft mir beim Anziehen. Danach zum Abpumpen. Alle drei Stunden. Ich sitze in einem extra dafür eingerichteten Abpumpraum. Von der Schwester bekomme ich trichterförmige Aufsätze. Die befestige ich an den Schläuchen der Abpumpmaschine. Mit jeweils einem

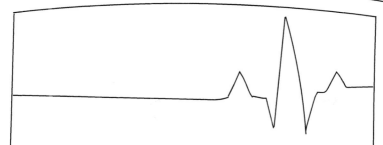

Trichter an einer Brustwarze erzeugt das Gerät immer wieder Unterdruck und zieht meine Brustwarzen in den Trichter rein. So soll das Saugen des Babys imitiert werden. Und irgendwann spritzt dann auch etwas Milch in die kleinen Flaschen, die unten an den Trichtern hängen. Es sitzen noch drei weitere Frauen mit im Raum. Überall brummt das Abpumpgerät. Bei den anderen Frauen sind die Fläschchen im Nu voll. 150 ml in ein paar Minuten. Da spritzt die Milch einfach so raus. Wie bei Kühen. Bei mir füllt sich die Flasche nur bis zum ersten Strich. Und nur sehr langsam. Neidisch schaue ich auf die Flaschen der anderen Frauen. Und frage mich, wo ihre Kinder wohl sind. Aber ich traue mich nicht, sie anzusprechen.

Abends werden wir fast rausgeschmissen. Eine pflichtbewusste Nachtschwester sieht es nicht so gerne, wie wir bei ihm sind, ihn berühren wollen. Sie ist unfreundlich und kann nicht verstehen, dass wir ihn nicht aus den Augen lassen wollen. Schließlich wollen wir, dass er weiß, dass wir da sind. Er bemerkt uns. Das weiß ich einfach.

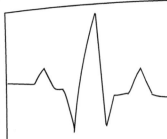

„Es ist am besten, Sie gehen jetzt auf Ihr Zimmer in der Frauenstation. Ihr Baby braucht jetzt Ruhe. Da kann es sich am besten erholen. Und Sie sollten auch schlafen." Schwester Laura glaubt tatsächlich, was sie sagt. Die lästige Mutter muss sie unbedingt loswerden. Sie hat heute Nachtschicht. Und möchte lieber ihre Arbeit ohne mein Beisein verrichten. Ich lass' mich also überreden. Fahre mit dem Fahrstuhl nach oben. Meine Wut im Bauch wächst. Oben im Zimmer weint das Baby der anderen Frau. Sie kann es nicht beruhigen. Natürlich kann ich nicht schlafen. Ich nehme mir den Bademantel meiner Mutter aus der Kliniktasche. Fahre wieder nach unten. Hole mir noch einen Stuhl vom Flur. Setze mich neben den Brutkasten. Lege die Beine auf den zweiten Stuhl. Und decke mich mit dem Bademantel zu. Schwester Laura ignoriert mich.

Ihre Füße schwellen an. Um das Doppelte. Wassereinlagerungen. Eigentlich müsste sie liegen. Sie bräuchte dringend eine Pause. Sie ist schwach und ihre Dammwunde schmerzt. Alles ist geschwollen. Niemand kümmert sich um ihre Wunden. Niemand gibt ihr etwas zum Kühlen der Geburtsverletzungen.

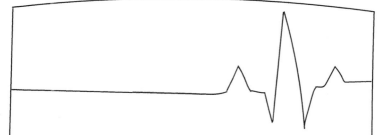

Selbst um die Einmalunterhosen muss sie sich selbst kümmern und die Krankenschwestern hier unten darum bitten. Wir sind genervt. Wollen raus aus der Intensivstation. Um uns zu beruhigen und um ihm zu zeigen, dass wir da sind, beginnen wir, ihm Dinge zu erzählen. Alles, was uns gerade einfällt. Meistens Quatsch. Ich erzähle von unserer Wonung. Vom Auto. Von draußen. Vom Sommer. Dass es megaheiß ist. Fast 40 Grad. Und dass die es hier ja schön runtergekühlt hätten, auf moderate 18 Grad. Dass ich dann aber immer einen halben Schock bekomme, wenn ich verschwitzt mit kurzer Hose von draußen in diese herbstliche Atmosphäre eintauche. Außerdem erzähle ich davon, dass er bald wohl das erste Mal Fahrstuhl fahren wird. Bald, hoffentlich. Und dass ich ihn liebe.

35. Woche plus 3

Vielleicht kommen wir heute endlich raus. Lange halten wir es nicht aus. Ich war wieder zu Hause. Sie war nur kurz auf ihrem Zimmer und ist dann direkt wieder auf die Station ge-

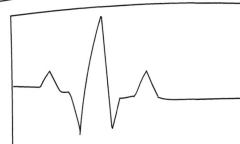

gangen. Als ich früh morgens hinkomme, sitzt sie wieder vor dem Bettchen. Die Nachtschwester ist weg. Vielleicht haben wir heute Glück und kommen raus.
Dann ruft mich mein Chef an. Warum ich denn nicht bei der Arbeit sei. Morgen müsse ich einen Workshop halten und es gäbe noch allerhand andere Sachen zu tun. So geht es ja nun nicht. Natürlich täte es ihnen leid, mit Intensiv und so, aber ich müsse ja auch ihre Situation verstehen. Wer macht denn jetzt die ganze Arbeit? – Ich stehe vor der Station, mit dem Handy in der Hand und weiß jetzt auch nicht so genau. Da drin liegt mein Sohn und da am Telefon werde ich wegen eines Online-Workshops angekackt. Also zusammengefasst: Meine Chefs verlangen, dass ich meinen Sohn auf der Intensivstation einfach liegenlasse und zur Arbeit komme, um ein Seminar zu Suchmaschinenoptimierung zu halten. Okay, krass. Vielleicht tun das manche Leute sogar. Noch krasser. Aber muss ich das wirklich? Es gibt kaum etwas, was mich momentan weniger interessiert, als Suchmaschinenoptimierung. Ursprünglich war mein Plan, abzuwarten, bis wir aus der Intensiv sind, dann zur Arbeit zu gehen und zu klären,

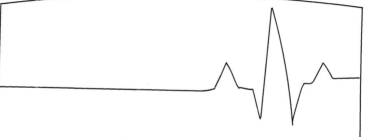

wie ich nun meine Elternzeit beantragen werde. Doch jetzt ist alles anders. Irgendwie fällt es mir gerade sehr schwer, Rücksicht zu nehmen, wenn da von denen eher wenig bis kein Verständnis kommt. Also recherchiere ich ein bisschen. Das Infotelefon für Arbeitsrecht macht mir Hoffnung. Es gibt zwei Möglichkeiten: Entweder ich beantrage via Sondergenehmigung sofort Elternzeit. Und zwar die vollen 36 Monate und arbeite keine einzige Sekunde. Oder ich mache dieses Seminar, gehe danach direkt in Urlaub und beginne nach dem Urlaub meine Zeit zu Hause. Natürlich nicht mehr in Teilzeit, sondern komplett zu Hause. Scheiß drauf. Ab jetzt müssen sie damit klarkommen, dass sie eine Arbeitskraft weniger haben. Muss sich halt jemand anderes um die total wichtigen Online-Workshops kümmern. Trotzdem ist die zweite Option natürlich eigentlich schon fast zu nett. Schließlich müsste ich theoretisch gar nichts mehr machen. Aber nur weil meine Chefs miese Egoisten sind, heißt das ja nicht, dass ich einer bin. Immer an den kategorischen Imperativ denken. – Per Telefon bei der Arbeit die beiden Möglichkeiten vorgeschlagen, entscheiden sie sich natürlich für Variante zwei. So fin-

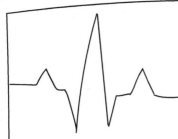

det das Seminar in jedem Fall statt und sie haben nicht den Ärger, es verschieben zu müssen. Also gut. Dann also einmal von der Intensivstation der Uniklinik aus ein Seminar über Suchmaschinenoptimierung gehalten. Frag mich noch, wo ich mich dafür am besten mit meinem Laptop hinsetze.

Schwester Inge ist ein Engel. Eine nette ältere Krankenschwester. Hat selbst Kinder. Redet mir gut zu. Ob ich ihn mal auf meine Brust legen will, fragt sie. Man könne ja eine Ausnahme machen. Ich setze mich auf den Stuhl. Lege die Beine auf den anderen Stuhl. Knöpfe mir das Nachthemd auf. Sie holt ihn raus. Mit allen Kabeln legt sie ihn mir nackt auf die Brust. Deckt ihn zu. Er schaut mich an. Endlich kann ich ihn nachholen. Den Moment nach der Geburt. Ich muss weinen. Ich erzähle ihm, wie sehr ich ihn vermisse. Dass ich mir ein Leben ohne ihn nicht vorstellen kann. Und dass ich alles tun werde, um ihn zu beschützen. Er atmet ruhig. Nach einer Weile schlafen wir beide so ein. Zum ersten Mal seit drei Nächten schlafe ich. Tief und fest. Die Schwester weckt mich nach einer Stunde. Er muss wieder in den Wärmekasten.

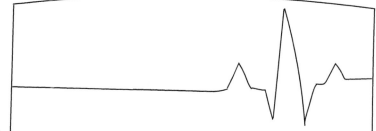

Und dann: Wir kommen raus aus der Intensivstation. Wie schnell und einfach es plötzlich geht. Zum Glück ist hier alles auf Rollen. Mit Sack und Pack geht es rüber auf die Kinderstation. Fühlt sich an wie unsere erste kleine Reise. Irgendwie. Es fühlt sich aber auch wie ein kleiner Sieg an. Die erste Hürde ist überstanden. Glücklich rollen wir durch die Gänge. Ich würde am liebsten eine Fahne schwenken. Ein Triumphmarsch. Konfetti sollte fliegen. Warum applaudiert hier eigentlich niemand? Ich würde ja, hab' aber die Hände voller Taschen.

35. Woche plus 4

Die Neugeborenenstation glänzt mit Komfort. Ein Doppelzimmer. Mit eigenem Bett neben seinem Wärmekasten. Eigenes Bad. Essen für die Mütter. Er ist zwar immer noch verkabelt. Aber der Flow ist weg. Er kann nun alleine atmen. Auch wenn die Atemfrequenz noch nicht optimal ist. Es piepst immer wieder und ich zucke zusammen. Starre erschrocken auf den Monitor. Oft Fehlalarm. Oder der Alarm vom Baby meiner Zim-

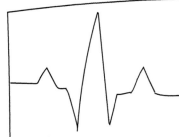

mernachbarin. Das hat nämlich häufig Atemaussetzer. Panische Schwestern rennen dann ins Zimmer. Die Mutter wird in die Ecke gedrängt. Ihr Gesicht wird bleich. Sie ist kurz vorm Wegkippen. Was am Baby gemacht wird, kann ich nicht sehen. Ich versuche wegzuschauen. Versuche, mich über seine positive Entwicklung zu freuen. Fällt mir schwer, wenn im Nachbarbett das Baby um Luft ringt. Ok. Es ist nicht mein Baby. Mein Baby kann alleine atmen. Meinem Baby geht es besser. Ich lege ihn kurz in sein Bettchen. Und nehme die andere Mutter in den Arm.

Und bald, irgendwann ist diese Zeit hier vorbei. Dann bin ich draußen. Vielleicht kaufe ich mir ja auch einen Bugaboo. Und das passende Sonnensegel. Und den Sonnenschirm. Und gehe mit ihm spazieren. Während er glücklich und gesund im Wagen liegt. Mich anlächelt. Und ich ein Eis esse. Ein schöner Traum. Ich spüre die Müdigkeit. Ich muss schlafen. Will ihn aber nicht weglegen. Stütze ihn zusätzlich mit dem Stillkissen ab. Nicke ein. Zucke dann aber immer wieder schreckhaft auf. Wache auf, bevor mein Körper völlig entspannt. Aus Angst, ihn fallen zu lassen. Oder ihn nochmal zu verlieren.

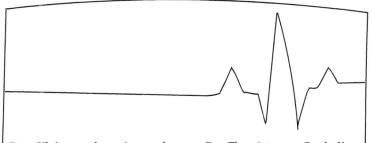

Dem Kleinen geht es immer besser. Der Flow ist weg. Doch die Magensonde ist noch drin, auch wenn wir bereits versuchen, ihn an die Flasche zu bringen. So lernt er Saugen und kann vielleicht irgendwann an die Brust. Aus der mittlerweile recht viel Muttermilch fließt. Die ergänzende Babynahrung kann fast eingestellt werden. Beiden, sie und ihm, geht es daher eigentlich gut. Allerdings ist ihre Laune trotzdem im Keller. Was abgesehen von der Gesamtsituation möglicherweise auch an einer erneuten Hormonumstellung liegt. Der Adrenalinspiegel nimmt ab und Östrogen und Progesteron nehmen zu. Letzteres ist hauptsächlich für die Produktion von Muttermilch zuständig. Dieser Hormoncocktail bereitet ihr jedoch depressive Stimmungen. Ein Glück, dass ihre Eltern da waren. Ihr Mut zugesprochen haben. Sich bereit erklärt haben, die Wohnung zu putzen. Wir kriegen das alles hin, sagen sie. Ich glaube das auch. Und sie eigentlich auch. Nur jetzt gerade nicht. Währenddessen kümmere ich mich bereits um den Papierkram. Der Kleine muss angemeldet, über mich versichert, und offiziell den Behörden vorgestellt werden. Außerdem muss ich meinen Antrag auf Elternzeit fertig machen. Dazu brauche ich die Geburtsurkunde.

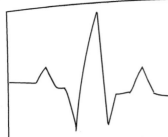

Viel zu erledigen also, wofür ich mir eigentlich in den nächsten Wochen Zeit eingeplant hatte. Naja, ärgerlich, aber machbar. Vor allem, weil sich hier neben der guten medizinischen Versorgung ein weiterer Vorteil der Uniklinik erweist: Es gibt ein Meldeamt direkt in der Klinik. Muss es nur in den Katakomben irgendwo finden. Und noch besser: Ich darf ihn auch endlich einmal halten. Ein großartiges Gefühl. Er passt perfekt auf meinen Arm. Wie dafür gemacht. Er liegt da und dann sind wir nur noch zu zweit. Alles andere verschwindet. Ich bekomme gerade noch mit, dass sie kurz zum Abpumpen geht. Dann sind wir allein und ich erzähle ihm, was hier so los ist. Damit er auch mal auf dem neuesten Stand ist. Erzähle ihm auch von meinem Seminar. Er kann zwar am allerwenigsten mit Suchmaschinen anfangen, aber ich finde, er sollte wissen, was sein Vater jetzt bald zum letzten Mal machen wird. Zumindest in dieser Agentur. Denn um meine Karriere unter dieser Unternehmensführung weiter voranzutreiben, fehlt mir die Motivation. Ich schaue mich nach etwas Neuem um. Vielleicht riskant, mit frisch geborenem Sohn den Job zu wechseln. Aber warum nicht. Je besser es dem Kleinen geht, desto besser ist mein Gefühl der Zukunft gegenüber.

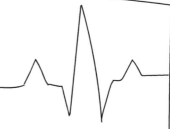

35. Woche plus 5

Heute ist mein erster offizieller Urlaubstag und sein Stuhlgang ist grün. Beziehungsweise schwarz. Oder noch genauer: War schwarz, nachdem die Schwester mit einem Fieberthermometer das sogenannte Kindspech aus ihm rausgeholt hatte. Macht man das eigentlich so? Sollte das nicht von allein rauskommen? Wenn ja, geht das den Schwestern offenbar nicht schnell genug. Klar, wenn hier am Fließband geboren wird, hat niemand Zeit, auf das Kindspech zu warten. Grüner Stuhlgang heißt auf jeden Fall, er verdaut die Muttermilch. Und: gute Verdauung bedeutet keine ergänzende Infusion mehr. Der Zugang am Kopf ist weg. Was bleibt, ist eine kleine Wunde. Und viele furchterregende Fotos.

Wir bekommen Besuch. Meine Eltern sind da, seine Eltern, Freundinnen. Es ist fast ein bisschen zu viel. Schwestern, Alarme, Ärzte, Kontrollen, Besuche von mir und der Zimmernachbarin, Putzfrauen, Hebammen. Letzteres eigentlich Unterstützung. Denn ich will endlich Stillen. Wie das geht, keine Ahnung. Dach-

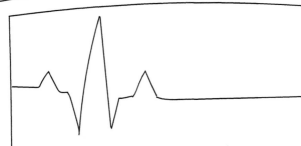

te, das würde automatisch gehen. Eigentlich nach der Geburt. Beim Bonding. Nun ist der Moment vorbei. Und uns fehlt diese Zeit, um zueinander zu finden. Ich will endlich voll und ganz seine Mama sein dürfen. Nervt, dass sie mir alle Entscheidungen abnehmen. Sogar wann er essen darf. Er weint bereits zwei Stunden nach der letzten Mahlzeit durch die Magensonde. Ich denke, er hat Hunger. Doch hier gibt es erst nach drei Stunden wieder Milch für ihn. Meine Muttermilch wird mit der Pre-Nahrung gemischt. So kommt er auf die Menge, die er pro Mahlzeit trinken soll. Ich sage den Schwestern natürlich schon nach zwei Stunden Bescheid, dass er Hunger hat. Sie würden sich darum kümmern, wenn sie Zeit hätten. Eigentlich wäre das ja erst in einer Stunde. So steht es in ihrem Protokoll. Nun sind auch erstmal die anderen Babys in dem Nebengang dran. Denn die haben alle erst nach drei Stunden Hunger. Ich bleibe hartnäckig. Stehe vorm Schwesternzimmer. Und werde laut. Die Schwester kommt mit der Flasche. Kaut dabei auf einem Croissant rum. Die Flasche ist wieder um zehn Milliliter voller. Jede Mahlzeit muss er mehr trinken. So steht es im Protokoll. Natürlich schafft er das nicht. Er schafft gerade mal die Hälfte. Ich denke, er ist satt. Und trotzdem wird

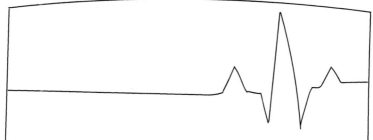

ihm der Rest der Mahlzeit mit der Magensonde reingespritzt. Und auch deshalb will ich unbedingt stillen. Will selbst bestimmen, wann und wieviel ich ihm gebe. Das ist bei den Schwestern nicht gern gesehen. Aber auch hier wissen sie zu protokollieren. Mit dem obligatorischen Wiegen vor und nach jeder Mahlzeit können sie sehen, wie viel er getrunken hat. Die volle Pipiwindel wird dabei jedes Mal ausgezogen. Nicht, dass zu viel Pipi das Ergebnis am Ende noch verfälscht. Denn trinkt er nicht so viel wie im Protokoll vorgesehen, müssen wir weiterhin hierbleiben.

Insgesamt überwiegt aber das Gefühl der Freude. Auch darüber, dass es ihm immer besser geht. Er darf aus der Wärmekiste raus, wir wickeln ihn und er schläft bei uns im Arm. Ich darf ihm die Flasche geben und wir wachsen immer mehr zusammen. Leider muss ich immer noch jede Nacht nach Hause. Was hier also genau abgeht und wie nervig die Schwestern sein können, bekomme ich nur über sie mit. Sie ist angepisst. Hasst diese Struktur, dieses System. Wird imer ungeduldiger, wann es endlich nach Hause gehen kann. Ich sehe das, ich verstehe ihren Unmut. Versuche daher, jeden positiven Schritt als Schritt in die Freiheit

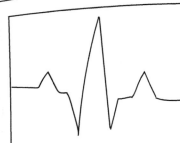

zu feiern. Für mich klappt das ganz gut. Zum Beispiel das Stillen: Ein Erfolg. Er zieht sehr kräftig. Sogar im Rücken spürt sie noch ein Ziehen. Nur das Andocken klappt noch nicht ganz. Er muss den Mund weit aufmachen und sie ihn dann mit Schwung an ihren Nippel pressen. Dabei beißt er manchmal ordentlich zu. Auch ohne Zähne offenbar recht schmerzhaft. Nur mit dem Schlucken kommt er noch nicht so richtig klar. Gleichzeitig Atmen und Schlucken und Rülpsen bringt ihn durcheinander. Er erschreckt sich und bekommt Schluckauf. Den kennt er noch aus dem Bauch.Da wackelt dann sein ganzer Körper. Wackelspeck. Sieht lustig aus. Und er bleibt dabei total ruhig. Was uns gleichzeitig auch beruhigt. Wobei es hier in den Katakomben der Uniklinik wirklich seltsam zugeht. Alles ist so unecht. Irgendwie nur künstliches Licht. Und draußen herrschen immer noch 36 Grad Hitze. Im Juni. Während hier drin alles auf knapp 20 Grad runtergekühlt ist. Aber irgendwie bin ich der einzige, dem das kreislaufmäßig zu schaffen macht.

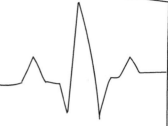

35. Woche plus 6

Klar, Blutabnehmen ist ein Graus. Wenn die Adern so winzig klein sind natürlich noch mehr. Dazu wird ein winziges Röhrchen in eine Vene an seinem Kopf gesteckt und das Blut vorsichtig rausgedrückt. Da fließt es noch nicht so richtig wie bei uns Erwachsenen. Niedriger Blutdruck; was an den kleinen Adern liegt. Hätte er einen normalen Blutdruck von 120 zu 80, würden die einfach platzen. Und die Blutwerte selbst sind auch nicht berauschend. Er hat Gelbsucht. Kommt vor. Auch bei termingerechten Neugeborenen. Nur bei Frühchen ist die Quote höher. Knapp 80 Prozent der zu früh Geborenen bekommen Gelbsucht. Doch ist die Gelbsucht im Vergleich zum Krankheitsbild bei Erwachsenen meistens harmlos. Das liegt am Körperverhalten nach der Geburt. Babys werden mit einer zu hohen Zahl roter Blutkörperchen geboren, die mit der Zeit zerfallen. Dadurch entsteht der Gallenfarbstoff Bilirubin, der von der Leber jedoch noch nicht so schnell verarbeitet werden kann. Das Resultat ist eine gelbliche Ver-

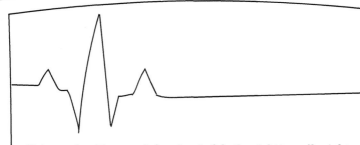

färbung der Haut und der Augäpfel. So richtig gelb sieht er aber nicht aus. Behandelt wird das mit einer Blaulichtlampe. Leider müssen wir ihn daher wieder abgeben. Er muss, so lange wie möglich – mindestens 24 Stunden, unter der Lampe liegen. Nur zum Stillen und Wickeln darf er raus. Wobei er ja immer noch die Sonde hat. Weswegen die Schwestern ihn auch zum Füttern lieber drin lassen würden.

Er muss da rein. Das weiß ich. Das sagen mir alle. Auch mein Verstand. Doch mein Verstand ist gerade nicht stark genug. Die Gefühle überwiegen. 24 Stunden wird er im Glaskasten eingesperrt sein. Nackt. Mit Augenmaske. Und wieder wird er alleine sein. Vielleicht denkt er, ich verlasse ihn. Schon wieder. Am liebsten würde ich mich dazulegen. Da irgendwie reinquetschen. Oder mit ihm abhauen. Mit dem Bettchen vor die Tür rollen. In die Sonne. Das hat früher auch geholfen. Da wurden die Kinder ans Fenster gestellt. So war es bei meinem Vater. Und der ist auch gesund. Abgesehen von den schlechten Leberwerten. Er ist aber mittlerweile auch schon 65. Trotz der Leberwerte. So schlecht war es also nicht. Ich glaub', ich lös' schon mal die Bremsen vom Bett.

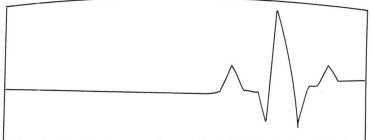

Klar, dass uns das fertig macht. Und dann hört der Arzt auch noch ein kleines Geräusch beim Herzen. Es muss nichts sein, kann aber. Ein Ultraschall soll Gewissheit bringen. Seit knapp einer Woche ist sie nun ununterbrochen im Krankenhaus. Doch trinkt er immer besser und nimmt auch zu. Es kann nicht mehr lange dauern. Es darf nicht mehr lange dauern. Wie lange genau kann uns niemand sagen. Bevor er unter die Lampe muss, können wir zumindest kurz noch einmal gemeinsam zu dritt im Bett liegen. Ein schönes, ein bindendes Gefühl. Kurz darauf erzählt sie mir, welch eiterartiges, gelbes Zeug als Wochenfluss ihren Körper verlässt. So wechseln sich der medizinische Alltag und familiäre Bindung ab. Es wird wirklich Zeit, dass wir hier rauskommen. Mit einem Kind ohne Gelbsucht und gesundem Herzen.

35. Woche plus 7

Seit acht Tagen habe ich kein Sonnenlicht mehr gesehen. Liege hier unten. In dieser Parallelwelt, die nun mein Alltag geworden ist. Getaktet vom Zwei-Drei-Stunden-Rhythmus des Essens,

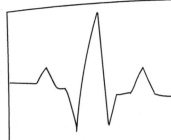

Wickelns und Abpumpens. Auch nachts. Meine Schlafphase ist höchstens ein bis zwei Stunden lang. In dieser Nacht keine. Denn die Blaulichtlampe leuchtet immer noch über ihm. Noch zwölf Stunden. Er strampelt nackt im Wärmekasten und weint. Er will sich die Augenbinde abziehen. Ich versuche, auf ihn einzureden. Dass das jetzt leider nötig ist. Dass er das jetzt nicht versteht. Und ja, das ist echt beschissen. Aber bald ist es vorbei. So steh' ich neben seinem Wärmekasten. Weine. Und versuche nun das dreißigste Mal, seine Augenbinde festzuziehen. Dann kippe ich um. Liege auf dem Boden. Wache wieder in meinem Bett auf. Die Schwester steht neben mir. Sie müssen unbedingt schlafen. Sagt sie. Wir kümmern uns heute Nacht um ihn, sagt sie. Ich schlafe eine Stunde. Er weint. Die Schwestern kommen nicht. Es ist keine Fütterungszeit. Sie kommen nicht wegen jedem Weinen. Also stehe ich wieder an seinem Bettchen. Und singe. In der Hoffnung, er schläft irgendwie ein. Überschläft diese für ihn furchtbare Zeit.

Am nächsten Morgen kommt er mit einer Tasse Kaffee in unser Zimmer. Gut gelaunt. Er sieht erholt aus. Darf jeden Abend nach Hause. Sich erholen. Diesem Wahnsinn entkommen. Ich fühle

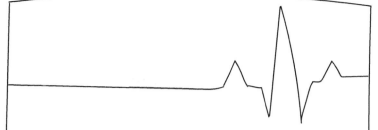

mich allein und kraftlos. Wir streiten trotzdem.
Plötzlich sehe ich, wie sich unser Sohn die Magensonde aus dem Mund zieht. Die Schwester kommt. Will sie ihm wieder in den Hals stecken. Ich sage laut NEIN. Er will sie nicht! Das reicht jetzt. Er schafft das auch alleine. Die Schwester weiß nicht, was sie sagen soll. Bespricht es mit ihrer Kollegin. Sie sind einverstanden.

Wenn es der Mutter gut geht, geht es dem Kind gut, sagt die Hebamme. Der Mutter geht es nicht gut. Die Schwestern sehen es nicht. Schlimmer: Ich sehe es nicht. Ich bin draußen. „Darf" nach Hause. Komme morgens rein und sehe zu, wie sie immer schlapper, immer müder mit dieser künstlichen Atmosphäre zurechtkommen muss. Wir streiten, als ob wir nicht anders könnten. Als ob uns das entlasten würde. Denn unter den Umständen und auch weil es so lange dauert, fällt es uns zunehmend schwer zu sehen, was hier eigentlich passiert: Hier will man uns helfen. Auf eine sehr bürokratische Weise, ja, aber es ist Hilfe. Und wer weiß, welche Fälle es hier noch gibt.
Zwischendurch gute Nachrichten vom Arzt. Also einer von

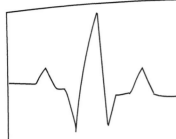

denen, die ab und zu mal reinschneien: Ist der Ultraschall in Ordnung, können wir nach Hause. Die Gelbsucht ist bereits gebannt. Der Kleine isst fleißig und wird bestimmt in den nächsten Tagen ordentlich zunehmen. Die Unterstützung und dreistündige Kontrolle der Schwestern aus dem Krankenhaus brauchen wir also eigentlich nicht mehr. Außerdem kommt die Hebamme jeden Tag und sieht nach dem Rechten. Von der erfahren wir nun, nachdem fast alles überstanden ist, dass wir gar nicht alles in dieser Form hätten über uns ergehen lassen müssen. Wir haben die Standardprozedur bekommen. Hätten wir mehr Ahnung gehabt, hätten wir längst „Stopp"-Sagen und uns selbst entlassen können. Praktisch auf eigenes Risiko, aber niemand hätte uns aufhalten können. Wir hätten auf Bonding bestehen können. Hätten jede Maßnahme grundlegend hinterfragen und prüfen lassen können. Wir waren schwach und überfordert. Und hatten aber auch einfach überhaupt keine Ahnung. Und jetzt sind wir einfach nur fertig. Sie kann nicht mehr. Ich kann nicht mehr. Und ich glaube, das Krankenhaus hat eigentlich auch keinen Bock mehr auf uns. Ich habe das Gefühl, die betreuen uns hier alle nur noch halbherzig. So nach

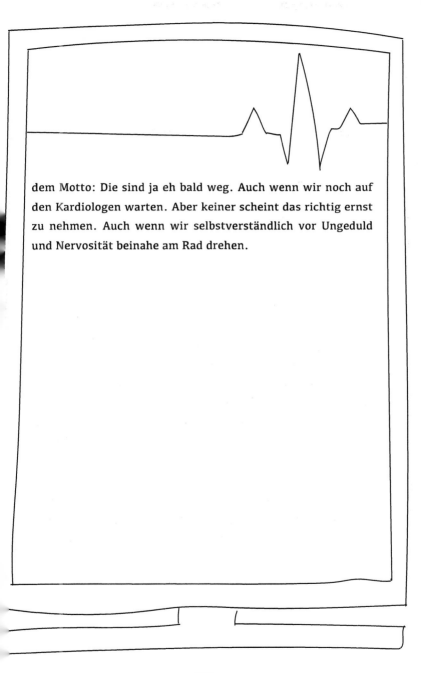

dem Motto: Die sind ja eh bald weg. Auch wenn wir noch auf den Kardiologen warten. Aber keiner scheint das richtig ernst zu nehmen. Auch wenn wir selbstverständlich vor Ungeduld und Nervosität beinahe am Rad drehen.

36. Woche

Er trinkt. Ohne Sonde. Ein bisschen an der Brust und ein biss-
chen an der Flasche. Ich bin stolz auf ihn. Er schafft immer noch
nicht die Menge, die er eigentlich sollte. Ich bin aber entspannt.
Mit der Hebamme im Rücken, lasse ich die Anweisungen der
Schwestern an mir abprallen. Freue mich, wenn er an meiner
Brust liegt. Doch etwas bleibt. Neben all der Freude. Ein Gefühl
der Unsicherheit. Der Angst. Dass ich es alleine nicht schaffen
kann. Dass ich seine Bedürfnisse nicht kenne. Nicht richtig darauf
reagiere. Ohne die Schwestern.

Im Abpumpraum sitzt mir eine Frau gegenüber. Ich kenne sie.
Ich habe sie schon mal gesehen. Und ich erinnere mich. Sie lag in
der Geburtsklinik neben mir. Als ich auf das Ergebnis der Frucht-
wasseruntersuchung gewartet habe. Sie hatte einen Notkaiser-
schnitt in der 26. Woche. Ihr Kind hatte nur eine Niere und eine
verschlossene Speiseröhre. Ich frage, wie es ihr und ihrem Baby
geht. Sie bricht in Tränen aus. Es musste mehrere Male operiert
werden. Die Ärzte wissen nicht, ob es ihr Baby schaffen wird. Ich
weine mit ihr. Und fühle mich furchtbar schlecht. Und gleichzeitig
bin ich so dankbar um unseren Sohn.

Und dann endlich: Der Kardiologe lässt bitten, es folgt der Ultraschall. Müssen dafür nur einen Stock rauf und über zwei
Gänge in das nächste Gebäude. Für den Kleinen ist es die erste Aufzugfahrt, endlich, der erste Blick aus dem Fenster, der
erste Sonnenstrahl auf seinem Gesicht. Mag er alles nicht. Was
er auch nicht mag: zwei Stunden auf einer Bank vor dem Ultra-
schallraum sitzen und warten. Was er gegen Langeweile tut?

Die Windeln voll machen. Der Arzt, der uns schließlich rein-
winkt, ist schweigsam. Sehr schweigsam. Das Zimmer ist auf
gefühlte fünf Grad runter klimatisiert und wir schauen zu, wie
der kleine Körper von oben bis unten ultra-beschallt wird. Immer mal wieder wird ein Foto gemacht. Ist es eine kritische
Stelle? Der Arzt schweigt. – Igendwann die Erlösung: Alles in
Ordnung. Wie alle Neugeborenen hat der Kleine eine leicht ge-
öffnete Vorhofkammer. Das haben viele Erwachsene noch. Bei
den meisten wächst das aber zu. Und weil er ein Frühchen ist,
ist die Lücke ein bisschen größer und sollte entsprechend beobachtet werden. Es genügt aber, in einem halben Jahr nochmal
zu schauen. Sonst alles top. Von ihm aus können wir gehen.

Wollen wir auch. Endlich. Doch die Bürokratie der Kinderstation hat uns noch fest im Griff. Erst muss er nochmal gewogen
werden. 2300 Gramm ohne Klamotten. Hat viel abgenommen.
Aber er trinkt tüchtig aus Flasche und Brust. Daher passt das
schon - plötzlich. Auch die Schwestern geben nun also die Frei-
gabe. Wir können gehen. Vorher muss der Stationsarzt aber natürlich noch sein abschließendes Statement halten. Aufklären
über plötzlichen Kindstod, was zu Hause beachtet werden sollte
und so weiter. Der Arzt sei aber schon auf dem Weg, müsse nur
noch kurz den finalen Arztbrief fertig schreiben. Ich packe also
alles zusammen. Autoschale hab' ich schon mitgebracht. Müll
weg, Klamotten in die Tasche, Kind in die Schale: der Arzt kann
dann kommen.

Vier Stunden später. Wir warten immer noch. Ich muss auf die
Toilette. Die Schwestern bitten mich, die Besuchertoilette zu be-
nutzen. Wir sind ja fast entlassen. Und das Zimmer wird nun für
die nächsten Patienten vorbereitet. Auf dem Weg zurück ein Blick

ins Ärztezimmer. Lockere Stimmung. Niemand schreibt da irgend-
was. Ich frage nach. Bekomme aber nur zuckende Schultern als
Antwort. Der Arzt kommt, wenn er soweit ist. Wir sitzen auf den
Stühlen in unserem Zimmer. Und warten. Die Schwestern packen
die Schläuche ein, schieben die Monitore zur Seite. Wischen über
den Wärmekasten und fahren ihn dann raus. Dann wird das Bett
abgezogen. Neu überzogen. Die Putzfrau reinigt die Armaturen.
Und wischt den Boden. Die letzten Spuren von uns sind beseitigt.

Als der Arzt dann endlich kommt, kann ich mich kaum darauf
konzentrieren, was er sagt. Ich will einfach nur, dass er fertig wird. Dennoch horche ich auf, als es um die kommenden
U-Untersuchungen und die tägliche Dosis Vitamin D geht. Denn
wir müssen, sobald es geht, einen Kinderarzt finden, der einerseits Vigantol verschreibt, also Vitamin D. Und andererseits die
nächste Untersuchung, Nummer drei, durchführt. Dabei geht es
um Impfen und seine Hüfte. Standarduntersuchungen. Durch-
nummeriert bis U9, also bis zum fünften Lebensjahr, oder: 64.
Lebensmonat. Zumindest in dem vom Arzt zur Verfügung gestellten Kinderuntersuchungsheft. So ist sein medizinisches Leben bereits perfekt durchgeplant. Mich interessiert jedoch momentan erst einmal das normale, wenn man so will das „zivile"
Leben. Der Arzt ist endlich fertig und wir verlassen so schnell es
geht das Gebäude. Die erste Autofahrt steht an.

Wir sind fast zuhause. Doch komisch: Trotz all des Stresses zögert
irgendwas in mir. Will zurück. Keiner sagt nun, was wir machen
sollen. Ob wir uns richtig verhalten. Ob wir was falsch machen.
Hier gibt es keinen roten Alarmknopf. Ich war noch nie alleine

mit unserem Sohn. Was ist, wenn was mit seiner Atmung nicht stimmt? Ich kann keine Zahl mehr auf dem Monitor kontrollieren. Die Freundin mit den zwei Kindern hatte so eine Sensormatte für das Bett des Babys. Das überwacht die Atmung und schlägt Alarm. Es gibt wohl häufig Fehlalarme. Lieber öfter fehl alarmiert, als gar nicht, sagt sie noch. Wollten wir nicht. Haben wir dankend abgelehnt. Nun bereue ich es. Ein bisschen zumindest.

Es fühlt sich komisch an, plötzlich auf sich allein gestellt zu sein. Wir haben uns so sehr danach gesehnt und scheinen jetzt irgendwie krankenhausgeschädigt zu sein. Es überwiegt aber dennoch die Freude, endlich da raus zu können. Meine Eltern sind bereits bei uns in der Wohnung und warten, räumen auf, haben irgendwas gekocht. Ich fahre bis nach Hause praktisch in Schrittgeschwindigkeit. Doch keiner hupt hinter uns. Vielleicht spüren die anderen Verkehrsteilnehmer, dass wir zum ersten Mal mit Kind im Auto fahren.

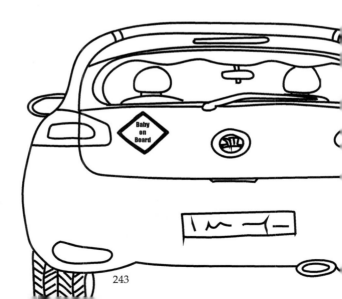

243

Auch wenn ich anderen Fahrern normalerweise nicht unbedingt viel Empathie zutraue. Wer tut das schon. Aber heute scheinen alle irgendwie sanftmütig zu sein.

Und dann sind wir endlich zu Hause. Wieder fühle ich mich so wackelig, wie kurz nach der Geburt. Jetzt beginnt ein neues Leben. Und ich bin so dermaßen ungeduldig. Will alles gleichzeitig. Doch zuerst wird gewickelt, gefüttert. Sie muss noch abpumpen. Denn nur an die Brust und keine Flasche trauen wir uns noch nicht. Schließlich ist er momentan noch an die Flasche gewöhnt. Und wir sind vom Krankenhaus so sehr auf eine bestimmte Milliliterzahl eingestellt, dass wir gar nicht anders können, als jeden Schluck, den er trinkt, auf die Goldwaage zu legen. Doch was im Krankenhaus noch ohne Probleme ging, durch eine Bestellung bei den Schwestern, muss hier mühselig aufbereitet werden. Flaschen abkochen, abgepumpte Milch hinein, aufwärmen, und wenn er – hoffentlich – alles getrunken hat, das Gleiche von vorn. Wir haben den Wickelplatz schön eingerichtet, waren aber nicht auf die Flascheninvasion gefasst. Sind einfach davon ausgegangen, dass er aus der Brust trinkt. Und fertig. Doch muss er es erst lernen. Muss alles lernen.

Auch und vor allen anderen Dingen was Blähungen sind. Denn die spürt er jetzt zum ersten Mal und kann sichtlich nichts damit anfangen. Er bekommt einen roten Kopf und wir sehen ihm die Anstrengung an. Er drückt und drückt und plötzlich, mit einem lauten Krachen, entladen sich die angestauten Gase in seine Hose. Wir schauen uns an. Nein, das war keiner von uns, auch nicht der Opa, der in sowas eigentlich schon immer eine Vorreiterrolle eingenommen hat. Der Kleine furzt wie ein Großer. Und hasst es. Die quälenden Geräusche gehen durch Mark und Bein. Meine Mutter erzählt von mir und meinen Blähungen. Keine Sorge, das gehört dazu. Das hat jeder Neugeborene. Und schon drei Monate später sei alles wieder vorbei. Drei Monate. Momentan furzt und schreit er rund alle zwei Stunden nach etwas zu essen. Ich bin mal gespannt, wie die Nächte sind. Er wird doch wohl schlafen. Er wird doch auch müde sein. Irgendwann. Oder nicht?

Was uns beide betrifft, sind wir glücklich, endlich wieder unter uns zu sein. Wir haben es einfach geschafft. Wir sind zuhause. Wir sind zusammen. Alles andere passt dann auch. Da bin ich sicher.

37. Woche

Kein Schlaf. Nur noch instinktives Funktionieren. Keine Zeit zum Nachdenken. Und auch keine Kraft dazu. Hab' mich langsam an diesen Zustand gewöhnt. Hab' ja auch knapp zwei Wochen Vorsprung. Für IHN ist es neu. ER leidet. Oh wie ER leidet. Konnte schon immer gut leiden. Jetzt nimmt das Ganze aber dystopische Dimensionen an. Er kackt mich an. Kackt so richtig rum. Und ich denk' nur so „mimimi". Wobei der Kleine mich beim Wickeln auch gerne mal ankackt. In hohem Bogen. Direkt in mein Gesicht. Süßlich gelber Schleim auf meinen Wangen. Widert mich nicht an. Überhaupt nicht. Lässt sich auch locker wegstecken. Und wegwischen. Bei meinem Mann ist das schon anders. Da zucke ich dann schon mal zusammen. Also innerlich. Wenn ER mich anfährt. Aus dem Nichts heraus. Ich versuche, Verständnis zu zeigen. Schließlich produziert mein Körper ja angeblich diese ganzen Hormone, die mich pushen. Wenn es sie gibt, dann bin ich heute sehr froh um sie. Und er macht einfach nur schlapp. Ich bräuchte aber dringend jemanden, der einfach nur funktioniert. Meine Gedanken liest. Mir beim Stillen ein Glas Wasser bringt. Danach eine Tasse Malzkaffee. Nee, dafür hat ER andere Sachen drauf. Zum Bespiel den schönen weißen Bademantel meiner Mutter mit roten Socken bei 60 Grad zu waschen. Jetzt ist der rosa. Also ungefähr die Gesichtsfarbe meiner Mutter, als sie gehört hat, was ER da verbockt hat. Kann ich echt nicht gebrauchen. Schließlich läuft es auch milchmäßig noch nicht so rund. Reicht noch nicht, um den Kleinen ausschließlich zu stillen. ER vergisst das mit meinem Malzkaffee gerne mal. Also, dass ich den trinken sollte, um die Milchproduktion anzukurbeln. Macht sich stattdessen einen eigenen. Und setzt sich aufs Sofa. Denn ER möchte sich kurz mal ausruhen. Meine Bitte um meinen Kaffee trifft ihn wie ein Schlag ins Gesicht. So zumindest seine Reaktion. Es liegt natürlich nicht an IHM. Auch nicht an unserem Kleinen. Natürlich nicht. Er trägt die wenigste Schuld. Ihn liebe ich einfach nur. Wenn er so da liegt. Auf meinem Bauch. Ein Nickerchen macht. Niedlich und unschuldig aufschnauft und schmatzt. Dann ist alles gut.

Doch der Fall ist manchmal tief. Besonders in der Nacht. Seine Unschuld ist in der Nacht nämlich leider nicht zu sehen. Stattdessen hören wir das Gegenteil von Unschuld. Krach. Lauter Krach. Er wacht auf. Mit lautem Schreien. Ich auch. Natürlich. Ich stille ihn kurz. Wecke IHN. ER muss die zuvor abgepumpte Milch warm machen. Und ihm die Flasche geben. Nun pumpe ich ab. ER holt frisches Wasser und wickelt ihn. Ich nehm' den Kleinen in den Arm und wiege ihn. Einschlafen will er nicht. ER kocht in der Zwischenzeit die Flaschen und die Nippelabpumpaufsätze ab. Dann nimmt ER den Kleinen. Klopft das Bäuerchen raus. Trägt ihn rum. Lange. Bis er schläft. Ich muss auch schnell schlafen. Schnell. Schnell. Denn in zwei Stunden geht es von vorne los. Manchmal geht das nicht. Also eigentlich fast immer klappt das nicht. Kann mich ja nicht selbst zum Schlafen anfeuern. Dann laufe ich gerne mal rum. Versuche, zu lesen. Kann mich nicht konzentrieren. Schaue aus dem Fenster. Aber in unserer Straße ist tagsüber schon kaum was los. Ätzende Langeweile. Leider aber nicht einschläfernd.

Ab 18 Uhr herrscht eine mulmige, angespannte Stimmung. Wir streiten uns gerne genau dann. Darum, wer jetzt kochen soll, wer den Kleinen wickeln soll – wegen Quatsch eben, und dann während dem schönsten Streit, meldet sich der Kleine lauthals zu Wort. Unsere Gefechte sind kurz und heftig. Anders lässt sich mit Kind nicht streiten. Gegen 20 Uhr schließt er oftmals die Augen. Was eigentlich unser Zeichen sein sollte, auch unverzüglich ins Bett zu gehen und zu schlafen. Denn um 23 Uhr kommt er wieder. Spätestens. Und dann wieder um 2 Uhr. Und wenn wir bis dahin nicht eine Sekunde Schlaf abbekommen haben, dann wird es hart. Doch wir können um 20 Uhr nicht schlafen. Sie ist ab 21 Uhr ein bisschen müde. Und ich versuche wach, zu bleiben, um die 23 Uhr Schicht einigermaßen frisch mitzunehmen. Um dann so schnell es geht, in einen knallharten Tiefschlaf zu fallen, dadurch dann einen Rhythmus zu erzwingen, der mir einen klaren Kopf für 2 Uhr bringt. Das klappt so mäßig. Egal was ich mache: Zwischen 2 und 5 ist die härteste Zeit des Tages. Jeden Tag. Gefühlt für immer.

Denn um 2 Uhr werde ich aus einer himmlischen Tiefschlafphase gerissen. Ich orientiere mich kurz. Springe auf und gehe in die Küche. Milch aufwärmen. Flasche fertig machen. Zurück ins Bett. Der Kleine trinkt. Im Hintergrund das sonore Dröhnen der Milchpumpe. Könnte ich glatt wieder einschlafen. Aber der Kleine muss noch gewickelt werden. Pimmelchen nach unten klappen, sehr wichtig, weil er sonst nach oben rauspinkelt. Außerdem die Flügel an der Windel ausklappen. Weil sonst alles rausläuft und wir ihn komplett umziehen müssen. Der Kleine ist dabei gut gelaunt. Meistens. Strampelt. Tritt mich. Dann kommt das Bäuerchen. Es ist eine hohe Kunst, die Luft

rauszuschütteln und die Milch drin zu behalten. Ich habe dafür einen eigenen Takt entwickelt. Eine recht komplizierte Abfolge genau berechneter Fußstellungen, die den Kleinen im Idealfall gleichzeitig einschläfern sollen. An dieser Stelle würde ich gerne mein Wissen weitergeben, einfach weil es immer funktioniert und ich damit die Lösung aller jungen Eltern gefunden habe. Doch leider funktioniert es nicht. Zumindest nicht regelmäßig. Also lassen wir das lieber.

Irgendwann schläft er jedenfalls. Und dann sehen wir uns in spätestens drei Stunden wieder. Ich freu' mich drauf.

Wieso schläft er nicht richtig? Wieso weint er ständig? Das beschäftigt nun auch unsere Eltern. Mit euch hatten wir nicht solche Probleme. Ihr habt immer gut geschlafen. Vielleicht sollte er nicht in eurem Zimmer schlafen. Ihr weckt ihn bestimmt. Oder stellt ihn wenigstens in seiner Wiege neben euch. Bloß nicht in euer Bett. Nicht, dass ihr auf ihn drauf rollt. Und am Ende will er gar nicht mehr raus aus dem Elternbett. Sie meinen es gut. Machen sich Sorgen. Um unsere Kräfte. Um den Kleinen. Aber mein Gefühl sagt NEIN. Er braucht uns. Er manipuliert uns nicht. Die Hebamme rät unbedingt vom ´Schreien lassen` ab. Zeigt uns stattdessen auf einem Gymnastikball, wie man mit dem Baby im Arm hüpft und es dabei langsam einschläft. Heftiges, rhythmisches Schuckeln. Wirkt etwas rabiat. Ok. Hilft aber. Er schläft ein. Oder wird ohnmächtig. Bei mir allerdings tropft's. In die Binde. Und das ist nicht der Wochenfluss. Ich muss wieder an die Oma von der Schulfreundin denken. Und an die rausfallenden Eingeweide. Egal. Weiterhüpfen. Nur nicht aufhören. Bis er tief und fest schläft. Denn wir haben keinen Nerv mehr, um über Alternativen nachzudenken.

Der Ball. Auf ihm lässt sich eine neue Art Rhythmus entwickeln. Oft zähle ich bis 350 und dann schläft er. Warum 350? Keine Ahnung. Vielleicht ist es die allumfassende, die wichtigste Zahl der Welt? Vergesst Pi oder die berühmte 42, nein, es ist 350. Denn damit schlafen Babys. So vergehen die Tage. Mal kotzt er. Mal pinkelt er beim Wickeln alles voll. Die meiste Zeit guckt er mit riesigen blauen Augen durch die Gegend. Ich zeige ihm Dinge und erkläre, was er sieht. Darauf folgt weiteres Gucken. Staunen, würde ich sagen. Er staunt über alles. Findet alles interessant. Ich glaube, er ist sogar begeistert. Von der Farbe der Tischbeine, der Fußleisten, der Ritzen zwischen den Bodendielen. Also alles was unten ist. Klar, ist ja auf seiner Höhe.

Also hier ist wirklich alles gut. Und wenn hier alles gut ist, muss es auch irgendwie eine Möglichkeit für gute Nächte geben. Wir sind ja jetzt auch nicht die ersten, die sich mit schlaflosen Nächten rumschlagen müssen. Also ab ins Internet. Schön Erfahrungsberichte recherchieren. Also was steht drin? Hier: Die Drei-Monats-Koliken hat angeblich fast jedes Neugeborene. Die Darmflora entwickelt sich zuletzt, was eine verspätete Verdauungsaktivität bedingt. Blähungen sind die Folge. Das dauert angeblich drei Monate, 90 Tage, 2160 Stunden, 129.600 Minuten. Und das gilt erst ab dem errechneten Geburtstermin. Also für uns nochmal einen Monat mehr, 30 Tage, usw. Da das Gehirn erst ausreifen muss. Für uns sind es also noch fünf Wochen länger.

Angeblich hilft ein Medikament. Sab Simplex. Hol' ich mir. Alles, was ihn schlafen lässt. So süß er auch ist: am süßesten ist er, wenn er schläft. Sagt mir mein von Schlafmangel vernebeltes Hirn. Und das hat recht. Also von jetzt an: Schlafen, Wickeln, Essen, Kacken – plus taktische Überlegungen, wann wir ihm das süß-klebrige Anti-Blähmittel geben. Die Apothekerin hatte uns gesagt, wir sollen kurz vor dem Stillen zwei Tropfen in Muttermilch auflösen. Als „sehr homöopathisch" hat das unsere Kinderärztin beschrieben und hat die Dosis kurzerhand auf sechzehn Tropfen erhöht. Ohne Muttermilch. Als Nachtisch außerordentlich gut geeignet. Wenn er einmal das Bäuerchen hinter sich hat und nicht unbedingt die ganze Muttermilch wieder raus kam, schieben wir das süße Löffelchen hinterher. Ist er gut drauf, schmatzt er sich damit in den Schlaf. Eine wirklich gute Reaktion auf seine Blähungen konnten wir bis jetzt allerdings nicht feststellen. Ich fühle mich daher entsprechend schlecht, ihm das klebrige, zuckrige Mistzeug überhaupt zu geben. Werden Kinder nicht schon früh genug zuckerabhängig? Also so wie ich, der sich schön nach nem fettigen Essen das Duplo reinpfeift? Es hilft auf jeden Fall nicht. Er krümmt sich immer noch zusammen, arbeitet sich auch nur die kleinste Luftblase ihren Weg nach draußen. Meine Schwiegermutter kann ihm mit einem geübten Beingriff alle Fürze einfach rausmassieren. Was bei mir allerdings immer in großem Geschrei endet. Keine Ahnung, was ich falsch mache.

38. Woche

Hier wird schon niemand verhungern. Das Abpumpgerät ist zurück im Karton. Es kann zurück in die Apotheke. Die Flaschenbar ist geschlossen. Gibt nix mehr. Auch nicht auf Nachfrage. Und tatsächlich. Er trinkt. An meiner Brust. Oft und lange. Sein kleiner Mund zieht sich dabei an meiner Brustwarze fest. Er schluckt laut. Für seinen kleinen Körper ziemlich laut. Seine süßen kleinen Hände patschen dabei fröhlich auf meiner Brust rum. Entspannung macht sich breit. Und ich schlafe regelmäßig dabei ein. Nicht wirklich tief. Denn ich habe natürlich Angst, dass er mir beim Einschlafen runterfällt. Außerdem stille ich im Sitzen. Geht irgendwie nicht im Liegen. Mein Arm schläft mir dabei ein. Ich drapiere ihn deshalb so in das Stillkissen, dass er nur auf die Matratze kullert. Er sich dabei im schlimmsten Fall eine kleine Prellung zufügt. Könnte also entspannt schlafen. Doch die Nickerchen sind kurz. Denn vom Schlafen hält er nicht so viel. Einfach so rumliegen, ohne Brustwarze im Mund. Öde. Seine schlafende Mutter von unten zu beobachten. Auch nicht spannend genug. Vielleicht zwickt aber auch die Luft in seinem Darm. Ist die Luft entwichen, entspannt er sich kurz. Kaum vorzustellen, dass ein Furz so schmerzen kann. Schmerzt vielleicht auch nicht. Ist nur einfach super anstrengend. Bei mir flutschen die Fürze ja gerne mal einfach raus. Unbewusst. Ohne Steuerung. In Anwesenheit von Leuten. Bei ihm aber offenbar nicht so. Da ist noch nichts ausgeleiert. Da ist das noch harte Arbeit. Und Arbeit, klar, tut weh, und nervt.

Er ist weg von der Flasche. Volle Fokussierung auf die Brust. Puh. Aber: ein zwiespältiges Gefühl, jetzt nicht mehr für die Fütterung zuständig zu sein. Damit bin ich vom Ernährer zum reinen Hintern-Abwischer degradiert. Und die sind ja im Prinzip austauschbar. Unsere Bindung besteht aber trotzdem. Allein durch die 350iger-Bäuerchen-Einschlaf-Tortur. Und dieser kleine Rülpser, dieses oftmals schon starke Aufstoßen, ist unbedingt notwendig, wollen wir ihn irgendwann schlafend sehen. Denn rülpst er nicht, kommt die verschluckte Luft von alleine, ganz langsam, den Hals hinauf, erschreckt ihn, er stockt, reißt die Augen auf, atmet heftig ein, verschluckt sich und bekommt Schluckauf – welchen er die nächste dreiviertel Stunde auch nicht los wird. Für ihn eigentlich kein Problem. Er atmet den Schluckauf locker weg. An Schlaf ist dabei jedoch nicht zu denken. Weder bei uns, noch bei ihm.

Es ist schleichend, aber vor allem in den Nächten sind wir super genervt. Kein Schlafritual fußt. Alle von uns ins Leben gerufenen Einschlaflieder, -gedichte, -zeremonien laufen ins Leere. Vielleicht hätten wir doch so ein Kuscheltier mit integriertem Schlaflied kaufen sollen. Momentan hilft nur der Ball. Am schlimmsten aber: Allzu oft beginnen unsere Sätze mit „Kannst du mal..." - Wikkeln, neue Kleidung holen, die Küche sauber machen, Waschen, die Wohnung aufräumen, Essen kochen, zur Apotheke gehen und so weiter. „Kannst du mal..." ist zur treibenden Kraft unserer motorischen Roboterbewegungen geworden. Im Halbschlaf befehlen wir uns gegenseitig, was zu tun ist, wenn der andere gerade mal wieder ein Bäuerchen rauswippt oder sonst einfach nur für das Ende einer kurzfristigen Schreierei sorgt. Ich glaube nicht, dass ich, bevor der Kleine auf der Welt war, jemals gedacht hätte, wie beschissen es ist, gegen halb vier Uhr morgens mit einem Tritt aus dem Bett befördert zu werden, mit der klaren Aufforderung „Kannst du mal frische Sachen holen. Er hat sich vollgekotzt."

Nun war das zu Beginn noch leicht zu verkraften. Nach knapp drei Wochen ohne durchgehend drei Stunden Schlaf, beginnt der Körper von sich aus relativ abweisend zu reagieren. Und jede kleinste Handbewegung des anderen wird daraufhin als Weigerung des „Kannst du mal"-Befehls gedeutet und mit einem entsprechend scharfen Unterton kommentiert. Darüber müssen wir sprechen. Müssen es aus der Welt schaffen. Momentan dreht sich alles um ihn. Klar. Er versteht die Welt noch nicht. Und wir müssen versuchen, ihn entsprechend ruhig und mit Geduld zu integrieren. Ohne dass er unsere Sprache versteht. Ich sage ihr, wir müssen aufpassen, nicht auseinander zu driften. Wir müssen uns trotz der Anstrengung weiterhin als Paar sehen. Wir machen das hier zusammen. Wir sind schließlich eine Familie. Und das ist womöglich das größte Umdenken überhaupt. Vorher waren wir ein Paar. Ja, verheiratet und so. Aber es gab nur uns. Es gab nicht diese Verantwortung für ein weiteres Leben. Ein Gefühl, das schon recht überwältigend sein kann. Finde ich. Ein Gefühl vor allem, das so ganz unverhofft erheblichen Druck erzeugt. Druck, alles richtig zu machen. Und jetzt mal ehrlich: Niemand kann alles richtig machen. Geht nicht.

Wir wollen endlich mal raus. Frische Luft in unsere Beziehung lassen. Und das geht doch am besten bei so einem Spaziergang. Waren schon immer gern spazieren. Fast jeden Abend. Eine Stunde für uns, um uns gegenseitig vom Tag zu erzählen. Ohne mediale Ablenkung. Das hat schon immer funktioniert. Uns wieder nahezukommen. Oder einfach nur in die Fenster der

Häuser zu schauen. Und uns Geschichten zu den Räumen und Leuten auszudenken. Warum haben die wohl hundert Bilder von Katzen an den Wänden hängen? Und warum tragen die Katzen alle Jägerhüte? Nun steht also der erste Spaziergang zu dritt an. Könnte Entspannung versprechen. Vielleicht aber doch nicht. Erstes Problem. Es ist heiß. Knapp 30 Grad. Was also anziehen? Für mich ganz klar. Ich zieh' einen Rock und ein stilltaugliches Trägershirt an. Und dem Kleinen? In den Ratgebern steht, dass Säuglinge eine Schicht mehr bräuchten. Kurzarmbody und Langarmbody? Bei 30 Grad? Oder doch Kurzarm und Decke? Oder nur Langarmbody? Mütze? Sonnenhut? Noch eincremen? Allein beim drüber reden, kriegt ER schon Schweißperlen auf der Stirn. Sein Vorschlag: Nur eine Windel. Ich bin dagegen. Ich würde ihm lieber zwei Langarmoberteile anziehen. Ist es zu übertrieben, die Hebamme anzurufen? Wir diskutieren. Lesen noch mal nach. Und einigen uns schließlich: Langarmbody, Hose, Söckchen und leichtes Mützchen. Wir legen ihn in den von der Freundin geliehenen Kinderwagen. Ich schieb' ihn. Schau' ihn die ganze Zeit an. Fahre dabei fast durch Hundekacke. Was sagt sein Blick? Sein Gesichtsausdruck? Wie fühlt er sich? Wie findet er das Holpern? Schwitzt er? Am besten mal am Nacken fühlen. Nein. Kalte Hände? Mmh. Vielleicht ein bisschen. ER sagt nein. Ich finde schon. Mir fliegt plötzlich eine Wespe um mein Gesicht herum. Scheiß

Vieh. Was ist, wenn die nun zu ihm in den Wagen fliegt? Er da drin wehrlos diesem Angreifer ausgesetzt ist? Sie ihn mit Po und Stachel voraus direkt ins Gesicht attackiert? Fahrlässig, denk' ich. Hätten so ein Mückennetz kaufen sollen. Die ganze Ausstattung hatte vielleicht doch Sinn. Der Kleine schaut mich mit großen Augen an. Beobachtet mich. Wie ich mit den Händen umherfuchtel. Und die Wespe verscheuchen will. Bringt nichts. Muss schneller schieben. Eine leichte Brise weht. Bestimmt ist ihm kalt. Schnell das Deckchen drüber. Nun sollte er eigentlich ein Nickerchen machen. Hatte ihn zuhause noch gestillt und gewickelt. Aber nach Schlaf sieht er nicht aus. Schuckelt vielleicht zu wenig im Wagen. Er ist ja nun das Ballgehüpfe gewöhnt. Ich wackel also mehr am Wagen. Er kullert von der einen zur anderen Seite. Die Mütze verrutscht. Vor seine Augen. Gefällt ihm anscheinend alles nicht. Er schreit. Ich nehm' ihn raus. Er weint weiter. Ich muss ihn wohl tragen. Die Leute auf der Straße schauen uns kritisch an. Denk' ich zumindest. Die wissen es wahrscheinlich besser. Wissen, was wir alles falsch machen. Der Kleine ist viel zu warm angezogen. So kann der gar nicht schlafen. Und dann auch noch ein Wagen ohne Insektenschutz. Hätten die mal die Handyhalterung gekauft. Dann könnten sie dem Baby nun ein Einschlafvideo vorspielen und müssten ihn nicht tragen. Diese vernichtenden Blicke.

Zuhause google ich nach Einschlafvideos. Stoße auf Einschlafhilfen für Babys. Die obersten Treffer: „10h Mutterleibsgeräusche", „10h Staubsaugergeräusche", „120 min Baby Föhn Geräusche". Nach dem Wickeln den Popo mit dem Föhn getrocknet zu bekommen findet er super. Also klicke ich auf das dritte Video. Ich leg' mich ins Bett. Ihn auf meinen Bauch. Und wir schlafen ein. Föhngeräusche im Hintergrund.

Da wir ihn ja sowieso immer tragen und der Kinderwagen ein unpraktisches Monstrum ist, haben wir uns ein Tragetuch besorgt. Finde ich persönlich ja wirklich absolut fantastisch. Außerdem war ein frühes Hobby von mir „Krawatte binden". Ja, ich war ein komisches Kind. Jedenfalls kann ich mittlerweile recht schnell, das Ding um mich herum zu wickeln. Natürlich mit dem obligatorischen „Kannst du mal den Knoten hinten festziehen". Sehr praktisch, lässt sich damit doch leicht der Haushalt erledigen. Und die Wärme tut dem Kleinen sichtlich gut. Allerdings sind die Menschen auf der Straße von mir mit Kind im Tuch leider nicht alle überzeugt. So stehen wir in einem Bekleidungsgeschäft an der Kasse. Sie bezahlt und ich warte mit dem Kleinen vorne drin, bis sie fertig ist. Plötzlich beginnt er zu schreien. Klar, hat Hunger. Ist halt seine Zeit. Doch die freundliche, hysterische ältere Dame, die da schnurstracks auf mich zu gejoggt kommt, weiß das nicht. „STOOPPP!", ruft sie. Und: „HOLEN SIE DAS KIND DA RAUS. SIE BRECHEN IHM DOCH DIE BEINE!". Alle gucken. Der Kleine unterbricht seinen Ruf nach der Brust und wir schauen die Frau gemeinsam und kopfschüttelnd an. Also wirklich, scheint der Kleine zu denken, Leute gibt's.

Es klingelt. Eine Freundin steht vor der Tür. Will den kleinen neuen Menschen mal sehen. Geschenke. Ein Kuscheltier mit Spieluhr. If you happy and you know it. Ohne Text. Nur mit Piepsgeräuschen. Puh. Wir bedanken uns. Oh wie süß. Oh die kleinen Finger. Oh die kleinen Füße. Hier mal das Händchen drücken. Da mal den Fuß kneten. Kurz mal in die Backe gekniffen. Boah, der kann aber schreien. Ja, er schreit. Die Freude über das Kennenlernen ist einseitig. Ich sage, ich geh' stillen und verzieh' mich ins Schlafzimmer. Kurz durchatmen.

Er hat sich beruhigt. Wir gehen wieder raus. - Hat er sich beruhigt?
– Ja. – Na der kann aber schreien. Die paar Wochen alte Tochter
von unseren Freunden ist ja richtig süß. Die weint überhaupt nicht.
Alle waren super entspannt. Eltern und Baby. - Mmh. Ok. Denke
ich. Vielen Dank! Darf ich ihn mal auf den Arm nehmen? Wenn es
sein muss, denk' ich. Also reiche ich den Kleinen rüber und zeige,
wie man ihn am besten hält. Sie tratscht mit uns weiter. Erzählt von
ihrem letzten Urlaub. Auf einem Kreuzfahrtschiff. Voll der nette Trai-
ner im Fitnessstudio. Mann, sah der gut aus. Der war auch noch
Animateur und hat im abendlichen Musical den Aladdin gespielt. Ich
kann kaum zuhören. Ich sehe nur, wie sie das Köpfchen hält. Falsch.
Es schlackert hin und her. Soll ich was sagen? Ich muss was sagen.
Ok. Nun hält sie es besser. Sie tratscht weiter. Kichert. Kichert laut.
Der Kleine erschreckt. Und wird unruhig. Ich sehe, dass er sich un-
wohl fühlt. Wenn ich ihn nun wieder zu mir nehme, was denkt sie
wohl? Voll die Glucke. Voll unlocker. Voll unentspannt. Wird anderen
dann von uns erzählen. Die Eltern sind voll paranoid. Und das Kind
heult nur. Und hat voll die schlaffe Nackenmuskulatur. Ob's der mal
auf die Uni schafft? Nun brüllt er. Sie steht auf und läuft mit ihm rum.
Zischt ein lautes SCHSCH in sein Ohr. Das soll beruhigen. Habe sie
gehört. Er beruhigt sich nicht. Und sie macht keine Anstalten, ihn mir
zu geben. Was sag' ich ihr? Dass er Hunger hat, glaubt sie nicht. Er
hat ja gerade an der Brust getrunken. Vielleicht sag' ich ihr, dass er
einfach nicht bei ihr sein will. Dass er sie nicht kennt. Dass ihm ihr
Geruch und ihre Stimme fremd sind. Dass sie zu laut ist. Und dass
ihn die Geschichten von dem Aladdin-Fitness-Trainer nicht interes-
sieren. Ich glaube, er ist müde, sage ich und nehme ihn auf meinen
Arm. Er beruhigt sich. Nachdem sie gegangen ist, weint er viel. Über
zwei Stunden. Wir beschließen, die nächsten Besuche abzusagen.

Die Besuche zu Beginn, also wenn die Besucher*innen den Kleinen das erste Mal sehen, ähneln ja schon einer Kuriositätenschau. Erstmal gucken, wer denn da jetzt ist. Und wehe der ist nicht süß. Oder „pflegeleicht". Weil, die Ulrike-Adeltraut von dem und dem ist ja soo niedlich und die kann auch schon laufen und zählen und macht uns die Steuererklärung. Da haben die Eltern gar keinen Stress. War übrigens auch ne super Geburt. Termingerecht, unkompliziert und die Tage im Krankenhaus waren voll entspannt. sAlso keine Ahnung, was bei den ganzen Eltern so los ist, aber es ist doch sehr auffällig, dass solche Geschichten immer von Menschen ohne Kinder zum Besten gegeben werden.

Sein Telefon klingelt. Mit ernster Stimme höre ich ihn sagen „Mmh, ja. Ok." Er legt auf. Hat Tränen in den Augen. Was ist los? „Die Bank, bei der du den letzten Termin vor dem Blasensprung hattest, hat angerufen." Und? „Wir haben den Kredit." Krasser Scheiß. Das gibt's nicht. Wir fallen uns in die Arme. Der Kleine versteht nichts. Wir erzählen ihm vom neuen Haus. Vom eigenen Haus, das Papa nun mit Opa gemeinsam umbauen wird. Und von seinem eigenen Zimmer. Mit Straßenteppich, klar. Mir fällt ein Stein vom Herzen. In dieser Nacht schlafen wir alle gut.

39. Woche

Was ihn fertig macht: Seine Gase, das Geräusch des Wasserkochers, meine Brille, Licht (allgemein), vorbeifahrende LKW. Was ihm gefällt: Mit der Ferse in der vollen Windel stampfen, meine Nase, Fußmassagen. Wir lernen ihn kennen. So langsam. Und uns selbst. Wie wir in totaler Verzweiflung einen Tobsuchtsanfall vermeiden, beispielsweise. In der Nacht vergessen wir manchmal, wie süß er ist. Erst wenn er mit vollgepackter Windel, bei gedimmten Licht vor uns liegt, fällt es uns wieder auf – und jede Müdigkeit von uns ab. Denn er kann ja nun wirklich nichts dafür – für sein Ausrasten. Für sein Schreien. Für unsere Ungeduld. Vier Wochen nach der Geburt beginnt die erste größere Entwicklungsphase. Was genau passiert, weiß angeblich niemand. Vielleicht sieht er auf einmal Formen. Vielleicht nimmt er Gerüche stärker war. Vielleicht hat er auf einmal den ersten logischen Gedankengang. Alles möglich. Man versetze sich in seine Position. Plötzlich irgendwo ausgesetzt zu sein. Ohne die Möglichkeit sich zu bewegen. Abhängig von jemandem Fremdem, wenn Hunger, Stuhlgang oder Ungemütlichkeit drohen. Ein ferner Planet. Bevölkert von Außerirdischen. Sprechen weder meine Sprache, noch handeln sie in irgendeiner Weise nachvollziehbar. Schlimmer noch. Wir selbst können unsere Bewegungen von Armen und Beinen nicht mehr nachvollziehen. Nichts gehorcht. Wir sind nicht in der Lage, den richtigen Befehl zu geben. Unser Gehirn ist nicht entwickelt genug. Was tun wir? Was können wir tun, wenn wir nicht einmal die richtigen Laute formen können? Wir geben den erstbesten Ton von uns, der uns einfällt. Den wir in der Lage sind zu geben. Ein lang gezogenes, lautes, schrilles AAAAAhhhhh. Es geht nicht anders. Jeder Entwicklungssprung eines Neugeborenen wurde angeblich bis ins Detail erforscht. Kann im Internet und überall nachvollzogen werden. Und junge Eltern, deren Ruhepunkte weit überschritten sind, können sich auf eine dieser Beschreibungen besinnen, wieder fokussieren und alles auf diesen Sprung schieben. Was wahnsinnig beruhigend ist. Für uns jedoch nur bedingt gilt. Sowieso sind alle Kinder verschieden. Angeblich kann er beispielsweise momentan die Farbe rot am besten sehen. Doch ist er fünf Wochen zu früh gekommen, die Rechnung der Entwicklungsschritte beginnt trotzdem erst mit dem errechneten Datum. Entgegen aller Logik. Denn das müsste im Umkehrschluss bedeuten, er entwickle sich momentan einfach gar nicht. Wenn er sich aber nicht entwickelt, müsste er ja komplett ruhig, fast bewusstlos da liegen. Tut er aber nicht. Schreit rum. Sucht ständig nach der warmen Brustwarze, die, im Gegensatz zum Rest der Brust, ist nämlich schön rot und weist mit erhöhter Temperatur den Weg zum Essen. Auch wenn sie eher wund und deswegen rot unterlaufen sind. Nun, er findet seinen Weg. Jeden Tag ein Stückchen besser. – Außerdem lernt er ja ständig irgendwas Neues. Sieht ja immer mehr und hört immer mehr, was die Welt um ihn herum ausmacht. Wie kann sich sein Organismus daher nicht entwickeln? Selbst wenn mir jemand sagen würde, er entwickle sich langsamer, wäre ich skeptisch, da die Welt schlussendlich auch nicht langsamer auf ihn einwirkt. Es nimmt ja niemand Rücksicht, nur weil er fünf Wochen zu früh gekommen ist.

Er wird natürlich trotzdem irgendwie besonders beäugt. Zum Beispiel vom Kinderarzt. Die U4 steht an. Das gelbe U-Heft, das wir bereits im Krankenhaus bekommen haben, zeigt an, wann wir mit ihm wegen der Vorsorgeuntersuchung zum Kinderarzt müssen. Seine kindliche Entwicklung wird strengstens kontrolliert und beobachtet. Selbst die Krankenkassen erinnern uns an die Termine. Eine Arzthelferin, recht alt, bittet mich, ihn auszuziehen. Mit einem Tuch unterm Po drapiert sie ihn auf einer Waage. Sie notiert das Ergebnis im Computer. Zum Messen seiner Körperlänge wird er in eine Schale gelegt. Das untere Ende lässt sich ranschieben. Den Kopf legt sie genau an die obere Kante. Dann nimmt sie seine kleinen dünnen Beinchen und zieht sie lang. Er möchte das nicht und wehrt sich. Also muss sie seine Beinchen noch fester halten und noch fester ziehen. Dass er weint, stört sie nicht. Nun wird das bewegliche Ende an die Füße geschoben. Auf dem Metermaß liest sie die Länge ab. Und tippt es fachlich ein. Wie trinkt er, wie schläft er?, will sie wissen. Auch das wird alles eingetippt. Viel mehr will sie eigentlich nicht wissen. Mehr muss er offenbar auch nicht können. Der Arzt wird das gleich mit Ihnen besprechen, sagt sie. Und will gehen. Moment, kann ich ihn anziehen? Nein, sagt sie, der Arzt möchte sich ihn auch noch anschauen. Es ist ja recht warm, sagt sie und geht. Seine Arme und Hände sind kalt. Ich nehme ihn in den Arm und lege eine Decke drüber. Nachdem der Arzt 15 Minuten später immer noch nicht da ist, ziehe ich ihm seine Kleider wieder an. Nach 25 Minuten kommt der Arzt dann. Wieso er denn Kleider anhabe, er wolle ihn doch noch sehen. Ich ziehe ihn wieder aus.

Der Kinderarzt wirkt kompetent. Abgeklärt. Vom Fach eben. Nun liegt er wieder da. Nackt. Vor einem fremden großen Mann. Kalte große Hände drücken auf seinem Bauch rum. Der Arzt untersucht Penis, Rücken, Beine. Hebt ihn an den Fingern hoch. Balanciert ihn auf dem Bauch. Hält ihn kopfüber an den Beinen. Wie ein Zirkusäffchen. Leuchtet in die Augen und die Ohren. Der Kleine weint. Danach leuchtet er in seinen kleinen Mund. - Oh.

Er hat ein verkürztes Lippenbändchen. Womöglich lispelt er später. Wir schneiden das eben ab. Das merkt er gar nicht, sagt er. Ich bin völlig überrumpelt. Muss das sein? – Wollen Sie, dass er später lispelt? Ähm. Nee. Aber er hat schon so viel durchmachen müssen, sag' ich zögerlich. – Sie können auch raus gehen, sagt er und holt eine winzige Schere aus der Schublade. Natürlich nicht. Ich bleibe bei ihm und halte seine Hand.

Ich sitze völlig aufgelöst auf dem Stuhl. Versuche, den Kleinen irgendwie zu beruhigen. Er schreit und schreit. Was der Arzt noch alles sagt, nehme ich nur halb war. – Oh, Ihr Sohn liegt aber beim Gewicht und bei der Größe ganz unten bei den Perzentilen. Das müssen wir unbedingt beobachten. - Ist das nicht auch normal, dass er durch die Frühgeburt etwas kleiner ist und weniger wiegt?, frag' ich. Nein, eigentlich wird das bei den Messungen nicht berücksichtigt. Vielleicht geben Sie ihm zusätzlich noch Flaschenmilch. Und vielleicht schläft er dann auch besser. Er empfiehlt außerdem das Buch „Jedes Kind kann schlafen lernen". Gibt mir noch einen Zettel mit den anstehenden Impfungen und verabschiedet sich dann.

Er ist zu dünn. Heißt dünn gleich krank? Jedenfalls abnormal. Laut Statistik sind andere Kinder dicker als er. Sein Rat also Mästen. Vollstopfen. Hatten wir das nicht gerade erst alles hinter uns?

Es ist nicht leicht, seinem Bauchgefühl zu vertrauen. Es ist sogar unglaublich schwer. Vor allem bei so einem Kinderarzt, mit so tollen Ratschlägen. Er will helfen. Bestimmt sogar. Zuhause googeln wir nach seinem Buchtipp: Das ist eine recht radikale Anleitung, wie Eltern ihr Kind zum Schlafen „erziehen" können. Einfach ein bisschen schreien lassen und immer seltener zum Trösten kommen. Irgendwann schläft das Kind. Vermutlich weil es resigniert. Aber Hauptsache es schläft. Klar. Find' ich extrem absurd. Es muss doch klar sein, dass er nicht auf die Welt gekommen ist, um uns zu zeigen, wer hier der Boss ist. Wenn er schreit, braucht er was. Oder nicht? Und da soll ich jetzt mit irgendeiner komischen Psychotaktik seinen Willen brechen? Oder, worum geht's da eigentlich? Wobei ich darüber hinaus gelesen habe, dass wir, als zivilisierte westliche Gesellschaft sowieso seit rund einhundertfünfzig Jahren alles falsch gemacht haben. Wir haben unsere Erziehung einer bürgerlichen Existenz angepasst, statt auf die Natur, auf die Bedürfnisse des Kleinkindes. Die Evolution hat eben kein eigenes Kinderzimmer mit Nachtlampe und Spieluhr vorgesehen. In denen das Kind für sich allein, im Halbdunkeln, leises Geklimper vernimmt und irgendwie damit klarkommen muss. Die Evolution sagt, Kinder brauchen vertraute Körper, ein geregeltes Leben, direkt im Arm von Mutter und Vater. So wie es bei den Höhlenmenschen war, als jeder seinen ganzen Kram, inklusive Kinder, noch mit sich rumschleppte. Von Höhle zu Höhle. Immer auf der Hut vor dem nächsten Säbelzahntiger. Und nur weil irgenwer den 9 to 5 Job erfunden hat; Büroalltag; Plastikspielzeug; und Kindertagesstätten; heißt das ja nicht, dass unser Kind nicht doch noch irgendwie die Bedürfnisse der Höhlenmenschen in sich trägt. Denn was sind denn 150 Jahre Bourgeoisie im Gegensatz zu zehntausend Jahren evolutionärer menschlicher Entwicklung? Ich behaupte jetzt einfach mal: Nichts. Mehr Höhlenmensch ist also gefragt. Eine Renaissance des Homini. Weg von kleinbürgerlichen Verhältnissen, die jeder Familie die klassischen Rollenverteilungen aufzwingen, die bürokratische Elternzeit-Regelungen fordern, die Ärger mit Chefs und Ärger mit dem Staat hervorrufen, richtet man sich nicht nach ihnen. Nein. Stattdessen könnten wir uns zurückbesinnen. Neuen Wert legen auf die zwei bis drei Millionen Jahre alten Bedürfnisse des Kindes, verankert in der Entwicklung von Australopithecus zum Homo rudolfensis, deren erste Erziehungsmethoden an den Ufern des Turkana-Sees im heutigen Kenia vermulich sinnvoller und weitaus gesünder waren, als alles, was wir heute aus Büchern und allem voran dem Internet nur lernen können. Denn der hat bestimmt nicht schreien lassen.

Diese Ärzte. Ihre Statistiken. Und ihr Normgerede. Lösen Verunsicherung aus. Ab wann hört denn die „Norm" eigentlich auf? Ab welchem Alter? Ich bin auch nur 1,58. Finde kaum Kleider in meiner Größe. Muss oft in der Kinderabteilung einkaufen. Und mich betrachtet auch kein Arzt mehr kritisch. Es wird also vorbeigehen. Und so lange muss ich mir wohl einen Panzer zulegen. Mich ablenken. Ist auch gar nicht so schwer. Hab' ja jetzt genug zu tun. Mit Windeln wechseln und so weiter.

Da fällt mir ein, dass ich unbedingt den Windeleimer ausleeren sollte. Dieses technisch höchst innovative Ding, das angeblich jeden Geruch im Inneren des Plastikeimers hält. Eine ausgeklügelte Dreh-/Kippvorrichtung verhindert, dass die Windeln zu sehen sind. Geschweige denn von Hand irgendwo reingestopft werden müssen. Der Hebel hat aber schon Babykacke abgekriegt. Muss das erstmal abwischen. Ich klappe den Deckel auf. Der Eimer ist viel zu voll.

Mindestens fünf vollgekackte Windeln rollen über den Flur. Ich schaue zu dem Kleinen. Will ihm zeigen, wie lustig seine Kackwindeln rollen können. Ich sehe ihn an. Er lacht. Und gluckst vor sich hin. So sieht kein krankes Kind aus. Er ist gut, wie er ist. Ich denke, er weiß ziemlich genau, was er braucht. Und wie viel er trinken möchte. Für volle Windeln reicht es ja auch. Außerdem zeigt er uns auch deutlich, was er will. Denn in einem Moment der Schwäche, nachts, klar, probieren wir es doch mal mit der Flasche. Und der Kleine schlägt sie uns eiskalt aus der Hand. Mit voller Kraft. Ich bin stolz auf ihn.

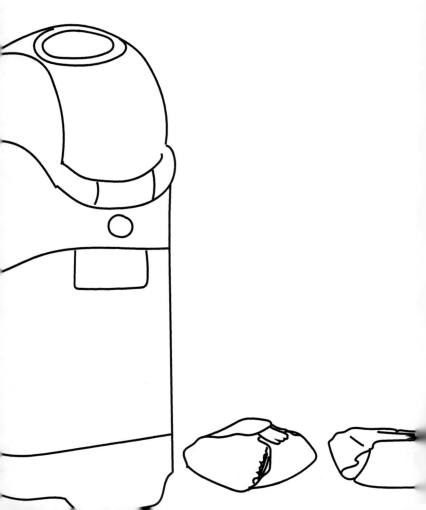

40. Woche

Die Woche der Konjunktive. Denn wenn diese Woche die Geburt gewesen wäre, hätten wir alle unsere Pläne in die Tat umsetzen können. Ich hätte vermutlich wenig bis keinen Ärger mit meinem Arbeitgeber. Und der Kleine würde sich genau so entwickeln, wie er sich zu entwickeln hätte. Wie es im Buche steht. Und wir könnten mit anderen Eltern vergleichen, richtig vergleichen, so wie es sich gehört. – Doch alles ist anders. Alles ist indikativisch komplett über den Haufen geworfen. Gut so, denn das Wichtigste von Allem ist glücklicherweise eingetreten: er ist gesund. Denn wie war das noch? Hauptsache gesund. Alles andere gibt sich. Passiert von ganz allein. Egal, was wir drum herum planen. Was sich auch bereits jetzt schon in unserem neuen Alltag zeigt. Denn wollen wir einmal irgendwohin gehen, verabreden wir uns zu einem bestimmten Zeitpunkt mit Menschen, macht der Kleine uns einen Strich durch die Rechnung. Nichts ist vorhersehbar. Vor allem keine volle Windel. Dies zu erklären, vorzugsweise kinderlosen Paaren, wird von nun an unsere Hauptaufgabe im sozialen Umgang mit anderen Menschen sein. Gleichzeitig gehören wir von nun an zu einer der militantesten Gruppierung der modernen Gesellschaft: Eltern. Wobei sich eigentlich nicht von Gruppierung sprechen lässt. Eher von souveränen Einzelmächten, vergleichbar mit den Kleinstaaten des heiligen römischen Reichs. Jeder versucht, seinen Willen durchzusetzen. Zum Wohle seines Volkes, das

sich im deutschen Durchschnitt auf 1,37 Kinder pro Herrscherpaar und Fürstentum beläuft. Die Fürstentümer sind dabei weniger machtbesessen, als vielmehr auf den eigenen Vorteil für sich und ihr Kind fokussiert. Stürzen sich auf die Familienparkplätze vor den Supermärkten.Schieben ihre Kinderwagen ohne Rücksicht auf Verluste durch die Fußgängerzonen. Und – vergleichen. Ja, auch wir vergleichen. Trotz oben erwähntem Konjunktiv und obwohl wir alle es eigentlich besser wissen müssen. Als wir diese Woche beispielsweise mit dem Kleinen im Tragetuch Einkaufen gegangen sind, wurden wir von den Kinderwagen-Eltern schief angeschaut, während ich die Augenbraue hochzog, als neben mir jemand seinen Mylo zur Räson bringen wollte. Mylo. Nur weil mir der Name nicht gefällt, habe ich die gesamte Familie intuitiv in eine Schublade gesteckt. Welche genau, kann ich gar nicht sagen. Zusätzlich zu der Erkenntnis meiner Oberflächlichkeit, fällt mir auf, dass im Gegenzug vermutlich alle anderen Eltern auch über uns urteilen werden. Schlimmer noch, wird unser Sohn vielleicht irgendwann einen Mylo mit nach Hause bringen. Als seinen besten Freund deklarieren. Und uns zwingen, nicht wenig Zeit mit Mylos Eltern zu verbringen. Was aber zum Glück alles vergessen ist, wenn ich sein Gesicht nach dem Stillen sehe. Es gibt wohl nichts Besseres, Entspannteres, Glücklicheres als ein mit Muttermilch bis oben hin gefülltes Kind. Wenn es nackt auf dir schläft und ihr beide einfach wegdöst. Allein dieser Anblick der Dankbarkeit und Zufriedenheit entschädigt für, ja, für alles, vor allem für zu wenig Schlaf.

Ja, wir kennen unser Kind. Sie weiß beispielsweise mittlerweile genau, wann die Brustwarze mal gewechselt werden sollte. Also wie lange er an der einen noch trinken kann, bevor sie völlig zerbissen mal ein wenig Erholung braucht. Auch mit dem Schreien kommen wir mittlerweile zurecht. Wir haben gemerkt, dass wenn wir souverän zu unseren Entscheidungen stehen, dass auch er dann wesentlich ruhiger wird. Unsere Unsicherheit wirkt sich unmittelbar auf ihn aus. Und dann wird erst recht geschrien. Aber da mussten wir erstmal dahinterkommen. Mussten erstmal verstehen, wie der Hase läuft, bei uns. Und das ist sicherlich bei jeder Familie noch einmal ganz anders.

Auch wie wir uns als Paar empfinden. Ich habe das Gefühl, da hat sich was verändert. Da liegt jetzt jemand zwischen uns, der uns noch mehr verbindet. Es ist schwer in Worte zu fassen, aber wir sind viel enger, obwohl wir gerade viel weniger miteinander zu tun haben. Also wenn ich jetzt auf die reine Zeit schaue, die wir zusammen verbringen. Berührungen sind anders, weil besonderer.

Während gleichzeitig ein anderes, ein noch stärkeres Gefühl aufkommt. Das „Alles ist egal, außer uns"-Gefühl. Denn: Ja, es ist anstrengend und du schläfst kaum bis gar nicht und alle verunsichern dich, und du hast überhaupt keinen Plan, was überhaupt abgeht, aber es ist trotzdem einfach wunderbar und diese Zeit ist der Wahnsinn, weil sie der Beginn von etwas Neuem, etwas Besserem, der Beginn einer neuen Familie ist. Und schon bald, sehr bald, ist alles andere egal, nichts wird wichtiger sein, als diese kleine Familie für dich. Und dass es unter Mühen beginnt, macht es nur umso wertvoller.

INHALT

5. Woche - Seite 7

6. Woche - Seite 15

7. Woche - Seite 23

8. Woche - Seite 30

9. Woche - Seite 37

10. Woche - Seite 42

11. Woche - Seite 51

12. Woche - Seite 59

13. Woche - Seite 65

14. Woche - Seite 70

15. Woche - Seite 76

16. Woche - Seite 81

17. Woche - Seite 87

18. Woche - Seite 94

19. Woche - Seite 99

20. Woche - Seite 105

21. Woche - Seite 115

22. Woche - Seite 121

23. Woche - Seite 127

24. Woche - Seite 133

25. Woche - Seite 137

26. Woche - Seite 142

27. Woche - Seite 149

28. Woche - Seite 156

29. Woche - Seite 162

30. Woche - Seite 168

31. Woche - Seite 172

32. Woche - Seite 179

33. Woche - Seite 185

32. Woche - Seite 179

33. Woche - Seite 185

34. Woche - Seite 191

35. Woche - Seite 198

35. Woche plus 1 - Seite 207

35. Woche plus 2 - Seite 216

35. Woche plus 3 - Seite 221

35. Woche plus 4 - Seite 225

35. Woche plus 5 - Seite 229

35. Woche plus 6 - Seite 233

35. Woche plus 7 - Seite 235

36. Woche - Seite 240

37. Woche - Seite 246

38. Woche - Seite 252

39. Woche - Seite 260

40. Woche - Seite 267